WOMAN'S

JueBuGaoSuNanRenDeMiMi

[女性阅读经典]

女人绝不告诉男人的秘密

经典珍藏

凌亚末◎编著

中国华侨出版社

图书在版编目(CIP)数据

女人绝不告诉男人的秘密 / 凌亚末编著. —北京：中国华侨出版社，2010.12

ISBN 978-7-5113-0947-1

Ⅰ.女… Ⅱ.凌… Ⅲ.爱情—通俗读物 Ⅳ.C913.1-49

中国版本图书馆 CIP 数据核字(2010)第 239802 号

● **女人绝不告诉男人的秘密**

编　　著 / 凌亚末

责任编辑 / 崔卓力

装帧设计 / 袁剑锋

责任校对 / 查显春

经　　销 / 全国新华书店

开　　本 / 787 × 1092 毫米　1/16　印张 /16.5　字数 /216 千字

印　　刷 / 廊坊市华北石油华星印务有限公司

版　　次 / 2011 年 3 月第 1 版　2011 年 3 月第 1 次印刷

书　　号 / ISBN 978-7-5113-0947-1

定　　价 / 29.80 元

中国华侨出版社　北京市安定路 20 号院 3 号楼　邮编：100029

法律顾问：陈鹰律师事务所

编辑部：(010) 64443056　64443979

发行部：(010) 64443051　传真：(010) 64439708

网　址：www.oveaschin.com

e-mail ：oveaschin@sina.com

前言

亚当熟睡时，上帝从他身上拆下了一根肋骨，用他的肋骨造就了世上的第一个女人——夏娃。

从此，男女在这个世界上相依相存。

男人对女人的爱慕，是出自本能。没有人不爱自己的骨头。他们一生都在寻找自己的那根肋骨，却发现寻找途中困难重重。

女人的敏感、脆弱、善变、无法捉摸让男人看不清她们的形状，无法轻易辨认出她是否曾是自己的那根肋骨。

女人如沙，在风的牵引下四处流浪，没有固定的姿势和方向；女人如水，是缓缓柔柔的涟漪，可以山野烂漫，却也可以被无端地撕开，然后暗潮奔涌，湮灭所有；女人如火，毒辣的火舌衍生出可怕的占有，以爱的名义焚心以火；女人如冰，拒人千里的理智面孔阻挡了年华的缠绵悱恻。

女人没有形状，却也蕴含了所有的形状。

女人是一种不规则的雌性动物，任意妄为，塑造出各种姿态。时而娇美可爱，时而性感火辣，时而又蓬头垢面，让人想逃之夭夭。

她们的灵魂无规则可循，甚至瞬息万变。

上一秒还是只乖巧的小猫，亲昵地蹭你的手心，一个劲地往你怀里钻，下一秒却伸出最锋利的爪子，抓破所有防备，让人心渗血。

你诚惶诚恐，甜蜜与刺痛不断交叉，你开始怀疑，你那根丢失的肋骨是否真实存在。

其实，在女人的所有不规则下，只掩藏了一颗弱小的心，如同在大风中摇曳的烛苗，脆弱得随时可逝。为了保护好自己，女人如黄药师般布下桃花阵，想要困住一切谎言、伤害和痛苦。她们只是没想到，她们也会在不经意间困住了那个她等待了一生，也寻找了她一生的男人。

倘若男人可以看透女人所有虚幻的不规则外表，直面女人的内心，触摸它真实的温度、感受它的颤抖，就快张开你们宽厚温暖的臂膀，轻轻地呵护它、守卫它，为它挡住所有风霜、疾苦和颠沛流离。

不要眼泪，不要叹息。

请在爱情涨潮时，告诉她："我爱你，我爱你就等于爱我自己，你是我身上的一根肋骨，此生注定，亘古不变！"

目录

CONTENTS

第一章　女人有时很抓狂

NV REN YOU SHI HEN ZHUA KUANG

你能不能专心听我说？

我知道怎么做，只想找个人说一说

你有多久没有和她一起在清晨的公园晨跑，她像小鹿般的眼睛一直看着你，银铃般的声音源源不断传入你耳中，你微笑着认真听她告诉你她昨天下班遇到了塞车和办公室里的尔虞我诈；你有多久没有和她一起漫步在月光下的海边，她一只手温柔地环抱着你的腰，一只手指着海面上月亮的倒影折射出的明亮光斑，和你悄悄咬耳朵说对于明天计划去见婆婆的不安和忧虑，你摸摸她的头让她不用担心。

当然，你数遍了日历上这几个月的日子也没有发现你们上一次一起晨跑是周六还是周日，你翻遍了行事簿上打着红圈的旅行记录也没有发现你们上一次在海边漫步是初一月弯还是十五月圆。

当然，你也可以寻找无数个借口，例如最近很忙，这几个月很忙，这一年都很忙；例如周末是拿来好好休息和加班的，海边的夏天人太多冬天又太冷，只要想去，再找时间就好了。于是这个再找时间拖完了今天再拖过这个月，拖完这个月你发现今年已经转眼又到最忙碌的年尾，于是和她说，亲爱的我们明年再去旅行吧。

你想她怎样回答你，你又期待她怎么回答你呢？这个所谓回答到底是什么也许你并不期待，你只希望她能够按照你的计划走下去，却完全忽略了她的重点。她的重点不是要求你和她每周末都去晨跑并和那些热心锻炼的老年人们挤在一条公园狭窄的小路上，她的重点也不是在夏天你好不容易腾出的假期里站在满是垃圾的海边看乌云遮月亮。她的重点是她想要你专心听她讲，讲让她不开心让她郁闷让她这些天这个月甚至一整年都觉得怎么这么倒霉的一切琐事。

女人为什么想要找人倾谈？

你如果到现在才恍然大悟，其实也不算太晚。那么，先专心听我说女人们为什么会产生想找人倾谈。

既然男人和女人这两个不同的种类必须一起生存在同一个地球上，按照达尔文爷爷的生物起源原理，男人和女人应该是互补而存在的，换句话说，也就是男人有着女人不同的特质，女人有着男人不知道的需求。

好比在当代这个蚂蚁都无生存空间，天天都要担心被当成家族害虫白蚁给灭掉的不知是好还是坏的年代，压力袭来时，人们不可能像安逸呆在动物园里的鸵鸟们一样把头埋进沙子里就好，（不过据闻最近由于生活过于优越，鸵鸟们遇到人们给予的惊吓，也学会了置之不理，不再会上演一次又一次埋头进沙土的小戏码了。它们的潜台词可能是，你们当我傻子啊。）男人和女人面对压力时的反应和态度是截然不同的。

男人会很沉默寡言，因为他们需要时间去镇定与集中精神面对压力解决问题。而女人面对压力，大多数人会采取消极面对法，什么是消极面对法呢，简单来讲就是不知所措，紧张无比和严重情绪化。

男人只会在认真把问题解决，事情圆满之后，才会远离压力放下心来；女人的减压方式看起来却简单得多，虽然很难从根本上解决问题。

她们只需要有个人安静专注地听她讲话吐槽，不需要意见，不需要指责，唯一需要的字眼是倾听。而大多数女人都希望这个人是平日离她们最近、她们最关心的一类人——她的男人。

女人的洞穴

男人大多拥有一个自己创造的洞穴，它是泥筑成是土打造，在一个女人不可靠近的坚固地方。

你们会在遇到压力和困难的时候钻进洞穴里理清事情的来龙去脉和自己混乱的思路，再去试图解决问题。

即使暂时无法解决，你们也可以凭借运动、观看运动、评论运动等一切可以在洞穴中完成的爱好缓冲思想，避免疲劳过度的大脑运转不良。你们不会在压力未解决时踏出洞穴一步，换言之，你们不会允许女人踏入洞穴，你们会完全忽略掉女人的存在直到危机解除再次走出洞穴。

女人当然也有自己的洞穴，它是竹制是精心编织，但是它却存在在所有人都可以看见的地方。

她们习惯在遇到压力的时候和闺蜜们一起钻进洞穴，她们可以说笑可以沉默，压力会在交谈述说中渐渐变淡。

但是，她们始终在洞穴里留出一个固定的位置，那个朝着阳光的最好的位置，那个从她眼睛里看过去最美丽的位置，那个位置是留给男人的，可惜男人们要么躲在自己洞穴里，要么找其他借口，他们一定不会轻易踏进女人的洞穴。

两个穴居人产生矛盾了！

两个生活在不同洞穴里的穴居人的矛盾场景：

场景一

“办公室的小林和老徐为了设计图的事当场吵了起来，经理竟然派我去调节他们的冲突……”

女人一边洗碗一边兴奋地告诉男人今天的遭遇。

“嗯。”男人认真地在客厅翻阅报纸，敷衍了一句。

“你有没有听我在说什么啊，完全是敷衍我嘛。”女人有摔碗的冲动。

“我知道你能处理好这些小事。”男人继续看报。

场景二

“隔壁家的老李圣诞节的时候买了个 LV 给他老婆。”女人一脸嫉妒。

“那又怎样?”男人一脸不屑，内心开始排斥这次对话。

“我上楼的时候遇到她老婆，一脸的神气，拿着包不停跟我炫耀。”女人仍旧沉浸在自己的话题中，并未意识到男人的脸色。

“你是不是嫌我买不起 LV，让你没炫耀的资本啊。”男人鄙视地看着女人。

“我是这个意思吗？我要是嫌弃你就不会嫁给你了。”女人无法理解自己又触动了男人哪根敏感的神经。

“那你就别跟我唠叨这个。”

场景三

晚上，卧房，女人给男人准备出差的行李。

“最近几天降温，衣服多带几件，注意保暖。”

“好。”

“我还给你备了些感冒药，以防万一。”

“好。”

“出去应酬的时候酒少喝些。”

“好。”

“你真的听进去我的话了吗?”女人怒。

——不相关的分析，不对应的场景，但我保证，说的都是同一个问题。

分析一

女人：你有没有听到我讲话嘛，你好像都没有注意我在讲些什么。

男人：我有听啊，而且我还可以把你刚刚讲的所有话都全部复述一遍给你听呢，你信不信！

对，你当然有在听她讲话，可是你的眼神和小动作出卖了你。你只用了三成功力在听她讲话！尽管你用三成功力已经足够记下她讲过的所有牢骚，你却忽略了，她只是需要你花百分之一百的精力去听她讲话，至于她讲什么，大概她也忘记了。

分析二

女人：我觉得我看不到你了诶。

男人：我不是在这里么，不是就和你坐在同一张沙发上么。

对，你是和她坐在同一张沙发上，那张你们一起从宜家辛苦抬回来的沙发上，那张曾经带着你们甜蜜欢乐现在却变得仿佛陈旧哀愁的沙发上！

她要的不是一个空虚地坐在她身边的人，她要的是有一个存在感的男人，一个如同她记忆里能够带给她欢笑的男人。

分析三

女人：你一点也不在乎我关心我！我好像对你来说，就是一个无关紧要的人！

男人：我不是一直在想怎么解决问题么。亲爱的你不要乱想，你对我来说就是星星就是月亮就是一切嘛。

对，她是你的星星，可是你住在洞穴里面什么星星都看不见，她是你的月亮，可是你的洞穴处在离地面太远又有太多云层轻易遮住月亮的地方！你让她怎么相信一个宁愿自己一个人躲进洞穴里却对她置之不理的人？

她宁愿在自己的洞穴里清晰地看星星等月亮。

分析四

女人：你有没有管过我！你光顾着你自己！

男人：解决完问题才最重要啊！我究竟犯了什么错，你到底要我怎么办？

对，解决问题很重要，于是你远离她，冷淡她，装作看不见她，装作她去了遥远的南半球旅游。

你满心以为解决掉问题所有其他的小毛病大矛盾都可以迎刃而解，你却不知道，在你一个人解决问题时，那些小毛病大矛盾悄悄地打了死结像滚雪球一样越来越大，让女人们的神经处于崩溃边缘。

她们以为你不重视她，不再爱她了。你急速钻入洞穴寻求解答的转变快得连你自己都无法轻易察觉，那么又如何能让你的她很随意地就接受一个曾经对自己甜言蜜语的男人如今却一脸漠然无比冷漠地和她形式地吃完早餐就消失在她的视线中。

你的她，需要的是更多的关心和重视。

女人：爱倾诉是我的天性

语言学家专门对女人进行了研究，发现女人爱倾诉已是一种习惯。女人爱说话，爱倾诉并不代表她们真有那么多烦恼，那么多在意的事情。只不过，她们谈话的技巧较男性而言，要好得多，因此，便不自觉地想要炫耀。

身体语言学大师皮斯指出，女人一定要说话，因为她们的脑袋是设计成这样的。她们凭借谈话来与人建立关系以及奖励他人——如果一名女性喜欢你，她就会特别喜欢对你说话。这就能解释为什么女人总是把这句话挂在嘴边：我要是不喜欢你，才懒得跟你说这么多！

女性细腻敏感的天性和出色的语言表达能力，决定了她们天生就有着较男人更为强烈的倾诉欲望。而且在倾诉中，女人既善于将客观现实抽象化，又善于将感性体验语言化。

较男人而言，女人对精神交融寄予了更多的幻想与厚望。

在女人看来，无论高兴还是愁苦，都可以被一层层地剥离，然后与亲密的人一起条分缕析。

女人通常会在这一过程中重新找到支撑自己的力量。典型如祥林嫂，她反复地诉说阿毛被狼吃掉的悲剧以及对自我的谴责。她的期待其实很简单、很卑微，她不过是想博得一点同情罢了。只要有人愿意倾听她的悲痛，她的焦虑就会减轻。但是，她的诉说得到的却是上上下下的普遍冷漠，甚至有些人还以她的痛苦取乐。这给了祥林嫂心灵以沉重的打击。

心理学家也证实，倾诉确实是减压的良方。当一个女人将包括工作、学习在内的所有疑虑，以及生活琐碎片断都完整串联起来并一古脑倾诉出去的时候，她就是在不知不觉中运用此种方式梳理自己的内心世界，好让混乱的情绪回复平静。因此，这一过程不仅能让倾诉者看见他人眼中的自我，也可以还原内心深处的自我。

请认真听她说

所以，如果你想让你的她缓解压力，请认真听她说，让她说，让她从地球上她的办公室里那些鸡毛蒜皮的小事说到月球上那个凹陷的环形山阴影；让她谈论现在，回忆过去，放眼将来；让她把她的所有不快乐和郁闷全都发泄出来。直到她长舒一口气，慢慢停下述说，然后用甜蜜温柔的眼神看着你。

你知道，一切都回复正常了，回复到你们都钻进洞穴里之前，于是，你们可以好好为以后的生活做计划了，不如先来个海边小旅行如何？

甜蜜小贴士：请学会集中精神听你的她讲话吧

1. 请心平气和地和她开展谈话或者是安静倾听，不要急躁，你要理解她讲话中的感觉和偶尔会出现的小差错，你要尊重她。

2. 即使在短时间内，你无法让你的她破涕为笑，让她的情绪由多云转晴天，但你虔诚认真听她讲话的样子会让她很舒心，让她紧张的情绪逐渐放松下来。

3. 你不必为了做一个好听众而成为一个只是附和她的想法，放弃你的观点的好听众，你可以阐述你的想法或者选择保留意见。

4. 切记不要强迫你的她弄清她的一切观点和看法，她需要的只是述说，而不是对真理刻薄的寻求和探索。

5. 在听完她说一个观点之后再以三言两语简单提出你的看法，不要急着打断她的叙述。她会觉得你不信任她，不了解她的感受。

6. 她更多需要的是倾听，而不是抱怨和建议，了解了这一点的你可以适时把握谈话的进度，却不要试着去调控这个进度。

7. 请以手势或者身体接触给你的她安慰吧，夏日时候不妨放一杯冰柠檬茶，冬日时候在暖炉前手捧一杯热奶茶也是一个谈话的好选择哦！

你让我很沮丧！

为什么你对我的改变没有看到？

一个年轻的选美小姐亚军和一个同样年轻的提着菜篮穿着运动服面黄肌瘦的女人同时站在一个男人，站在你眼前，说你们去约会吧！你会选择哪一个呢？毫无疑问，只要是大众趣味，不是宅男怨男精神受刺激男，你会牵起亚军的玉手，即使她是亚军，你还是会义无反顾地笑着问她：那么我们去哪里呢？你完全会无视掉她旁边那个一身运动服装扮的女人，把她当空气当摆设当作只有别人可以看到而你完全没理由能看到的奇怪物体。

繁华的街头，熙熙攘攘的人群，你就像猎狗一样总能捕捉到美女的踪影。即使是商场巨幅的美女广告画像，都能让你的目光依依不舍地多逗留五秒。而我，已经陪在你旁边五个小时了，你却愣是没发现我烫卷了我的长发。

大家都是视觉动物

大家都是视觉动物。原始的动物们也是靠着雄孔雀开屏来吸引未来的另一半，极乐鸟们抖出绚烂色彩的羽毛让阳光肆无忌惮地为她和他的配偶制造趣味。而人类，也只不过是生物发展史中自以为高级高等而依然被冠名为“动物”的一种罢了，人类也遵守着基本的美学原理——靠基本视觉来初步判断事物好坏。

而这也是产生美丽事物的原因。如果鲜花不美丽，如何在暗无天日的一片沉郁森林里拔得头筹吸引各种昆虫和动物来帮它繁衍传播后代，鲜花们因为拥有众多奇异色彩而出众，从而得到继续生存下去的机会。而人类对鲜花的反应与对美丽事物的反应无异，人类需要靠外表来分辨植物和其他类生物，人类需要知道这种娇艳的鲜花其实深藏毒素，那棵无名的小草其实是一味药材，可治多种疾病。

如果把鲜花原理延伸开来，其实不难发现，无论男女，被美丽的异性吸引已成为大脑最原始的反应之一。这个原始反应让你们昏头转向地认为，长相好就意味着身体健康，没有疾病，她或者他简直就是一个完美的配偶最佳人选。生理学上也证明了这个事实，美丽的目的是在于吸引异性，最终繁衍后代。

女为悦己者容

既然人人心里都悄悄住了个视觉动物，那么人人心中也就清楚该如何去调整自己的形象，改变一直以来别人对自己的不好看法，让他人眼前焕然一新的自己重新扬眉吐气。

男人们自然会从小方面着手改变。你不会一周换一个发型也不会每周去做 SPA，却会暗自在出门前整理好衣着，在和心爱的她约会前去洗手间打理好头发。

女人们无疑是最擅长于改造自己的一群人，而且她们不仅仅是擅长而已，她们以此为豪，乐在其中。她们之所以乐在其中，可以用最简单一句谚语来概括，那就是“女为悦己者容”。

女人们每天早晨按时起床锻炼身体不是为了能在好友闺蜜面前显摆她又减了多少小腹的赘肉大腿不再萝卜，她是为了你！为了让她的男人看到她不断在变得更加苗条和更加健康；女人们每晚沐浴完坐在熏香环境里慢慢敷好面膜不是为了在她那一堆远亲近邻面前得到“呀，最近你好像又年轻了呢，你怎么皮肤越来越光滑了呀！”这样的赞叹，她是为了你！为了让她的男人知道她在努力保养自己，为了你们下次一起去参加某个商业活动时你很有面子，她很有笑容。

女人们做这做那想尽一切方法是为了美丽，更是为了让你看到她，看到她每晚虽然不情愿却仍然坚持为清晨调好闹钟，看到她沐浴后很想一头栽上床睡觉却又去点燃了熏香拆开了面膜的包装。

男人总是忽视掉身边正在绽放的花朵，而将目光锁定在了远处美艳的花丛。女人的美得不到赞扬的浇灌，即使还未绽放，仍旧会立马枯萎。

虽说女为悦己者容，但你都不悦她了，容有何用，容有何意？

花儿离不开水，女人离不开赞美，女为悦己者容就是希望得到最爱的人的赞美和欣赏。为什么恋爱中的女人最美丽，那是因为总有一个人向她投来热情关注的目光，说给她听热情洋溢的情话。

女人天生需要不断地被肯定和被赞美，充分的肯定会让女人散发自信，真诚的赞美会让女人心花怒放。女人像是被安装了无线接收器，能够接收到四面八方爱的讯息，这些讯息让女人变成了温顺的小猫，娇艳欲滴的鲜花，美好得让人心动。

但过了热恋期的女人则会获取更多的失落和抱怨，因为你开始吝啬自己的赞美，原本柔软的情话在你嘴里出现的频率越来越低。

女人开始焦躁不安，甚至开始怀疑男人的忠诚度。

有婚恋专家做过试验，如果一个妻子一周之内都听不到来自丈夫一句动听的情话，她就会心神不宁、疑虑和难过，久而久之，要么红杏出墙，要么离婚收场。

你开始抱怨身边的女人越来越不可爱，越来越像欧巴桑了吗？

男人们的反应

她做的所有都是为了你，那么，让你们来看看你的反应！

你会鼓励她说“宝贝你今天好像又苗条了”么？

不！你不会！你的眼睛不是电子秤，你察觉不出她的曲线有细小变化，你不会问她体重是否有变化，你只会烦躁地推一推她然后不耐烦地说“你闹钟响了，你能不能把它关掉？”。

你会笑着对她说“最近你脸上的皱纹都跑掉了”么？

不！你不会！你的眼睛不是扫描仪，你看不出来她皮肤究竟是变白嫩还是变光滑，你不会问她面膜会不会不够用，你只会在被她不小心吓到后暴怒：“这么晚了你究竟在干些什么啊！”

你已经“不悦”她了，她做出什么改变都无法挽回你的视线。她为什么不放弃为你而容呢？

所以，请不要忘记，女人是需要经常哄的小动物。试着去捕捉她的美丽变化，再配以恰到好处的赞美，将会让你的她重回以前的美好，你也会发现，她变得越发符合你的视觉审美。

是女人们想太多了么？

是女人们想太多了么？

她们辛苦劳累为了变好看一点，为了让你赞扬她一两句，得到的却是埋怨和气愤。

早在20世纪60年代，美国的一个著名心理学家就提出了有关于生活期望值的理论。他的研究表明，人们感觉心情愉快的时间已经大大缩水不如从前。以往每天平均三分之一的时间退缩为五分之一。而进入

90年代之后，人们每天感觉心情愉快的时间愈加减少，每日平均后，居然达不到一日的九分之一。

为什么呢？人们无论在情感上还是精神上都无法得到彻底放松，人们总是想得到太多，事实上得不到的又太多，生活里不再存在完美。人们的要求被客观抬高，一旦不能实现，心情就会变得很糟很坏，整天生活在不愉快的气氛中。

女人们已经处于在这个非常不愉快的社会里，她努力为了让自己和她的你开心一点，那颗心却被你打击得更加失落，甚至跌入绝望的深渊，伤心的谷底。

她很沮丧呀，她很失望啊，你为什么就看不到她的改变呢？你为什么就不知道她有多期待你发现她变得闪亮起来变得自信起来了呢？你为什么就不能停止抱怨，给她一个微笑的鼓励，为他喝彩呢？

还是你对她其实不感兴趣？

她会不断怀疑，是不是你对她不感兴趣，对美丽的她不感兴趣。

当然，你们通常会给出否定的回答。你们对美丽的异性向来有更大的兴趣。

麻省综合医院的脑部研究专家曾经做过这么一个实验：他们给异性恋的男人们观看美女照片，然后扫描他们的大脑，发现在这些美女照片的刺激下，被当作实验者的男人们的大脑毫无疑问产生了兴奋，而奇妙的是这些男人大脑产生兴奋的部位，与给他们毒品和金钱刺激下产生兴奋的部位相同。

也就是说，美女们和毒品，金钱一样，他们能够给你们带来的危险几乎并无二致。

对你们而言，女人们的相貌和身材以至她的一些细微小动作，比她的智力和才能以及天赋更有吸引力。即使在男女平等的当代社会，这仍然是你们最直接想从女人身上得到的东西，好比你们的祖先第一次看见女人时的反应。

对她，请不要吝惜你的赞美

既然你们对美丽还有兴趣，既然你们依然还是视觉动物，麻烦你们给你的她多一点点关心多一点点重视，她很需要你的赞扬和美言。这会让她更确定为你做的都是正确的都是甜蜜的；这会让她更幸福地去安排以后的计划，也会让你们之间的轨道逐渐走正，通向你们共同的幸福。

赞美女人也是一门学问。那么，怎样的赞美才能让女人受用呢？

关键的一条，就是要对症下药。

如果她漂亮，就要夸他美丽动人；如果她不够漂亮，就要夸她精灵般可爱；如果她年轻，就要夸她青春靓丽；如果她已到中年，就要夸她成熟有韵味；如果她身材偏瘦，就要夸她苗条骨感；如果她稍胖，就要夸她丰满诱人；如果长相欠佳但才华横溢，你就称她为才女；如果她相貌平平但温柔妩媚，你就称她为淑女；如果她喜欢打扮，你就夸她光鲜亮丽；如果她不喜欢打扮，你就夸她天生丽质；如果她性格柔弱，你就夸她女人味十足；如果她性格刚强，你就夸她很有御姐风范……

男人要记得随身带好放大镜，以便随时捕捉女人的美丽变化，发现她的长处，然后加以提炼修饰，作为夸奖女人的赞美之词。

总之，男人的爱要让女人听见，女人自然就会更加努力地绽放美丽。男人们，快去找回你们荒废的浪漫，试着制造一次让女人融化的美妙约会，然后在她的耳边，温柔地告诉她："我的眼中虽看到万千女子，但那些都不过是过眼浮云，只有你，永远地停在了我的心里！"

甜蜜小贴士：细处读她

相对于女人们的细微，男人的观察还是稍稍逊色了一些。那么，让我们来提供一些便捷好用的小绝招供你来时刻观察并提醒你的她除了积极减肥和美容外也要注意身体健康哦，她会知道你有时时刻刻在关心她，有注意到她的改变，如此甜蜜的小妙招要牢牢记住不要忘记哦！

得克萨斯州州立大学的研究人员通过长期研究，总结出了与女人健康至关重要的部位，从而绘制出了一份需要特殊保护的女性身体健康地图，那么让我们按着地图来，一步一步提醒你的她，让她变得更加美丽，因为有你的重视而不再沮丧。

◎头发

请提醒你的她要尽量远离染发烫发产品，因为这些美发产品中含有致癌物质过多，容易让女人们患上癌症。

◎眼睛

请提醒你的她不要频频使用电脑，长时间盯着电脑屏幕看会导致青光眼。

◎鼻子

请提醒你的她，每周至少三次、每次半小时的运动有益于提高人的免疫系统，增强她的呼吸道抗击各种细菌的侵袭。

◎皮肤

请提醒你的她，烈日天气，要注意特别保护自己的皮肤，因为长时间暴露在烈日下会引发皮肤癌。

◎心脏

如果一年中体重减少或者增加10斤，那么女性心脏的健康就会受到明显损害，阻碍血流与心脏之间的循环。因此，为了心脏健康，请提醒你的她一定不要过于苛刻减肥。

◎臀和手腕

出现骨质疏松症的部位一般是臀和手腕。请提醒你的她一定要注意适量摄入含钙丰富的食物，因为它不仅可以预防骨质疏松症，而且还能缓解压力。

◎肝脏

适量饮酒有助于人体健康，但是酗酒无疑会导致胃癌等疾病。肝脏是人体的一个重要部位，因此请提醒你的她一定要保护好它。

◎腿

长时间待在狭隘的空间中，活动受限，使得血液循环不良及黏稠度增加，造成腿部深处静脉形成血栓。请提醒你的她，工作一段时间之后最好站起来走一走，做一些腿部运动操。

◎踝和脚

请提醒你的她一定不要穿过高的高跟鞋，特别是细跟的高跟鞋。穿高跟鞋的女性患膝关节炎的风险高出男性两倍，还会增加扭伤脚踝的危险。

别以为只是你有钱！

拜托，不要有被害妄想症，你又不是李嘉诚的儿子！

如果你打开浏览器上 Google 搜索关键词“男人 钱”会在 0.02 秒中获得约 46 100 000 条结果，而第一条结果是某国内网站展开的“今日话题”——男人没钱等于女人不漂亮。

伟大的法国哲学家伏尔泰说过这么一句话：我不赞同你的观点，但我誓死捍卫你说话的权利。我也是同样的态度对于所谓“男人没钱等于女人不漂亮”的观点。男人们不可以没有钱，女人们即使不漂亮也可以找到其他出路是大多数人所持的观点。但其实无论怎么想，就好像那句俗话讲的一样，“钱不是万能的，没有钱却是万万不能的”，作为人类社会的经济和物质基础，金钱在人们心目中还是占了很大比重的。

公子有钱，姑娘有意

就好像在某网站的调查中显示的现实人们对于男人和金钱的看法一样。

对于“如果在有钱和长得帅的男人之间选择，你会嫁给哪个?”这个问题，有43.5%的人把票投给了“我会选择那个有钱的”，看来金钱在女人心中的稳固地位依然坚挺；仅有8.2%的人选择了“当然是嫁给长得帅的，看着顺眼”，让人想起王菲一句经典话语“反正世上男人都花心，要嫁不如嫁个长得好看一点的”；剩下的33.2%投给了“嫁给有钱的，让帅的做情人”，看来患有幻想症的女人还真是不少；更有15.1%的独立女人把票投给了“两个都不嫁”，当然，有可能这15.1%的女人都已经嫁了个有钱又帅气的老公。

而另一个投票调查更是明显，对于“你认为钱可以衡量男人的价值吗?”这个问题，有70.2%的人把票投给了“至少是最重要的标准”，只有6.6%的人选择“我有其他答案”。想必人们的心理已经一目了然，不用再强调钱对于男人来说有多么重要，或者成功男人和钱有着千丝万缕的不可隔断的联系。

女人眼中男人与钱的关系

一旦男人和钱沾上了关系，多数接下的偏正词语都不是褒义词。女人们最常用的俗语是“男人一有钱就变坏”。无论是社会小新闻还是闺蜜亲友间互相传递的流言蜚语，都离不开这个重要话题。好似一个奇妙的循环圈，大多数男人都没能够逃离这个至金定理。而究竟男人们有没有想过为什么女人们甚至自己的一些同类也会有这样的想法，难道真的是因为这些类似的花边新闻报道得太多了吗？是不是全天下的女人们都会借着女人们一起上厕所的真理，真躲进厕所商谈大事对付男人所以才会产生这样的不公平的“至金定理”?

从男人自身开始解析问题

这个答案无疑是否定的。男人们也会想太多，而更确切的说法应该换成“被害妄想症”。

让我们还是从男人自身开始找问题吧。

从来都说中国文化博大精深，而其中有一点，汉字，更是涵盖了多种多样的深厚文化底蕴。以汉字来看“男”人，不难发现，“男”字分开上下两部，上为“田”，下为“力”，毫无疑问，男人们被视为在田里劳作苦力的人，而最开始那些脸朝黄土背朝天的农民朋友们大多数也是由男人们来担当的。换成现在的境况来看，男人们也就是最苦最累的一群人，我们要养家糊口就必须在外做事、工作，东奔西走没日没夜地努力赚钱。

男人们对物体和事情比对人和对感觉有兴趣得多，可以说，大多数男人被理性思想所控制。在女人们幻想爱情和幸福生活等虚无缥缈的象征性词汇时，男人们已经把心里留给了跑车，高科技和所有新鲜的事物，男人们渴望拥有这些，因为这些事物可以帮助他们去创造未来的基础，完成心底的目标。

◎男人们以为自己就是世界

这也是哲学家叔本华所认识到的“伟大”真理，他说，男人们看到的东西少，是因为他们想的多。有个女作家曾经这样评论过男人，她说，男人们看不到世界，是因为他们以为自己就是整个世界。客观来说，女作家的说法要更加实际一些，也更加接近情理。曾经巴黎大学有过一份调查报告证实：男人们的视野的确很有限，男人们的目光总是集中在一个目标上，与此无关的东西都仿佛被照在一层面纱下。

所以男人们看东西集中在某一点上而不假思索地忽略掉其他重要因素，女人们的目光则灵活得多，女人们会环顾周围，兼容并蓄，女人们看到的要比男人们的确多一些。而生物学研究人员更指出男人们视力紧盯目标其实是和他们在原始生活中所担负起的责任有紧密关系的。因为在原始生活中，男人们通常担任外出活动捕猎食物的角色，因此需要时刻对猎物保持兴趣和耐心以便捕获猎物带回家去。

◎男人们很容易忽略掉来自女人的信息

这也就是为什么男人们也会患被害妄想症的缘由了。当你们一门心思全放在赚钱上，会忽略掉所有其他的重要信息，例如来自你的她的所有信息。不妨让我们来看看你是怎样显而易见忽略掉她的信息的：

场景一

女人：亲爱的，我这周有个闺蜜要来我们家小住几天呢，可以吗？

男人：怎么又有人来，去年不是来住过两周了吗，我还领着她到处转，累死我了。

女人：不是上次那一个闺蜜，这次是大学里最好的那个朋友。你还记得吗，我们上大学时候那个长得还不错那个女生？

男人：我宁愿什么都不记得，上次汽油费都花去了我半月工资，拉着你们俩跑东跑西像匹老马似的。我可不愿意了。

女人（发怒）：你能不能不提钱的事情！不就是汽油费嘛，大不了我来出。

男人：你的钱不是我的钱啊，你怎么就不心疼！

女人无语，省略掉无语后爆发的彼此5000字争吵话语。

一场好好的谈话发展成为争吵，结果也是你所不愿意看到的，那么究竟是哪里出了问题呢？你现在看清楚了吗？

是钱！钱！钱！还是钱！在你的她满心希望你回忆起大学时的甜蜜时光，和女友们之间无心机的纯真记忆，你能不能不打断她仅有的美好的回顾，能不能不要用钱掐断现在和以前的联系，能不能不要再讨论这个钱是你的还是我的，其实你是想说你们家所有钱都是你的吧？作为一个成功男人，请适时学会讲话尊重你的她的想法，如果你实在不愿意她的闺蜜再来住那么长时间，你可以换个口吻换一个插入点去和她商讨，你有必要紧紧抓住钱不放和她纠结这个问题么！

场景二

女人：亲爱的，你这个月工资卡上能给我挪点钱吗？

男人：你又拿去买基金？上次不是跌了吗？怎么又买？

女人：除了买基金其实还有一些其他的用途啦，你就给我挪点嘛。

男人：你能有什么用途，我还不了解。

女人：你给还是不给!？大不了等我发工资我还给你！连本带利！

男人：你就是想把我钱全都用光吧，还不说去干什么！……

女人暴怒，省略一下同场景一的彼此约5000字争吵话语。

你再一次误解且伤害了她，其实她是想趁着周末和你一起去车展，但是她的小私房钱并不足够帮你换一台你想要的小车。如果你曾经和你的她有过以上或者类似对话，请不要盲目以为你是李嘉诚的儿子，也不要相信其实你是微软下一届CEO接替人选这样的鬼话，你以为你的钱可以铺满长城可以绕地球一周了吗？所有人都觊觎你的钱都想来分一羹抢一把，因为你有钱所有人都会羡慕你、嫉妒你、想要残害你，以夺得你平生积累下的所有财富了是吗？请尽快从以上妄想症状中脱离出来，以走上幸福的康庄大道。不然，不仅仅得不到作为礼物的小车，甚至有可能连她对你基本的信任和好感都失去。这对于你来说无疑是赔了夫人又折兵啊，这大概是比失去金钱更大的损失。

女人跟男人之间在金钱问题上矛盾不断

男人的被害妄想症让他们总是警惕他们的私人财物是否安全，比如钱袋、房子，而偏偏一些女人明明没有觊觎钱袋的想法，却习惯在“钱”周围兜圈子，用钱去试探男人对爱情的态度，让男人敏感的神经一下紧绷，矛盾一触即发。

场景一

女人：亲爱的，我有个闺蜜，她妈妈住院了要做手术，急需用钱，她找我帮忙……

男人：朋友有难当然是能帮就帮了。

女人（一脸无辜）：可是我没什么积蓄，银行卡里就只剩1000了，你能不能帮我借点给她啊？

男人：没钱就别借嘛，怎么拿我的钱当好人啊！

女人（发怒）：你我的钱还分那么清楚啊！而且这是救急用的，又不是拿来乱花。

男人（思索半天）：这个钱借是可以，但你要跟我打个欠条。

女人（彻底震惊）：你我之间还需要打欠条？你之前的海誓山盟里有提到我们之间借钱还要打借条吗？

场景二

女人：亲爱的，圣诞节你打算送我什么礼物啊？

男人：现在的礼物又贵又不实用，还不如去吃一顿好的呢。

女人：可是你从来都没送过我东西。

男人：怎么没送了啊，每次出去吃饭都是我掏的钱。

女人：圣诞节送的礼物才比较有纪念意义嘛。

男人：你就是想把我钱全都用光吧，我花在你身上的钱也不少了，别不满足。

女人：你除了请我吃饭你还花什么钱了，如此斤斤计较，你还爱不爱我啊？

网络上流行这样的一句话：一个男人口袋里有一万块钱，他肯为她花 500 块钱，另一个男人口袋里有 1000 块钱，他肯为她花 500 块钱！你会选择哪个男人？前者还是后者？

多数的女人会选择后者！为什么？为什么不是选择有钱的那一个？男人困惑了：女人不是都爱钱吗？如果有这样的想法，那就是大错特错了。女人爱钱并不是纯粹的拿钱来购买商品，而是把钱当成了一种爱的表现工具罢了。女人用金钱来测试男人的嘴巴与行动是否一致，她们想要的是可以见得到的“爱”，而不是成天挂在嘴边的没有任何安全感的爱！

所以不要再说女人只是爱钱，眼里只有钱这种话了！女人首先爱的是你这个人，然后再试探你能为她付出多少，以此来判断你是否值得她继续付出下去。女人都是缺乏安全感的动物，她们有自己创造安全感的一套方式，即使你无法理解这种方式，但你要相信，她们并没有恶意。

嫁汉嫁汉，穿衣吃饭！只要是生活，爱情终会跟金钱挂钩，话题时不时得围绕着"钱"进行也是很正常的事，别对这个字眼过敏，一听到就感觉脑袋开始瘙痒。别老是怀疑女人接近自己只不过是觊觎自己的小金库，现在的女人经济都独立了，也不需要你养了，她愿意把自己无价的青春奉献出来，与你一起分享，你何尝不是赚了。试着去体谅女人的思考方式，她需要你的爱，而这些爱需要用你的行动去体现和证明，而不是天天挂在嘴边的"I LOVE YOU"！

男人："看上我的人还是我的钱"

上面的测试结果除了让你们清楚女人择偶的侧重点外，也让稍有闲钱的对自己魅力不自信的男人得出了一个自以为是的结论：看上我的人不过是因为看上我的钱。然后他们开始捂住自己的钱袋，警惕地监视接近他的女人，一旦女人的目光扫过他的钱袋，他就会有一种"果然不出我所料"的得意感。而此时，如果女人再不合时宜地提出用"花钱"来测试爱不爱自己，就更加坚定了男人心里的想法：你看，爱我只是个幌子，终究还是跟我开口提钱了。然后男人就会如兔子受到惊吓般快速逃离，边感慨边庆幸：幸亏脑袋一直清醒，没被爱情冲昏了头，否则人财两空。

男人的此种"守财奴"心理并不代表爱财如命，更多的会反映出男人的不自信。虽然多数有钱的人（有些富二代除外），都有一定的能力，但一旦男人发现，自己金钱上的闪光度超过了自身所有的优点，他会很沮丧，很无奈，他会消极地自我判定自己吸引女人的原因只不过是因为钱，而一旦自己没钱时，所有的吸引都会消失。而且，他们深知，以金钱为基础和目的的爱情，绝对不会长久，死亡日期就在自己破产的那个时刻。他们被这种情绪一直困扰，他们完全忽略了自身的闪光点，看到女人对自己的钱表现出一丝感兴趣时，他们的神经就开始敏感起来，他们害怕自己既损害了感情，又损失了金钱，到头来一场空。毕竟感情是虚无飘渺的，但金钱是真实摸得到的，要保全其中一种，当然是摸得到的比较踏实，比较实在。

女人："如果只爱钱，你还没到我爱的资格"

现实中，确实有一部分女人爱钱爱房，这种物化心理体现出她们对未来生活缺乏安全感。很多缺乏自信的女人都渴望未来生活能一步到位，也希望在自己青春结束前可以搞定一切有关幸福的因素，从此高枕无忧。这样的女人想问题总是爱走直线，"没有房子的爱情注定走不远"，"嫁给没钱的就等于要吃苦一辈子"，"嫁给没钱的男人，跟闺蜜聊起来，舌头都短半截"……这样的心理让她们虽然得到了光鲜的婚房，但关起门，却常有些爱情的落寞。

而聪明的女人，她们经济独立，精神独立，在金钱面前有自控能力。她们也爱钱，但更爱一个前途明朗、有思想的男人，一个只靠金钱堆积没有感情基础的婚姻，她们懒得搭理。男人付不起全款房，她们愿意在未来的日子里一起分担压力；她们不会天天去跟周围人攀比，让自己不痛快的聚会她们干脆不参加；她们会在买房还是租房问题上放男人一马。如果此时男人还警惕戒备着女人是否居心不良，那么她们会嗤之以鼻甚至扭头就走：如果我只是爱上你的钱，我何不找李嘉诚的儿子，至于你，还没到我爱的资格。

请不要轻易转移话题

所以，请你下次和女人们谈话时不要轻易把与幻想有关的话题转到金钱上，也不要尝试怀疑她对金钱的使用，请放平心态，把眼光放远点，再远一点，让你们心平气和讲完话，一同快乐地接待闺蜜或者开着崭新的小车回家路途上有说有笑。

甜蜜小贴士：测测你的金钱观

为了更正确了解你对金钱的把握，不妨和你的她一起来做个小测试吧。既可以让她清楚知道你心中想法，同时你也将知晓她在想什么，下次你们谈话时也许会互相迁就而不会再因为这个有关金钱的敏感问题而争吵了！

你的“金钱观”是哪一类？

有人带着假发外出，一阵强风吹来，你觉得他的假发会怎么样呢？

1. 假发全吹向一边。

2. 被吹得乱七八糟。

3. 假发被风吹跑，露出光秃秃的脑袋。

答案：

1. 你很重视金钱，对钱斤斤计较，不随便花钱，但由于防卫性强，不敢作投资或合作的事业，所以只能存小钱，发大财的机会比较小。

2. 你是一个不畏辛苦，努力赚钱，很重视收入的人，并把收入当成荣耀的象征。但别忘了，金钱很重要，健康也很重要哦。

3. 你花钱没有节制，根据自己的喜好来消费，缺乏掌握金钱的能力。常常是一拿到钱，很快花光。要注意哦。

➡ 我又不是巫师，请给我一些呼应！

虽说沉默是金，但我不想猜猜猜！

开始这个小节之前，我们先来玩个小游戏。这个小游戏叫我来做你来猜。现在我沉默地坐在沙发上，然后双眼炯炯有神地看着你身后那盆兰花，请你来猜我在想什么。我在想那盆兰花需要浇水了？不是，我在想为什么你还是那么固执己见是不是应该拿那个装兰花的盆子敲醒你呢！这个不成功？人总有失手的时候，没关系，亲爱的，我们再换一个场景。这次我站在阳台上站在你身边，安静地用手搭在你肩膀上，请你来猜我在想什么。我在想你是不是又长胖了？不是，我在想我们住的楼层高度也许还不足以让人摔下去就立刻奔阴曹地府去拜见阎王大人吧！

你恼怒了，"这样的题你让我怎么猜！什么都不说又什么都不表示，我怎么知道你要说什么？"对，我就是要你这样的反应。因为在平时你的她，你的女人们兴高采烈地向你询问意见时，你的反应也和我一样，摆出一个自认为很帅气的沉默寡言的姿势，然后意思是"你来猜猜我在想什么，我接下来会对你说什么呢"。既然你也不能单纯地通过"以心度心"这个失传多年的大法来操控我的心思猜度出我在想些什么，那些平时更是以感性著称而不是理性天才的女人们是如何猜出你在想些什么的啊！

男人与女人不同

当然，聪明如你，你会找到很好的借口说，男人和女人面对同一个问题的态度和解决方法不同嘛。是，我并不否认这个观点，甚至还很赞同，正是因为这个理论，世界上才有多种解决问题的方法方式，才有不同思维的碰撞产生火花，这个世界才能不断地前进。那么，让我们进一步来看看这个观点。

男人和女人面对同一个问题的态度和解决方法不同，是因为男人和女人在思考和处理资讯上的方法差异甚大。女人们习惯把自己的想法都说出来，无论是和她的闺蜜，好友，还是一些其实并不太熟悉的听众们一起分享。分享让女人们觉得被接受和认识，因为她的内心过程和听众进行了交换。而男人们无论在谈论还是回答问题前，他们习惯深思熟虑好要讲什么，讲的这个观点对不对，容不容易站得住脚，会不会被反驳。只有通过严密的思考，他们才会找出他们所认为最正确的答案和回答。经过男人们这番在心里悄悄进行的衡量规划，他的表达往往要经过数分钟到数小时甚至几天时间。如果他没有足够的资料或者证据来帮助他确认心里那个答案，男人们甚至不会全部回答问题，因为他不能够回答。而这恰巧是让你的她，让女人们所感到困惑且情绪化的事情。

因为女人们通常会拿沉默不语来做挡箭牌的场景无非是她说出去的话让她自己都受到了伤害，或者是她已经不想和失去她信任的人说话，不愿意和这个人有任何瓜葛。只要男人们一沉默，女人们很容易把男人们的沉默套入她们自己的场景，于是她会很沮丧很抓狂，更不幸的是，如果恰恰不巧那天是她正头痛一个问题苦苦得不到解答寻求你的帮助和建议时，你沉默以对，她会觉得：

完了，他已经和我没话说了，他不喜欢我了，他讨厌我了，我们之间彻底完蛋了！

女人：我真想撬开你的嘴

当女人的话对男人而言完全是透明的，没有产生任何涟漪，也没有得到任何回应时，女人的理智也到了尽头。女人开始孤注一掷，“你越不愿意说，我就越要烦你，直到撬开你的嘴为止”。

每天承受着跟男人一样繁重的工作，承受着过于紧张的压力，时刻处于孤立无援，心烦意乱的境地中，女人的日子也不好过。然而好不容易熬到回家，熬到周末，能够有机会放松一下，跟亲爱的倾诉烦恼、巩固感情，而结果却是热脸贴上了冷屁股，男人总是以不耐烦的态度或者长时间的沉默来结束一次本该愉快的交谈。

女人天生习惯于通过谈话来建立关系、巩固关系，在家里则喜欢通过絮叨来表达对男人的关心，但男人对这种关心方式貌似并不领情。这种挫败感让女人觉得男人不尊重自己甚至不爱护自己。在将这种情绪不断放大后，女人开始选择用更为激烈的行为试图引起男人的注意。此时的女人已不在乎这些行为是否会引起男人的愤怒和厌恶，只一门心思想着如何打开男人的嘴巴，即使是恶毒的对骂，也比沉默更有真实感和安全感。

然而很多男人面对争吵，依旧选择沉默。即使家里已经与外面喧嚣的天空别无二致，男人仍旧选择用理性拴住随时喷涌而出的愤怒。他不愿直接反驳，却无疑是在家里投下一枚炸弹；他不愿粗暴呵斥，却无疑成为了事倍功半的困兽犹斗。

于是，女人们抓狂时候越来越多了。

女人们更容易抓狂了

女人们一周七天有五天身穿制服脚踩高跟鞋像打仗似的上办公室战场，在战场上还要赔笑陪饭参与到各种尔虞我诈的事件中；如此这般，下班回家还包括清理房间，做饭洗衣，有孩子的照顾孩子，没孩子的强颜欢笑守在男人们，守在你身边不失浪漫地迎合你胃口做这做那。女人们要做的未完成的等待她们的事情实在是太多了，可以说多到她们整个内心都分裂失常了。而今天的女人们感到比以往任何时候都需要更多的帮助，来自哪里，来自男人们，来自你！

◎两个女人谈话时

如果一个女人听另一个女人倒苦水或者抱怨的时候，她们不会沉默不语，她们会让讲述者清楚明白她正在关心地听着，当讲话的人适时停顿下来时，倾听者会直觉地回答让讲话者安心，例如“是吗，我也觉得”，“哦，是啊”，“恩，对”等其实简短却又有用的句子。男人们却不会使用这些小技巧让女人们安心。

◎女人和男人谈话时

男人们只会一边沉默，一边继续在心里找借口。就算找借口也麻烦你把借口说出来啊！女人们，你的她需要知道你心底的想法！

如何让她知道你的沉默无公害

有一首老歌唱道：女孩的心思男孩你别猜，你猜来猜去也猜不明白。可事实上，越来越多的女人开始抱怨男人的心思更难猜。下班后阴沉着脸，一声不吭，如何关心询问，他都是一副石膏状；吵架后，总是把自己关在房间里一个人生闷气，让你心怀忐忑等着他消化完一肚子的郁闷；兴高采烈地去询问他意见，他却摆出了一副很冷酷的沉默寡言的姿势。女人终于抓狂了：男人啊，你的名字叫“沉默”吗？你不开尊口，我如何能知道你奔腾的脑瓜子里在想些什么？

虽然男人的沉默更多时候只是自我的一种调节，但翻译到女人的思维里，可能就变成了另外的信息。因为女人们通常只有在不想跟对方说话，不愿意跟对方有任何瓜葛的时候才拿沉默来做挡箭牌。所以只要男人一沉默，女人就很容易把男人的沉默套入自己的场景，于是她会很沮丧很抓狂，她会觉得“他已经和我没话说了，他不喜欢我了，他讨厌我了，你们之间就快完蛋了！”如何让她知道你的沉默并无恶意，需要男人在某些方面多多注意。

◎男人们需要思考这个问题，寻找答案，所以他选择沉默

你需要寻找答案，你不说出来，女人们又怎么会知道你在为她着想和你正在着手帮她解决问题呢？对象是你的她啊，有什么不好意思说出来的么？究竟说出来需要多大的勇气呢？需要去背着炸药包炸碉堡的勇气还会是需要用自己的胸口去堵机关枪的信念呢？

◎男人们对问题没有答案，所以他选择沉默

女人们即使是感性动物也不会因为你仅仅是没有一个问题答案就把嘲笑你讽刺你抛弃你啊！女人们明白要你说出“哎呀，我没有答案！”

有多么艰难，那么请你适时暗示一下你的她也好吧，别扔你的她在你的沉默里一个人崩溃，好么！

◎男人们难过或者觉得自己有压力时候，他会选择沉默

男人们难过没必要搭上女人们情绪化的电梯吧，你难过请你认真告诉你的她，你有压力你也完全可以自己一个人消失去解决但是提前告诉你的她行不行！不要让她为自己担心的同时也为你的际遇而抓狂不知所措，你会让她疯掉，不是高兴，而是担心伤掉了整颗心脏。

◎男人们需要找到自己的空间，尤其是处于恋爱期间的男人们，他们选择沉默

好吧，你感觉你和她过度的亲密剥夺了你的力量。你怎么就没有想到那些甜蜜同时在促使你在事业上更加有信心有活力呢？为什么你只能想到坏的一方面不肯朝好的方向发展呢？你能像一句歌词一样，“爱让一个人充满勇气，也是我微笑里的秘密”。你能把多疑那颗心放下来，对你的她笑一笑也好啊！

请给她反应，她不是巫师！男人们，请及时了解和尊重你的她，把你的反应和感觉真诚交给她，不让她觉得你冷淡了，不让她感觉到她被忽视了，请让爱充当你们的护身符，你们在一起的时候，抬头才会有好天气。

女人语言的翻译

互相了解和消除误会并不是一个很快就能看到成效的小工作，这需要经过多重摩擦和体谅，在这里，给男人们提供一些翻译过的女人们的心理话语哦，希望对她了解得越多，你们的爱也愈加浓厚！

——我不想再记得那些事情了，我想忘得一干二净。

翻译：我今天很慌张啊，所以，亲爱的，如果你想问我究竟出了什么事的时候，可不可以让我安静地把事情来龙去脉讲完，然后先别提意见，好么。我需要你抱着我安慰我让我逐渐脱离压力包围，这样会让我好过很多，明天开始，我又有一个崭新的明天。

——房间里老是乱七八糟的。

翻译：今天恰好我休息房间里却这么乱，我觉得很沮丧，本来周末想要好好休息一下的，你能不能不要期望我打扫房间呢。或者你愿意和我一起打扫房间或者干脆还是让这个房间更乱一些呢？

——再也没有人要听我讲话了。

翻译：我是不是让你觉得我是一个特别枯燥无味的人了。我害怕失去你对我的兴趣，今天我又沉入沮丧之中了，你能注意到我么，能给我多一点支持么，给我一个肩膀或者拥抱也好。我需要你的体温来温暖我的心，我需要你听我慢慢讲话，我们一起来面对问题解决问题。

——你是不是不再爱我了？

翻译：我觉得今天的你有些冷淡，你不爱我了么？我害怕是我做错了一些事情你推开了，我心底其实知道你一直爱着我，为我悄悄做了很多事我一直都记得，但是不知道为什么今天就是觉得心里很空洞，你能再次告诉我你依然爱着我么。也许我只是希望再次听到你确认爱我的这三个简单却奇妙无比的字啊。

——我想再浪漫一点。

翻译：亲爱的，我们最近都没怎么休息，而且你一直都很忙，工作又那么辛苦，你还瘦了那么多。不如我们安排一下小小的假期，我们再去度一回蜜月吧。其实你很浪漫，只是可不可以有时候送我花给我惊喜让我开心呢，又或者带我去甜蜜的小酒馆，我们坐在沙发里慢慢聊天来约会。其实，我爱这样浪漫的你。

甜蜜小贴士：当这些情况发生时

1. 如果你真的需要自己安静会好好休息一下或者思考一番，那么在准备进行沉默之前，希望你能够抽几秒的时间抱着你的女人，温柔地对她说：“亲爱的，请允许我让自己去面壁一个小时，在这一个小时里，我可能不会陪你说话，不会陪你看电视，但你要乖乖的。等我面壁完回来，我会把我的烦恼告诉你。”你的脆弱和善良相信会让你的女人感到温暖，即使你面壁一去变成了三个小时，我想她也舍不得对这样的你发火。

2. 如果你们是在争执，你觉得再争吵下去已无意义，你想放弃辩驳，试图用沉默不激怒女人，那么你应该主动开口说：“我很在乎这段感情，但现在我不想在头脑发热的时候一时冲动说出任何愚蠢得会令我后悔的话，能稍后一些再谈吗?”通过设定重新谈话的时间，让她明白你不是在逃避。如果你随心所欲毫无预兆地想沉默就立马沉默，反而会加剧冲突。

3. 房事之后休息时，常看到男人拿着根烟沉默不语，难以想象他会继续说些好听的话。然而，此时的女人非常想感受到伴侣的亲密，说话是她期望你能表达感情的方式。要解决这一尴尬，男人不妨回忆自己在两性关系中犯错的小细节，逗女人开心。

4. 当女人抱怨工作时，不说话或强调“你该怎样”，都是女人不愿意接受的反馈。面对这一情况，男性只需要表现出关心、倾听的样子就可以了。

5. 与她的朋友见面时，男人常会因为尴尬而在伴侣的朋友面前沉默。这会让对方错以为你不够体贴。你可以先做些功课，向她先询问些关于她朋友的事，以作谈资。

搞清楚，我不是AV女优

即使你们很熟，也请不要评价我的身材，
尤其是我在的时候！

在我们开始这一小节之前，不妨听一首麦浚龙的歌——《舌间纹了玛利亚》。开始的歌词是这样：情绪太多，只得一对眼/变化太多，只得两条眉/魂魄太多，只得一块脸/我有太多，新鲜与邋遢。

是不是很像你和你的她之间的感情状态呢？情绪就算太多，那双眼睛并不会改变颜色；变化就算太多，每天看见的那双眉毛依旧是黑又密那一对；而就算有七情六欲灵魂不知道跑去哪里，面对的依旧是那一张脸。每天面对着同样的事物，作为男人，你参透了她的秘密和邋遢，却失去了新鲜感。但是即使是这样你是否就有充分理由肆无忌惮地评论这一对眼，两条眉，一张脸了呢？

答案是坚决否定。当然如果你一旦明白了这个后果将会多么严重你也许不会再尝试评论你的她的身材，尤其是当着她的面。女人们太容易嫉妒，虽然这个情绪并不能算是好的积极的情绪，但是女人们的这一心理来源于客观来说女人们的心胸是比较狭窄，而之所以狭窄是因为女人们的社会圈子并不如男人们那么广阔，她们的视野也不能完全得到扩展。而偏偏女人们又是如此看重她的爱情，看重她对你的爱以及更重要的你对她的重视和爱。

评论她身材等于走进绝境

朋友聚会，各自携家带口，喝酒划拳玩游戏，好不热闹。不知是谁先开了头，让男人们分别评价下自己女友的身材。你抬起被酒精熏红的脸，醉醺醺地开了口："我老婆哪里都好，就是胸部太小！"大家哄堂大笑，所有人都在同一时间有意无意地瞟过她的胸。她看到正对面那个胸部丰满的女人轻微地昂了昂头，嘴角隐约露出一抹得意的讥笑。愤怒和羞耻在脑袋里膨胀，她开始憎恨身边这个男人，他的无脑行为伤害了她身为女人的尊严。

你一旦评论她的身材，即使是善意的，即使是当着她闺蜜的面，她也会不开心会立刻乌云满面。女人们自己已经常常拿自己与她人比较，她在你的评论下会觉得你不爱她，你一点也不替她着想，你根本不爱她的身材，不爱她这个人。而前面几节，想必你已经领略过了女人们情绪发作会产生的众多不良后果，你现在再回想起之前曾经当她面评论她身材时她的冷漠表情，你是否有吓出一身冷汗？

女人：我的身材是评论禁区

我不是梅根·福克斯，也不是小泽玛莉亚，我长不出那性感的胸和紧致的臀，所以请别拿我跟你的 AV 女优们比身材，我自认比不过，所以也请你闭嘴。

女人虽然清楚男人是视觉动物，但她们无法理解为什么男人总是那么执著于评论女人的身材，即使已经出示了警告牌，甚至为此翻过脸，但男人们的记性貌似在这个区域是丧失的，他们总是会时不时地踩进雷区。对此男人们只能无奈地解释为，这是下意识的语言冲动，甚至没有经过理智的审核就从嘴巴里冒出来了。

确实，男人对于女人身材的评价热情度可以媲美女人对于衣服化妆品的感兴趣程度。男人扎堆，谈论最多的就是女人。

“对面走过来的那位美女的腿好长好细啊!”“但你不觉得不够直，有点 O 型腿!”

“3 点方向有位辣妹出现，那紧身衣把胸部撑得多饱满!”“搞不好是假的，隆过胸的!”

别以为这些是女人间的对话，男人一旦找到了自己中意感兴趣的话题，照样可以八卦得唾沫与思想齐飞。除了别的女人，男人们对自己的女人评价起来更津津有味，因为自己了解啊，自己掌握了别人不曾掌握的一手资料，自己知道别人不可能知道的绝对机密，这些都是男人可以炫耀的资本。有谁知道我那漂亮美妞的胸前有一颗红色的痣？我。有谁能精确知道我女人的胸是 34D？还是我。男人对于自己能够独霸一个女人，并且知晓其一切而感到无比自豪，而别的男人只能偶尔通过自己透露的一点信息才能知道一丁点的底细。

但女人不乐意了。女人对于承认自己精神上的弱点并不会感到羞耻，毕竟女人在心理上也一直把自己摆在弱势的位置，她们也意识到自己在思想和做事方式上存在很多缺陷。但一提到身体，女人的神经敏感度就会调高，身体对她们而言是隐私，她们不希望自己的身体特征被别人知晓，这样会让她们有一种被剥空的赤裸感和心灵极度的安全缺失。并且80%的女人对自己的身材并不十分满意。即使是十分耀眼的模特或者明艳照人的明星，也常常会对自己身材某个部分表示出不满意，很多女人甚至觉得自己要么就是胸部不够丰满，要么就是觉得自己身材不够性感，有胸有身材的又觉得自己脸蛋不够吸引人。反正在女人的眼里，自己永远不是最美的那个，所以，很多女人在心理上或多或少都有些自卑，这种自卑被小小的掩藏着，但一旦开封，就会被立马膨胀放大。

女人们往往在衣着上受到更多限制

在这个男权社会已经发展了相当长一段时间的世界上，女人们的身材和着装曾被限制了很长一段时间。与男人们相对的不同待遇实在是令人难以置信，但却是实际上存在过存在着的。像是在埃塞俄比亚和一些非洲地区，女人们会穿戴着为限制行动的项圈和沉重的金属足饰，甚至有些部落会因为追求嘴部线条的缺口美而拔除女人们用来咀嚼肉类的牙齿。而男人们的装饰却仅仅是身体纹画，疤纹，或者用黏土来制造头发特有的造型，这些丝毫都不会妨碍到男人们的行动自由或者对营养的吸收。

而在一些信教地区，女人们必须身着覆盖住全身的衣纱，这种强制的衣着却被视为是保护，地位以及民族主义的象征。而在中国，古时候上层阶级人们所崇尚的“三寸金莲”却被化身为美丽的象征且被视为婚姻的先决条件，那痛苦的缠足过程简直就是一种变相对女人们的脚的虐待与折磨。女人们的美丽标志全部被清规礼教所损毁，女人们曾一度痛苦不堪地“享受”被人审美而强行加之的“美丽”，往往要付出快乐和健康的代价。

同样的，在西方早期文化中，小女孩们必须时刻保持整洁，束身的纽扣都被缝在背后令她们自己无能为力，加上高跟鞋和宅裙，一个成年的妇女都必须缓慢甚至蹒跚而行。而男人们再奢华再虚荣的装扮也不会累得他们气喘吁吁，男人们定的规则让他们自己行动自如。

女人们厌恶你评论她们

相信正是如此，现代女人们更加厌恶和无法接受男人们来对她们的身材相貌品头论足，你们是有什么充分理由还是自视过高了，或者根本是心智不全脑袋混乱了才会有这种让女人们无比讨厌的话语和行为？

在我背后说我也忍了，但我最不能容忍的是你当着我的面告诉大家我体重140，你让我情何以堪？面子放哪儿？

谁说只有男人重面子，女人对面子的重视程度一点都不逊色于男人。或许你的言行并无恶意，只是顺口接了话，或许你只是顺带开了玩笑，但照样可以深深刺激到她。评价女人的身材不好如同评价男人的性能力不行一样，这种由生理条件不足产生的自卑感是她们最为敏感的话题。更何况你是当着她的面将这个话题挑出，这无疑是在她的伤口上无情地撒了一把盐。不仅让她背后忍受别人持续性的风言风语，还要当面承受别人赤裸裸的讽刺眼神。如果你还单纯地认为这样的伤害没什么，那你就错上加错了。女人快速上升的憎恨和厌恶感会立马引燃她的小炸药库，她的战斗力会高涨，然后你要面对的是一场强大的沙尘暴，它会在你还没反应过来时就已经把你淹没了。因为女人对自尊的控制力没有男人强，她做不到受到刺激时，脸不红心不跳，不急不恼，她可能在当场就黑了脸色甚至摔凳子走人，让你也体会一把不给面子的懊恼和愤怒。

把你对评价我的身材的热情转化为对我的关心、对我的安慰、对我的理解、对我的认同、对我的尊重，对，尊重，可以不？

女人在内心并不渴望自己被评价，评价总是让她们胆战心惊，心跳加速，面色绯红。她们渴望更柔和的方式，更渴望被人尊重和理解。如果你想要通过评价来刺激她，让她自我觉悟，自我追求完美，还是省了这条心吧，除了让她抓狂，让她反其道而行之外，你可能会一无所获。

是否尊重女人，体现了一个男人的素质。在对待女人上，不应该以一种“狩猎者”的姿态为满足自己一时的欲望而去戏弄她们。女人远没有男人想象当中的那样坚强，她们有时候想要的仅仅是一句简单的关怀之语，一个单纯的爱的抚摸；期盼的仅仅是一种平等的尊重和爱。男人们千万不要自以为是，多征询女人的意见。特别是在评价她的时候，更要征求她的同意，一旦她面色阴沉，要立马适可而止，别再滔滔不绝地沉浸在你的唾沫横飞中，别扮演你的评论家角色入戏太深。

做一个尊重女人的男人，还应该学会欣赏女人。即使再多缺点的女人身上都闪耀着独有的光芒，这些优点不该被埋没，如果你真的要在别人面前评价她，评价她的身材，是否可以将原本的损话反一面来说，让女人感受到你对她的肯定。其实，每个女人想从男人那里得到的，也就那么一点点东西而已。你又何必吝啬那一点点的认同和尊重呢？

女人们的六个需求

或者你们会说，你这么评论她是为她好啊。那么让我们来看看究竟是好在哪一点上了。我们不妨从女人们最基本的六个需求来分析起，且顺带给出让你们真正为她设身处地好的甜蜜小贴士。

◎女人们需要了解。

女人们需要被男人了解，男人们如果能够感同身受地倾听女人们传达她的感觉，女人们会觉得自己正在被男人爱且了解。男人们不应该只是收集现在所知道的女人就对她假设感觉立场，而是应该认真倾听再收集她的想法，进而确认你们正在沟通的事情，帮助她解决问题。女人们被倾听与被了解的需求得到满足，她才能安下心来。

男人：亲爱的，你最近好像有点胖了哦，要注意减肥了！

你觉得这样的了解会让她安心吗？还是会让她在闺蜜朋友前面满脸通红恨不得找条地缝钻进去呢？你的她并不是AV女优供你肆意评论，她们是鲜活的人，她们的体重有时会有起落，请给她们你对她的真正的了解，请给她空间时间让她们自己处理。

◎女人们需要关心

当男人对女人们的感觉表示兴趣，关心她的幸福时，她会觉得被男人爱，被关心。就好像因为男人，女人们开始觉得自己变得很特殊，女人们会更相信男人，变得更开放和更有包容力。

男人：亲爱的，你手臂上一抖一抖的是什么，来让我摸一摸！原来不是肌肉啊。

你觉得这样会让她变特殊么，的确是变得“特殊”了，她会被众人看着她手臂上其实真的不是肌肉但是她一直努力有在减退的部位，她会更加沮丧失去信心，无论是对减掉那块该死的赘肉还是对你。你的她并不是AV女优供你肆意评论，她们是鲜活的人，她们正在努力尝试变得更加苗条，请你给她真正的关心，请不要让她对自己失望，更不要对你失望。

◎女人们需要尊重

如果男人们能够认知且优先考虑女人们的权利，愿望以及需求时，女人们会觉得自己受到了尊重。

男人（对朋友们说）：你知道么，我的手臂比她腿还要粗了，她太瘦了啊。

你觉得这样让她感觉到你对她的尊重了吗？她欣喜地走过来坐在你身边，却被朋友们的嬉笑“最近不要减肥过度了啊，你老公还是有钱供你吃喝的嘛”弄得有点不知所措该说什么好。你的她并不是AV女优供你肆意评论，她们是鲜活的人，她们的体质也许不够好，但她们正在加强，请你给她真正的尊重，让她也对你尊重且信任起来。

◎女人们需要宠爱。

当男人们优先满足女人们的需求且承诺自己会支持她，满足她时，女人们会因受到宠爱而幸福洋溢。而如果女人们感受到男人们将她放在生命的第一位，女人会更欣喜地对男人产生崇拜之情。

男人（面向朋友们说）：她胖是胖了点，但是抱起来有手感，比那些瘦骨嶙峋的要好抱些吧。

你觉得这样让她感受到了你的宠爱了吗？她更不愿意和那些瘦瘦的女孩子站在一起了，只是因为胖所以抱起来有手感这样不负责任的话语，她的心“喀嚓”一下就裂了。站在不远处，她好像什么都感觉不到，连你像她挥挥手让她过去这样明显的动作她宁愿装作看不到。你的她并不是AV女优供你肆意评论，她们是鲜活的人，她们也许并不是百分之一百的标准身材，但她们拥有和骨感美女相比的健康，请你给她真正的宠爱，而不仅仅是拿她的身材开玩笑。

◎女人们需要认同。

简单来说，只要男人们不和女人们争辩，或者需求反抗，不以坚定地态度去反驳和感受女人们的观点，女人们会因你对她认同产生安全感。

女人：我觉得你好像瘦了，是不是太辛苦了？

男人：是啊，哪像你，你看看你的脸，都滚圆滚圆像只小猪似的了！

你觉得这是对她的认同，让她产生安全感了吗？她每天坚持的瘦脸方法这么被你一说就已经功亏一篑，难道她要去靠刮骨这样难受却快速的美容方法让自己瘦下来？你的她并不是AV女优供你肆意评论，她们是鲜活的人，她们不是天然的小脸美女，但她们脸上纯真的微笑是那些打了玻尿酸的人造美女们制造不出来的，请你给她真正的认同，让她找回她的微笑。

◎女人们需要安慰

当男人们反复表现出以上列举出的关心，了解，尊重，认同，宠爱时候，女人们知道他确实一直被爱着的。

女人：我觉得这次的港姐冠军都长得不好看。

男人：是啊，但起码人家身材好像比较好吧，比你要好一点。

你觉得这是关心，了解，尊重，认同，还是宠爱呢？她只不过像个孩子一样喜欢找美女们的小缺点让气氛稍微活跃一点，却落得一个被你嘲笑的下场，她又何必呢？你的她并不是AV女优供你肆意评论，她们是鲜活的人，她们不是去参选港姐亚姐世界小姐的最佳人选，但她们除了会说“我希望世界和平”之外还懂得许多众姐们不了解的道理和小知识，请你给她真正的安慰，让她自信爆棚好过电视上那些虚假的笑容。

甜蜜小贴士：你的身材我最喜欢

女人对自己非常苛刻，她非常清楚自己的身材哪里不完美，甚至是拿着尺子来计算不满意的分寸，所以你已无必要再指出她肚子太肥了或者屁股变塌了。你需要做的是告诉她，你并不会嫌弃她，让她降低对自己的憎恶感和苛求度。虽然男人心目中总奢望自己的女人拥有玛丽莲梦露般的性感火辣身材，但女人真去隆胸抽脂或者绝食减肥，你又会不乐意了。女人只允许自己评价自己身材的不足之处，但不允许你。所以多给她些鼓励，少些无中生有的挑刺，当女人听到“与苍井空的身材相比，还是更喜欢你”这样的赞美时，相信她一定会高兴得睡不着觉。

◎虽然你老说自己体重超标，但在我眼里胖胖的多可爱啊，捏一下脸感觉特幸福。

女人对体重很在意，早上起床称，吃完饭后称，睡觉前又要称，恨不得每称一次体重就能下降一公斤。如果你的女人也一不小心被纳为胖子行列，那体重问题已经够她烦上一辈子了。所以你的任务就是要告诉她，她这样胖胖的样子很可爱，远比外面那些瘦骨嶙峋的火柴女有韵味的多。每天能够搂着她温暖而柔软的身体睡觉是一件多么幸福和甜蜜的事。最重要的一点就是，你要告诉她，胖胖的女孩永远都是萝莉状，当火柴女已经步入大妈行列时，你看上去还是那么可爱甜美，惹人疼爱。

◎飞机场的女孩看上去多萝莉，穿衣服显瘦，老了还没有下垂的烦恼。

很不幸，你的女人就是一典型的飞机场，背后和胸前平行的程度赶得上春哥了，虽然你心里有那么点遗憾，但既然爱上了她，这些问题都已不是问题。其实她已经在想尽办法拼命让自己胸部再大一点，但无奈已过了发育期，再如何努力也上不了一个 cup 了。爱她的你不应该再拿她的胸部说事，而是要让她看到小胸的好处。穿衣服显瘦，看上去永远像个未发育完全的萝莉，关键是大胸女人都面临着胸部下垂的烦恼，而小胸在此方面的担心会降低很多。相信你如此的安慰她，相信她会觉得你是个非常善解人意的男人。

◎屁股大的女人有福气，我妈就喜欢屁股大的媳妇。

《变形金刚 1》里梅根・福克斯弯腰修车的画面相信让每个男人都有喷鼻血的冲动，小巧挺翘的臀部是女人性感的象征之一。但现实中又有多少女的拥有如此诱惑人的臀部，多数女人的屁股已经被每天长达十几个小时的坐姿给压得又平又塌，看上去活像已婚妇女的大屁股。如此悲剧的结果已经让女人痛不欲生了，如果你还在别人面前诉苦说自己的女人为什么没有梅根・福克斯的翘臀，相信被她知道后一定有自杀的冲动。

大屁股有什么不好呢？大屁股女人总是被象征为有福之人，广受老一辈公公婆婆们喜爱，如此一来还促进了婆媳关系的和谐发展，何乐而不为呢？记得告诉你的大屁股媳妇，你不会在意她的屁股大得连凳子都显小，能够娶到如此富贵的媳妇是你上辈子修来的福分。

◎跟大象比起来，你的腿都细成蚂蚁了，而且太瘦的腿没曲线，一竹竿有什么好看的啊。

恐怖的萝卜腿，其实你内心非常不喜欢又短又粗的腿，所以你爱在大街上偷瞄那些长腿 MM。可偏偏你心爱的她刚好是个萝卜腿，怎么办？换人？当然不干，爱她就要爱上她的缺点。如何让自己接受事实，并且让她也感受到你义无反顾的爱意，那么就找个对比物吧。大象的腿够粗吧，跟它一比，你的她都快苗条的弱不禁风了。而且你还要在路上遇到瘦腿 MM 时，指着对方那对美腿，用一种厌恶的表情告诉你的她“这样的腿瘦的跟竹竿一样，没曲线没肉的，远远不如你的腿看上去好看”。相信她嘴巴里说“讨厌，哪有的事”，心里已经美出了花。女人虽然不允许你评价她的缺点，但非常欢迎你评价别的女人的不足。

不想和你的母亲大人抢你！

她是你的妈妈，给你生命，我会尊重她像你尊重我的妈妈一样

为了一件小事，她跟你妈妈还是起了冲突。这次，你站在了她这边，对你的妈妈微微显露出了不满的情绪，但也只是轻微，你妈妈都难以忍受。她用一种伤心夹杂着妒忌的眼神看着你，哀怨地说你已经不再是以前那个听妈妈话的孩子，现在的你，有了老婆忘了娘。

你妈妈的心态变化是矛盾点之一

一直以来，儿子都只属于她一个人。是她一口一口地把儿子喂养成人，即使工作再繁忙每天都要及时赶回家为儿子做一桌好菜；是她把儿子从牙牙学语培养成了某大学优秀的高材生，教育他如何为人，如何做事。儿子的身上倾注了她一生的心血，她为儿子在她的庇护下健康成长而感到欣慰和自豪。

终于有一天，儿子的人生中出现了另外一个女人，并且要与那个女人携手建立一个新的人生。她心里会依旧甜蜜，因为她的儿子长大成人了终于学会承担责任像她一样去组建一个家庭，内心却着实存在着一种难言的难过，因为从这一天起她的儿子将不再只属于她一个人，他的心里已经有了另一个年轻漂亮又比她更有魅力的女人，她觉得她的地位正在慢慢缩小、慢慢丧失。

虽然多数母亲大人们选择尽量去接受新媳妇，但是她们内心深处仍然在说“是这个女人把我儿子夺走了”，她们依然有种儿子被抢走的空洞感觉。一旦与媳妇、儿子之间发生冲突，母亲们潜意识里会抱有受害者意识，她们自然而然地会认为是儿媳蛊惑她的儿子，在他面前挑唆，

并试图取代她在儿子心中的地位。因此抱有这种想法的母亲们，明显对儿媳带有敌视夹带嫉妒的心理。这只不过出于一个母亲的本能，她们想要孩子一直依赖她，同样也反映出她们在精神世界上一直依赖自己的孩子。她想把孩子时刻拴在身边，才能填补她内心渐渐流失的安全感和满足感。

男人们可能很难体会这种奇妙的感觉，直到他们的女儿嫁人那天，才突然回想起母亲眼里的泪光，一脉相承的高兴夹杂着失去的难过的感觉才会忽然涌上心头。

妻子们的想法

身为妻子，很多女人对于婆婆都抱着一颗感激的心。因为是婆婆的教导有方，让自己的丈夫现在能够如此优秀有作为，并且自己现在是坐享了她的成果。虽然以后的日子中妻子需要为自己的男人付出更多，但这也无法抹杀婆婆对自己的丈夫付出的感情和精力。

通情达理的妻子一直在内心给自己讲述婆婆的伟大，尽量学会忍让和回避。但女人毕竟是女人，她们的感性时间多于理性时间，更多的时候她们会头脑发热，然后说出一些连自己都觉得诧异的话，她们事后会懊悔，会明白自己的不该，但如果你一直抱着“妻子就该让着婆婆”的心态，一看到妻子与婆婆发生冲突，不问真相就对妻子劈头盖脸的一顿骂，我想这样只会让你的妻子的内心不断积累怨气，直到冲破她们的理智，将矛头直指婆婆。

当然，如果你选择了沉默，这也会让你的妻子感到无助。毕竟你跟你母亲之间拥有着她羡慕不来的关系，那就是血缘。她明白血缘对于人的重要性，那种一辈子都割舍不断的情意是她无法拥有的。男人们离婚的可以很多，但抛弃母亲的却不多，这就体现了血缘在感情中的重要性。即使你在争吵中表示中立，但妻子却在内心中把你归为了婆婆的阵营，因为你是她的儿子，这种关系无法超越。她会因此而不安，她想要得到丈夫更多的保护才能让自己可以抗衡这种血缘关系，才能让她觉得安心。所以她会经常问“婆婆和她同时溺水，你先救谁”这种幼稚的问题，她需要通过你的承诺来建立她的安全感。

而实际上，站在媳妇的观点上来看，丈夫与婆婆之间的仅存的这层纽带，无疑是一种潜在的威胁。因为如果男人和女人们争吵，婆婆一般会向着自己的儿子，儿子对母亲的依恋也就会越深，在男人们的心中，婆婆的地位也就逐渐高起来。而女人们却一直以为自己做妻子的角色对于丈夫来说于应该是最重要的。所以当男人们和他们母亲之间这种纽带越是牢固，女人们心中就会愈加不安，她们甚至有强烈愿望去切断它，以使男人们的所有心思都能集中在她一个人身上。女人们对于自己觉得丈夫都有着独占欲，以及独特的脸薄所以产生在家族中的面子问题。

你是男人，不是夹心饼干！

为什么两个女人就不能好好得沟通，彼此互相包容，为什么要为了点芝麻绿豆大的事搞得大家都不开心呢？男人为女人之间的好战而头疼不已。

一个是含辛茹苦拉扯自己长大的老妈，一个是将互相扶持共度下半生的老婆，谁都不能得罪！得罪了老妈，就摊上了“不孝”之名；得罪了老婆，就摊上了“薄情寡义”之名。

自己夹在中间，左右动弹不得，那就索性不动，让你们自己折腾去，总可以了吧？

男人想要撒手不管，但却得到了两个女人的一致反对：“不行，这事你就得管”！男人欲哭无泪，想管管不了，不想管却一定要管。男人变成了夹心饼干里的馅，两边的压力把自己越压越扁，直到变形。

婚姻就是一出陈旧的“三角关系”

很多人都天真地认为婚姻是两个人的事情，其实在中国的家庭中，婚姻的背后永远耸立着两座大山，两个家族带着关切的眼神时刻俯视着这对小夫妻，随时做好为彼此的孩子排忧解难的准备。而在所有的关系网中，尤以婆婆跟媳妇的关系最为复杂。如果两口子跟老人分开住，或许冲突还不会一下子显现出来，但要是每天抬头不见低头见的状态，那么随时都可能爆发一场女人间的内部战争。而男人，更多的时候选择了避而远之，把自己锁进小房间里，对着窗外的月亮，无奈地唱上一曲：一边是老妈一边是老婆，左右都不是为难了自己。

婚姻是怎样的一场戏？婆婆、媳妇以及拥有儿子和丈夫双重身份的男人，全新的角色分配让他们一时之间难以适应，彼此虽然努力磨合排练，也曾坐下来一起商讨剧本，但演着演着为什么又偏离了“和谐”的主旋律。

所以其实婆媳关系之所以成为一个顽固的家庭问题，就是因为它是一个男人的角色时刻处于“丈夫”和“儿子”变化的三个人之间微妙的“三角关系”。表面上即使看起来和谐融洽的关系，在暗地里其实总潜藏着错综复杂的诸多相互嫉妒的心理。

加之你的她与你的母亲之间因为年龄而产生的隔阂不计其数，且不容忽视，这段复杂“三角关系”也就愈演愈烈。

你的她喜欢午睡起来放一支优雅的爵士乐，而你母亲却因为这“难听”的音乐而头痛不已；婆婆习惯清晨起早床和老伴一起去公园里做锻炼，天性爱玩的你和她正因为前一晚晚睡而清晨努力补眠，却被老人们的动静吵醒。

如此多的矛盾激化着两代人的关系，使之开始变得暗波汹涌，终于有天起了大浪。而男人们虽然明白婚后母亲和媳妇有可能会产生摩擦，却始终不言语。因为对于男人们来说，最大愿望是在母亲和妻子之间保持中立，哪一方都不得罪。

所以，你会对妻子说：“我妈妈是老人家，她的话听过就左耳进右耳出好了，不用放在心上的。”然后又跑去母亲那一边安慰她道：“她还年轻，不懂事，您就别和她计较，我会好好和她说的！”这样的信誓旦旦，这样的承诺，虽然算是男人们的狡猾，也只是中立者不得不做出的无奈之举。

场景一

婆婆：儿子，你出差回来了？

男人：是啊，妈，你在咱家住得怎么样，玩得开心么？

婆婆：别提了，你媳妇就用什么外国的面糊弄我，还意大利的，我还西班牙呢。

男人：妈，那是意大利面啊。

婆婆：我不管，她太不会做饭了，你看你都瘦了。

媳妇经过：他哪儿瘦了？这叫健康好不好，总比您天天给他做饭让她吃得油光满面的要好！

男人：呀，妈，这样简单点也好嘛。媳妇，你有时也换换胃口给妈做点好吃的嘛。

分析：

男人们的一两句话是无法解开婆媳俩已经激化多时的矛盾的，接下来婆婆会抓着“简单”二字质问道“难道这个就是天天下面吃的理由”，而媳妇也会毫不示弱地回答“你都不知道你自己嘴巴有多挑，我做这个嫌弃营养不够，做那个嫌弃太油腻，我是不是要请个满汉全厨来家里做饭给你们吃才会满意啊？”

男人们，此时请不要像只鸵鸟一下子又钻进沙堆里去，让两个女人先各自冷静一段时间，然后你开始着手处理问题才是一个儿子，一个丈夫应该有的态度。

场景二

妻子：你能不能和你妈商量一下，我们周一到周五让她帮忙照顾下宝宝行么？毕竟两个人都有工作都要上班。

男人：嗯，对，两个人都开始忙了。没时间照顾孩子了。

婆婆路过：你们俩没时间当初就别要孩子啊，现在又推给我一个老人家。

男人：妈，您不是没什么事么，又闲着……她要加班又忙。

婆婆：都让你媳妇结婚后别上班了，不听！别拿这个当借口！我哪里闲着，我一点也不闲，倒是你媳妇每天上班赚钱不知道去哪里了，有拿来给我这个闲着的老太婆用么？

妻子：妈妈您可别这么说，您现在身上穿的嘴里吃的都是我们辛苦赚钱买回来的，有本事您就别用我们的，我们也不会让您看孩子，我们宁愿把这钱投资了去托儿所！

分析：

男人们一说话反而充当了两个女人战争之间的导火索，这在现实生活中很常见。有时候男人们在婆媳矛盾中其实是没有话语权的，倘若男人们尝试着说些什么来缓解两方矛盾，反而有可能会使婆媳双方情绪更加激烈，事态失去控制。

男人，你想成为桥梁还是沟？

男人们都比较厌烦女人的战争，回到家看到老妈老婆又因为柴米油盐的小事而闹开了，会丧失掉回家的欲望，然后干脆以加班或者和朋友们出去聚会等手段间接拒绝再加入两个女人不同角色间的无硝烟战争。你们开始自我麻醉：这些都是小问题，都是些不足挂齿的小事情，有什么好大惊小怪的，尽管事不关己高高挂起好了。事实上，对于婆媳之间产生的矛盾，大部分男人都采取了以上所提的态度。男人们仅仅停留在听任两方女人发牢骚或者稍稍抚慰她们两句，并不会积极主动地介入两方矛盾去找方法解决掉彼此矛盾。而一旦你们放弃了自己作为桥梁的职责，那么你就会成为一条沟，把两个女人之间的距离拉得越来越远。

然而，当一个棘手又重大的问题来临时，男人们乱了手脚。这个问题是：如果有一天，你和你的妻子你的母亲一起去公园划船，突然，她们俩都掉入了水中，且两个人都不会游泳，如果你只有一个机会，你会先救谁？这个问题换句话来说就是“妻子和母亲，对于男人们来说，哪个更重要？”毫无疑问，这是妻子们经常会询问丈夫的问题，面对妻子专注的眼神，男人们会说："当然是你了，不过我妈妈年纪大了，你们要互相谅解。"

母亲们有时看着别人儿孙满堂绕玩膝下难免产生郁闷之情，也打电话来追问相同问题，男人们只好回答："当然是您了，您毕竟是我妈，和我有血缘关系啊，咱俩血脉相通，骨肉相连啊。"说完这句话之后，你又跑去妻子那边安慰她逗她开心，男人，你累不累啊！

于是男人们觉得累了，觉得疲劳了，干脆以加班或者和朋友们出去聚会等手段间接拒绝再加入两个女人不同角色间的无硝烟战争。你们开始自我麻醉：这些都是小问题，都是些不足挂齿的小事情，有什么好大惊小怪的，尽管事不关己高高挂起好了。事实上，对于婆媳之间产生的矛盾，大部分男人都采取了以上所提的态度。男人们仅仅停留在听任两方女人发牢骚或者稍稍抚慰她们两句，并不会积极主动地介入两方矛盾去找方法解决掉彼此矛盾。

所以这种时候就要请男人们以自身本能感悟在相关场合尽量采取躲避姿态，尽量避免燃起一场又一场的战火。

对于男人们来说，婆媳一旦产生矛盾，将会很难解决，于是，请你提前引见婆婆和媳妇，让她们提前相处磨合好关系。相信你的她也不是那么蛮不讲理的，她是你的妈妈，给你生命，你的她会尊重她像你尊重她的妈妈一样，前提是你的母亲也同样对你的她尊重。而你的母亲也不是什么大小事都会放在心上的老太婆，她是兼有宽容之心的妇人，她也衷心希望你和你的她能够过得幸福快乐。所以，作为她们之间的一条桥梁，请你承担起应该有的作用，让她们俩稳稳地坐在桥梁上一起谈笑风生，一起欢乐看风景。

甜蜜小贴士：如何正确调理婆媳矛盾

第一，调和。

一个男人要懂得如何调和老婆和老妈之间的关系。老婆和老妈一旦有了矛盾，双方又都不肯低头时，男人就需要站出来进行调和了。女人都是感性的动物，语言上的安慰有时是不够的，一点物质诱惑或许会带来更好的效果。男人可以送给老妈一些她喜欢的东西，说是儿媳妇买给她的，然后顺势安慰老妈几句，再加上些无关痛痒的数落老婆的话；媳妇那边，也用同样的方式，买点她喜欢的东西，说是老妈送的，然后劝劝老婆，说老妈岁数大了，就给她点台阶下吧，别和老人一般见识，老妈做了一桌饭菜等着她回家呢。这样，老婆和老妈差不多就能和好如初了。

第二，掺和。

在这里我们说的掺和实际上指男人要主动担当起老婆和老妈之间的那个中和剂，努力将两个女人之间的矛盾转移到男人自己的身上来，以此化解女人间的重重危机。就拿家里做饭的口味来说吧，老婆做饭是清淡口味的，但是老妈知道你是一贯的重口味，这个时候老妈当然是心疼儿子，肯定会为这事儿责备媳妇。这种时候男人可不能光在一边看着，应该上去浇灭老妈的火气，迎合着笑脸说："妈，您不知道吗？我最近上火，不敢吃太重口味的，您媳妇这不是不让我吃辣吗！没关系，妈您要是不合口味，儿子这就去给您再炒个菜去，保证合您胃口！"这下不仅哄得你老妈开心，连老婆也会对你的体贴好感有加。那么下一次老婆做饭的时候就会很自觉地考虑到你和婆婆的口感轻重了。你就这样巧妙地化解了一场女人间的纠葛。事情反过来也是一样的，比如你老婆挑你妈做菜口味太重了，你也不要不管三七二十一的上去就对老婆一顿家教，弄得好像你和你妈联合起来排挤老婆似的。这时应该跟老婆好好说："咱妈是按着我的口味做的，这么多年已经习惯了。要是你吃不惯，我可以亲自给你再炒个菜去。"但具体的事情还是要具体分析的。掺和的要义就在于，你要如何巧妙地让两个女人的矛盾都归结到你身上来，只要别让她们把矛盾的球彼此抛来抛去就好了。毕竟对于两个深爱自己的女人，什么问题在你身上都是可以包容理解的。

第三，匀和。

在对待老婆和老妈方面，男人不能偏袒任何一方，别让老妈觉得你不孝顺，也别让老婆觉得你是妈妈宝贝。妇女节到了，给老婆买礼物时，记得给老妈也带一份；母亲节到了，给老妈买礼物时，记得老婆也是你孩子的母亲，别忘了送给老婆的礼物；老婆的生日，需要一个浪漫的晚餐，老妈的生日，同样也需要一个顶着寿桃的蛋糕。出差时如果想到买礼物，就给老婆和老妈各买一份，否则就一份都别买；在老妈面前对老婆说甜话或者在老婆面前对老妈撒娇时，都要运用技巧。

第四，搅和。

大家应该都熟悉这样一个广告：老妈坚持说中药好，老婆坚持说西药好，两人争持不下，男人拉开她俩，说中西药结合才是最好。老妈和老婆，都是疼你爱你的人，你顾了这边就会冷了那边，俩人矛盾就会因此而起了，所以，在老妈和老婆两个女人面前，男人只能找个折中的办法，保证两边都不得罪，这就叫搅和。比如说包饺子的时候，老妈喜欢吃肉的，老婆为了减肥，喜欢吃素的，你说包素饺子，老妈觉得你忘恩负义，说包肉的，老婆又觉得你不体贴人。这个时候你就得搅和了，你跟老妈说，多吃蔬菜能让老年人更健康，跟老婆说，不吃肉会营养不良，健康比身材更重要，把两边都哄开心了，然后三个人和和美美地包一顿荤素搭配的饺子。不要觉得幼稚，如果不想让家里变成战场，就必须这么做。

第五，劝和。

当你和老婆二人世界的时候，你要在老婆耳边多说老妈的好话，比如你老妈是怎么怎么疼爱你的，又怎么怎么的心疼儿媳妇的，怕儿媳妇在这个家里苦着累着了。然后跟你老婆说，你多么希望能和她一起来对长辈尽孝心，将长辈照顾好。反过来，当你和老妈唠嗑的时候，你也可以常在她老人家耳边鼓鼓风，说说儿媳妇是怎样的贤惠，说她经常主动要孝敬她老人家，说儿媳妇的心思其实很细腻，深怕做得不好让婆婆不高兴。不管怎么样，你要做的就是要在两个女人心目中都竖起真诚关怀对方的形象。

尽管我们说各家有本难念的经，每个家庭都有自己不同情况的问题，婆媳之间永远有闹不完的心结。但其实只要男人肯有心地做好老妈和自己老婆之间的“外交大使”，婆媳之间的关系一定会圆满和谐的。反过来说，如果男人觉得两个女人的吵闹就是麻烦，懒得去管懒得去掺和，那么即使是再懂事的老妈，再贤惠的老婆，都有可能会起争执矛盾的。女人毕竟都是感性的动物，她们会因为一句有口无心的话，一个无意的眼神就发生“家庭大战”，但也会因为你的几句好言好语就被哄得甜蜜蜜。总之，女人就是需要哄的，不管是你的老婆还是你老妈，多哄哄总没有坏处。

为什么你的记性那么差？

我的生日你可以忘记，但是不能忘记我们的结婚纪念日！

你会清楚记得明天会议地点，你会记得那辆新型车的广告，你会记得听的那支乐队新专辑发表的时间，但是不记得她的生日。这没关系，你有你自己的一片天地。

你忘记了她不爱吃辣椒，你忘记了她讨厌绿色的衣服，你忘记了她吃海鲜会过敏，你忘记了给她过生日，这些都可以原谅，因为她不奢望自己芝麻绿豆大的习惯占据了你那装满磅礴事业伟大梦想的大脑。

你不记得你们哪一天开始悄悄讲话，你不记得你们一起过的浪漫假日，你甚至忘记了你们的结婚纪念日。这让她抓狂，让人无法相信自己曾经和你有共同回忆。

你不以为然吗？先看看下面的场景吧：

场景一

女人：喂，你记得下午去打球时顺便去我妈家拿蛋糕哦。

男人：蛋糕？为什么？今天谁过生日吗？

女人：不是生日啦，你尽管去就是了嘛。

男人：又没人过生日为什么要去拿蛋糕，多此一举！

女人：你不记得了并不代表就没有啊！你（此处省略吐槽500字）……

分析：

你不记得的那个日子其实不是生日，是你们的结婚纪念日，然而，其实也不仅仅是结婚纪念日而已。那是个经过了许多次考虑被你小心翼翼在一个有月光星星闪耀的夜晚提出的日子，是一个那一天她看起来是最美丽也是最幸福的日子，是一个她和你从此就在生命大道上走在了一起相依偎着陪伴着支持走下去的日子。你不知道也不了解这个日子对于她来说有多么重要，但是你不可以忽略了这个日子在她心中的重要地位。

场景二

女人：亲爱的，你这周末有什么安排么？

男人：这周末忙得不得了啊。像是有个新车发布会要加班策划，周六晚有群哥们新歌发布准备去捧场，周日还有高尔夫球。

女人：周六晚能不去么？周六是……

男人：（打断女人话语）那可不行，他们新专辑很好听，不能不去捧场，又是十几年的朋友。

女人：可是……好吧，你去吧，没关系。（此处省略500滴独自守周末暗地留下眼泪）

分析：

你可以选择去加班去工作，你可以选择去哥们的新歌发布会，你也大可选择去打高尔夫球打网球就算去踢足球踢出亚洲踢出全世界。但是你又一次失去了她对你的期待和信任。她以为你记得这个周末是你们第一次约会的日子，她期待着你记得她第一次看见你时的青涩和美好，她甚至期待着可能得到你的一些意外准备的惊喜。可惜她一次又一次地估计错了形势，在感情的战场上举了白旗，打了败仗。

女人：这天不仅是婚姻的生日，更是婚姻关系的更新日

对于女人而言，结婚纪念日已经不是指一个形式，它是考验夫妻“衷心程度”的常用借口，是升级爱情资源的优化配置，是婚后女人难以抹掉的心头结。给婚姻过“生日”，其实女人并不需要砸钱大操大办，也不需要太腻人的甜言蜜语，只需要男人每年都记住这一天，并且能够抽出时间花费点小小的心思，就已足够。

某网站曾经做了个关于结婚纪念日是否值得过的问题调查，在2554名参与调查的网名中，90％以上的人（2159人）认为结婚日是非常值得纪念的。“如果你连结婚纪念日也忘记，或者在这天心安理得地睡大觉，那只能说，你太另类了。”这是大家一致的观点。

在女人的眼中，结婚纪念日不仅是婚姻的生日，更可能是婚姻关系的更新日。如果彼此重视这个日子，很多破裂的婚姻关系都可能在这一天得到修复。而且在经过又一年的生活，两个人或许都忘记了回顾和总结，日子在滚动，矛盾也在累积，何不趁着结婚纪念日的时候，两个人好好理理生活的垃圾，把埋藏在心中的不满和过节全部倾倒出，让两个人在这一天有个重新的婚姻启程点。

女人们过节日，过纪念日，其实并不在乎这一天一定是鲜花美酒，也不需要收到多么昂贵的礼物，只要从来不做家务的丈夫主动提出他来刷碗，从来不爱看韩剧的丈夫表示愿意陪她一起看，女人就能满足得做梦都笑醒。

男人：结婚纪念日不过就是365天的其中一天

“这肯定是女人参与的调查结果，男人才不会记得住那么多纪念日呢!”男人显然对上述的调查结果不认同。“结婚纪念日不亚于狗尾续

貎，生生要把美好回忆变成年年嚼上一遍的无味白蜡。”“爱对了人，情人节天天都在过，就不必在乎这一天了吧！”男人总是能找出理由来解释自己的遗忘。在他们眼中，结婚纪念日不过就是每年365天中平常的一天，只不过在某一年的这个时间里，他们做了人生中最重要的一件事，但那也只存在于过去，没有必要花费太多的精力去天天惦记着这个纪念日。过了不代表我会更爱你，不过也不代表我不爱你。即使女人事先已经暗示或者提醒过男人，但男人还是会忘记，会做出让女人气恼的事。

你的忘记会引起女人的不安

结婚纪念日对女人而言是一种承诺。在若干年前的某一个日子里，你携起你女人的手，给了她一个关于未来的幸福承诺，这种承诺通过结婚一直在形式上得以延续。然而才几年不到，你就已经把纪念日忘得干干净净，这是不是代表你也忘记了你们彼此间的承诺？

女人是脆弱而敏感的，即使你真的只是单纯的遗忘，但通过她的思维翻译后，就变成了不再那么爱她的信号。“男人的一半是女人，而女人的全部是男人”。男人一丁点的改变都会让女人坐立不安，更何况是把如此重要的纪念日给遗忘了。

她会开始胡思乱想，她认为你正在渐渐遗忘你们曾经共同拥有的那份美好回忆。如果你连美好都能遗忘，是否代表着现在平淡的生活你更加不在乎了。如果你连她过去的青春容貌都不再轻易想起，是否代表着更不屑看到已日渐成为黄脸婆的她。她会开始为你们的婚姻感到焦虑，这种焦虑会随着以后的每件小事而慢慢放大，最终她会在自我制造的一种不安中无法自拔，精神崩溃。

女人们是如何应对安全感缺失的？

有些女人们虽然总戴着强人的面孔冷冰冰叫你做这做那，有些柔软女人们虽然总用暖暖声音安慰你没关系的别灰心，她们心里其实都有个洞，这个洞不叫欲望，不叫孤单，不叫自卑。这个无底洞叫安全感，永远填不满，猜不透。

既然这个洞永远无法填满又何必去填是现在大部分男人们的想法，他们不愿意像老牛拖车般去慢慢满足女人们的潜在情绪与感受，看似正确的理念之下其实是个荒谬得不能再荒谬的借口。

一些女人是脆弱的，她们是水流成的那一捧清泉。你选择不记得，她选择沉默，她不会伸手向你索取安全感，也不会自己争取，只能陷入自己创造的流沙池里，慢慢一声不吭地被吞噬。而这个吞噬的结果是她悄悄离开，你还未觉醒，我们不是过得好好的么，她什么也不缺啊。

而绝大多数女人是坚强的，却依旧得到比脆弱女人们更失意的结局。她们学会把自己的安全感深深埋起来，甚至不轻易向男人示弱，如果婚姻是一场有输赢的游戏，谁先举了白旗，很明显就失去了游戏的资格而被淘汰。这些女人会顽固地战斗到最后，到最后和男人你死我活也始终不让步。却不明白这场游戏其实一开始，她已经输了。虽然到最后，男人也不会成为赢家，但相对于黄金年龄的理论，她战成了风烛残年，他却愈战愈勇。一个女人如若百经沙场，结果是孤独一生，而同样经历放在男人身上，会变成成熟有魅力的代名词。有时不得不还是要为不公平付出代价，只是但愿这个代价不是一辈子。

如何让女人们觉得安全感脚踏实地地存在于她心里呢?

男人们注意了，最重要的是一定要记得你们的结婚纪念日。为了让你的女人安心，为了让她杜绝胡思乱想，为了让她更坚定对你的爱，请记得你们的结婚纪念日！

有时候，记得，这个词可以起很大的作用。因为女人已经习惯了你们的“不记得”，所以你们偶尔的“记得”会让她们受宠若惊，你真的很忙，你真的有太多的东西需要去记忆，但如果你能看到自己女人由内而外的快乐时，我相信你是愿意去记得任何一个纪念日的。不要认为这是一个无聊的把戏，不要责怪发明了纪念日的人，其实你应该要感谢他，正是因为有了纪念，才会让人会习惯性地回忆美好。

毕竟在那一天，你们携手一生。那一天你的新娘眼中闪动着最美的眸光，你的亲朋好友笑容里饱含着最衷心的祝福；你们在婚礼上互相盟誓永不分离，你们在酒席上被恶整得下不了台。这些回忆一辈子只有一次，难道不值得为此而花一天时间来纪念吗？毕竟你们的结合是伟大的，从亿万人之中被月老的红线牵住，这种千年修来的缘分绝对值得你终生为之铭记。

有安全感和没有安全感的区别在于男人有没有重视，有没有实际行动，有没有把女人放在心里，哪怕是个角落里一张简单的木椅上。

你不记得她生日，那是她的生日，也许没关系。但是如果你不记得结婚纪念日，你就大错特错了，因为结婚纪念日并不是她一个人的事情，是她想要和你共同拥有的那份美好的回忆，你连回忆都不愿想起，女人们会觉得你不记得她的美，不记得她和你初次牵手的紧张和初吻的甜蜜。那个时期的女人们把每个最美的时刻都拿来与你分享并不是为了在结婚纪念日被人忘却冷落像个黄脸婆似的陷在沙发里掉眼泪。

那么，男人们，请你们至少记得和她在一起的第一天，那一天如果你记得，她会十分惊喜。那个日子，初次见你，而你的侧脸又时刻印在她脑海里的那些失眠的夜晚会再次生动回到她记忆中；那个日子，注定了缘分的你们在遇见那一刻产生的火花仿佛又噼里啪啦地在夜空中闪闪发光；那个日子，让你遇见了如此美好的她，她的温柔善良让你的心里时刻多了份甜蜜感觉。

男人们，请你们至少记得她嫁给你的那一天，那一天如果你记得，她会十分感动。为了那个日子，她激动得失眠了一整个星期，消瘦了十几斤；为了那个日子，你们的各方亲友的笑容里都充满了自豪和骄傲，她们和他们眼神互相传递喜悦和祝福；为了那个日子，你精心准备了所有让她惊喜的小细节和神秘礼物让她当场在婚礼上激动得手忙脚乱不知道该做什么好。多亏了那个日子，你们现在笑一笑都有人称赞你们是好有福气的夫妻相哦。

男人们，请记牢这些瞬间的感觉，也努力记住这些重要的日子，无论是为了你的她还是你自己，因为这些将是你们以后幸福生活的基础，也是甜蜜感觉的所有真实写照。

甜蜜小贴士：记下各种重要的日子吧！

男人们，请在你的小小记事本上添加好那些重要的日子，这并不是婆婆妈妈；在手机上设提醒也不是妻管严，这满满的都承载着你对她的重视以及爱；在各种即时通讯软件上标注好那些欢乐和微笑并存记忆的日子，当她小小不安紧张暗示你时给她个拥抱或者微笑，然后说声，我记得的，好过千言万语甜言蜜语。有时候如果假装不记得也会给你和她的生活添加小小调剂情趣呢，不过记得不要过火了哦。

又或者学会做个有心人，时刻准备着小小礼物以备不时之需。像甜蜜的心形糖果，女人们心里的童真立刻被呼唤出来；又或者是纯正的黑巧克力，那份真挚和沉稳永远是女人们所迫切需要的踏实感觉；一本 MUJI 的小小记事本，告诉她把所有对她重要的日子都小心翼翼誊写在本子上；抑或是给她夏日泡一杯冰咖啡，冬日暖一杯热奶茶。所有用了心意的小礼物都不会被看成敷衍，而是浓浓爱意呈现。

不要嫌麻烦，不要怕准备，你终会发现这一切值得你期待，当你看见她脸上温柔笑容又回来，当你发现她眼睛里亮闪闪的光芒，你知道，这个她记得并珍重的日子有多重要，你将学会记得和铭刻。

工作是为了生活，但不是你夜不归宿的借口！

我体谅你的应酬，你是不是也要体谅这个家庭？

一个妻子问她夜不归宿的酒鬼丈夫：你不是说去重新投胎了么？怎么还是依旧每天醉醺醺地凌晨才回家？丈夫回答道：我是去重新投胎过了啊，只不过没想到重新做的这个人是个比我还厉害的酒鬼啊。

如果是一个小笑话，我们笑笑之后也就让它过去了，但是其实这个小笑话背后隐藏了男人们凡事找借口的小毛病。对于工作对于应酬，对于每天晚归对于夜不归宿，男人们可以随时找出无数个理由。

“应酬”引发的家庭危机

下午丈夫打电话过来说晚上又有应酬，可能会通宵。女人嘴巴上虽然关心地叮嘱了一句“喝酒别强撑，实在不行就让别人帮忙替一下”的关心话，但内心却如翻江倒海般的难受。索性约了闺蜜一起吃饭，好打发掉这又是寂寞的一夜。

三个闺蜜都已成家，所以聚在一起离不开的话题就是男人和婚姻。今天大家情绪都很低落，大家都闷着头吃饭，偶尔才有一搭没一搭的聊，完全没有了以往叽叽喳喳的热闹景象。

突然玲冷不丁的冒出一句话：“我怀疑我家男人外面有二奶了。”女人诧异得抬起头，但另外二人却脸色平静。

“他已经连续一个星期都是凌晨三四点才到家，有时候甚至是一晚上都不回家，我问他在干嘛，他只说是单位最近应酬忙，而且陪的都是大领导。”玲闷着气。

“我家男人都不是，天天说应酬应酬，到半夜都见不到影。打电话催也永远接不通。回到家问他为什么不接电话只是解释说大家吃饭地方比较吵，听不到电话铃声。他以为这种理由就能唬得了我吗?!”莉也接了话。

“我男人都两个月没有碰过我了，有时候我也会主动下，他总是推开我，说他自己工作太累了，没精力也没欲望。”敏无奈地说。

女人愣愣地看着她们，张了张嘴，却说不出任何话。每晚都有应酬，打电话永远的“对方无应答”，上次做爱的日子都可以追溯到半年前，原来自己也陷入了家庭危机，而这一切，都是因为他永无止境的“应酬”，而到底他在“应酬”些什么，成为了女人心中最大的结。

男人，你的“应酬”真的有必要么?

好比如果发动一个街头调查去问一百个男人：你究竟喜不喜欢应酬？大多数的男人们会回答道：不喜欢，只是逼不得已罢了。逼不得已四个字看似道出了男人们心中的苦水，但很奇怪的是，即便是一个不喜欢应酬的男人，在很长一段社交生活之后，会变得渐渐离不开应酬。

你们习惯了这种花天酒地，如果没了这份忙碌，你会觉得心理失衡，会觉得自己怎么好像活鱼搁浅在沙滩上，会觉得自己的价值正在贬值。而男人们所谓的“应酬”，虽然一杯一杯的酒伤胃又伤神，但它却是一个男人身价的体现。

女人之间攀比的是家庭，男人之间攀比的是社交，每天按时下班回家的男人谁都觉得没本事，这就是男人之间的“社交虚荣心”。而为了这个虚造的“社交虚荣心”，男人们不惜编出谎言和借口来对另一半陈述自己是多么多么不喜欢去社交啊。

不妨让我们来看看男人们的借口：

借口之一：我这么劳心劳力地去社交去周旋还不是为了你、为了这个家，你怎么就不明白呢？

如果男人说以上对白时候加上琼瑶阿姨的戏班子指导，其煽情程度不会逊色于任何一部获奥斯卡奖苦情电影。女人们是不明白，她们不明白你们明明这么“劳心劳力”地去社交，这些奋斗怎么会为了她，充其量首先是为了你自己——为了得到像你和你社交的成功男士们一样的条件，像他们那样吃喝玩乐，像他们一样花天酒地乐不思蜀。

你不就是想逃避家务，不想回家吗？你不就是想要女人们放弃事业以便死心塌地做你背后的女人吗？要知道家庭保姆和豪门怨妇虽然相差甚远，但也就是男人们，也就是你们一手造成的女人们的悲剧啊！

借口之二：你以为我喜欢应酬啊，为了事业，没办法呀！

拿事业和工作做借口该是一个多么冠冕堂皇的幌子啊，而在这个体面的幌子底下有多少女人们辛酸的眼泪和无声的呐喊，男人们，你们知道吗？

在你们举着幌子在风月场所里游刃有余时，你的她正在浴室里满头大汗地修灯换灯泡，做男人们本应该承担的事情；在你们说着人在江湖身不由己的时候一边用无辜和委屈的眼神试探你的她，她心里是多么难过，因为在之前你的朋友打电话来不小心戳穿了你的骗局。你们可以把许多荒唐事做得滴水不漏，几乎不留蛛丝马迹，可以让在外面快活的暧昧的勾当都因此顺理成章，却不能在你的她渴望幸福时给她承诺实现她的愿望，为了事业，为了所谓的幌子，你深深毁了自己的形象，同时也伤害了一颗爱你的心。

借口之三：我会让你一生都幸福和快乐。

这个借口当然要不是男人说这话时喝醉了酒，要么被眼下你的她一时鬼迷心窍赞同你出去“应酬”的幸福冲昏了头脑。如果你能够通过应酬就让她快乐她干脆不用和你结婚自己出去应酬就好了。你不能让她继续幸福和快乐成为你去社交的筹码和赌注。如果你真的爱你的她，请把你的首要目标定在让她幸福。她的满意其实是对你的最高奖赏，她看着你的眼神都会充满无限甜蜜，而你最终有一天会懂得，你的付出你的辛苦一切都值得。而请问你无数次借口出去“应酬”留她一人在家独守曾经温馨如今黑暗空洞的房间，她会觉得幸福吗？

当然，男人们不回家也有其他正当的理由。在当代社会上演的时代大戏中，大多数男人们扮演的角色是主角，那么男人们更多的关注于自身的事业发展，将一生的重心也都放在了社会上，家庭只是男人们停留的港湾，供男人们休养生息的一方乐土。于是一旦男人们精神和情绪都已经准备好了，你们还是得回到社会中继续打拼。晚上该回家时候却并不急着回家，多半由于男人们在潜意识里始终对这个叫做“社会”的战场有一丝留恋，哪怕只是偶尔和同事们去打打牌喝喝酒，也是对这种依恋的淡然抒发。

然而男人们，你们就没有想过女人们的想法吗？

女人如何看待男人的“应酬”

或许你真的是在为事业“应酬”，但一而再再而三的无止境的“应酬”终有一天会让女人产生疑虑，而疑虑直指“婚外恋”。确实，即使你说了很多理由，而且句句让人无法驳回，但只要你日复一日地继续参加你的“夜间活动”，只要你的应酬一直继续，并且没有减少或者结束的趋势，疑虑就将一直存在，并且不断扩大。

面对男人的“应酬”，女人是如何应对的？一般无外乎三种态度：一是不容，应酬可以，不许别的，这往往是刚烈的女人采取的，让老娘知道了，就让你一剪没；二是包容和理解，这往往是温柔贤惠的女人们采取的，当然她们承受的痛苦最大，既要体谅自己的男人，还要忍受寂寞，承担相夫教子的繁重；三是不管，不在意，持这种态度的多是丁克族，周末夫妻那些人，你乐我也乐，你玩我也玩，互不干扰。这三种中，第一种多数人的结果是最后也归于第二种，认了，忍了。

其实对于大部分女人们来说，真的很难在让男人出去应酬和在家里陪着她之间寻找一个完美的平衡点。因为实在是太过于苦恼了。

女人们希望男人们充满对职业的野心和期望，但她们心中更渴望的是一个能够每天早早回家来和她们一起高兴买菜做饭其乐融融度过夜晚的男人，这样能给她们无数安全感。然而事实难以愿为，越是有职业精神的男人们越是少时间去陪他的她享受两人世界，出去逛街休闲。

女人们希望自己的男人能够成功，能够出人头地，能够有名望有地位，然而男人们在地位和名望诱惑之下，往往会直接忽略掉女人和家庭，毕竟成为名流望族才是男人们真正所渴望且在追寻的，这个时候女人和家庭只是可悲的附属品。而女人们更希望自己的陪衬是社会名望，她们希望是社会名望让夫妻之间和谐起来。

消除双方的烦恼才是王道！

男人们很苦恼，女人们也一样。其实，如果该付出的事情还是需要付出，但是还是需要有着重点。男人们，请衡量清楚你的她和你要应酬的一方，把她和他适时地放在心底称重一下，请为她的幸福加一个砝码，再为你的事业和成功加一个砝码，慢慢衡量清楚，然后告诉她这次应酬如果你不去，是因为她对你很重要；这次应酬如果你去了，是因为这次应酬对你很重要。相信她会了解会清楚你的想法，觉得她一直被你关爱着，或者她会微笑着叮嘱你她一直唠叨着的注意事项，安心在家里等你回来。

如果真的非应酬不可，记得可以借上洗手间的空隙给老婆打个电话，一来是报平安，表示现在的你一切安好，没被灌醉，也没出什么意外；二是为了让她打消疑虑。女人最怕的就是男人出去后石沉大海，没有音讯，她会特没有安全感，整天都惶惶不安，甚至会怀疑你的应酬是借口，只不过是为了出去跟别的女人鬼混。所以主动将自己的行踪跟她汇报，会让她放心也安心。

甜蜜小贴士：应酬的小技巧

尽管有些应酬不得不去赴，作为男人，还是要适当了解一些有益于健康的饮酒小贴士，想想她在家等候的有些焦急的心情和温柔的笑容，然后把这些小妙招一一记牢吧！

1. 酒后饮茶伤身更伤肾。

很多人都误以为酒后饮茶可以帮助醒酒。事实上，这种观念是不科学的。李时珍在《本草纲目》中早就有记载过：酒后饮茶，首先伤害的是你的肾，茶会使你振奋，加速血液的流动，这些对于酒后负担过重的肾都是一种伤害。所以，一定谨记：千万不要在酒后喝茶。

2. 喝酒脸红可以饮用芹菜汁。

既然酒后不能喝茶，那我们要喝点什么来缓解醉酒的情况呢？一般来说，喝完酒后最好可以饮用一些芹菜汁，因为芹菜中富含维生素 B，它能够有效地分解融入你血液中的酒精，缓解酒后头痛、脑胀等不良反应。除此之外，芹菜汁还能帮助缓和你此时的肠胃，这对消除你酒后脸红的症状特别有效。

3. 番茄汁可缓解酒后头晕症状。

有的人喝完酒后会有头晕目眩的症状，这个情况下可以尝试饮用番茄汁。因为番茄可以降低此时血液中的酒精浓度，如果是鲜榨的番茄汁，会让大脑更清醒一点。另外你还可以在番茄汁中加一点点盐，因为适量的盐会有镇静的效果，同时盐又能让番茄中的酸度激发出来，将番茄解酒的效果发挥至最好。

4. 生姜可令你迅速醒酒。

如果你不慎喝多了，又想要尽快清醒的话，这个时候你可以尝试着去嚼一片生姜，方法很简单，将生姜去皮切片，放在嘴里就这么直接嚼就行了。生姜辛辣的口感可以帮你迅速醒酒，使你能快速进入一个清醒的状态。

当然，有的人实在是无法接受生姜那么刺激的口感，我们还有一个口感会比较好一点但做起来稍微有些麻烦的方法，不过醒酒的功效可是一点不输于生姜。这个方法就是喝红糖姜水。将红糖放在热水中溶化，再加上约 30 克的醋，3 片生姜，然后煮开了就可以饮用了。红糖姜水酸酸甜甜的味道要比生吃生姜好得多，但口感还是会有点辣，所以解酒的功效并不差。可以让你的女人来帮你做红糖姜水，当然，前提是你要保证她没有因为你满身酒气而想要把你撵出家门。

5. 水果沙拉助你健康醒酒。

当然，如果你想要一种美味、健康又舒适的方式来醒酒，也不是不可能的。水果沙拉就是种完美的醒酒餐。水果中的果酸能中和酒的代谢物乙醛。最有效果的水果是香蕉和梨，因为它们富含糖分和水分，有加强血糖的浓度同时降低酒精在血液中的浓度的作用。

具体的方法是：将香蕉和梨切片，和沙拉酱一起拌匀，即可食用了。这是夏日里的一道清凉又解酒的好菜，享受又健康，真是完美的佳肴之选。

最后要记得，酒最好还是能不喝就不喝的，人活于世，健康才是最大的财富。而只有健康地活着，才能和你的她一起慢慢等到头发都苍白了还能互相依偎着开玩笑似地数对方脸上的皱纹，然后一起开心地大笑哦！

喜新不忘旧我该笑还是哭？

你就不能把blog里你们以前的甜蜜删除？

我爱上你的专一，但不代表你可以继续对你的前女友专一；我爱上你的痴情，但决不允许你还念念不忘你的旧情人。你们的爱情紧密得容不下第三个人，甚至连影子也不准。

假如比尔·盖茨先生没有创建微软多好，大家依旧停留在手写时代，我保留着你写给我的情书就像一直保留着你给我的爱；假如没有互联网多好，我们可以见面谈天扯地而不是隔着海洋和天空了解彼此的心底；假如没有BLOG多好，我不会发现你的页面上有和她之前在一起所有的甜蜜回忆。

女人的心理就是这么的难猜测呢，要不然怎么会有“女人心海底针”这样的说法，一定是哪个受够了女人却又十分了解女人爱着女人的男人写出的这句俗语。她面对你Blog上你和前女友的回忆究竟是该笑还是该哭呢？笑是因为你并不是一个薄情的男人，哭是因为你还并不了解女人们嫉妒的心理啊，怎么就能把那些甜蜜的小回忆堂而皇之摆在她眼前呢？

“前女友”的魔咒

“前女友”这三个字的身份好似处于尴尬地位，而对于你的她来讲，这三个字好似洪水猛兽让她又怕又恨。虽然女人们清楚知道男人和前女友也不再是处于“相爱”的状态，要不然不会分手，但是男人们怀着责任感或者回忆去在BLOG上保留着那些他和她曾经相爱的片段又是为了什么？责任感也要有远近之分主次之嫌，在现任女友的眼皮底下放之前与前女友的甜蜜，难道你就毫不理会现任女友的感受了吗？

正是男人的“念旧”，使得“前女友”如同一根看不到摸不着但却真实存在的尖锐长刺，扎在现任女友的心中。看着博客上你曾给她写的情诗，看着你们之间甜蜜相拥的照片，一种妒忌夹杂着恨意源源不断地在女友心中升起。她已经在心中自动将你的前任升级为头号情敌，她如鲠在喉，不拔不快。然而拔刺的关键并不在女人身上，所谓解铃还须系铃人，你念的旧，就注定了该由你自己来收拾这个烂摊子。

“前女友”仿佛成为一根扎在现任女友心中的一根尖锐长刺，她们恨不得早日根除掉这根刺将其拔之而后快。然而，其实，这根刺的关键并不在女人们身上，所谓解铃还须系铃人，解决这个问题的核心在男人们身上。

男人们可能会觉得奇怪，这有什么关系，我和她早已分手了，就连偶尔回忆一下都不行么？的确，男人们生命最宝贵那段时期，那段青春岁月上有前女友打下的烙印，那段如此美好的年华有她真实的触感和清脆声音相伴。他和她在一起有过历史和浪漫，就算是现在早已分开，那些甜言蜜语，音容笑貌还是会偶尔爬上心头，或者是深深地被男人藏在了心底某个角落。要是想硬生生抹去那段回忆几乎是不太可能的事情。就算前女友们都香消玉殒了或是远嫁他乡永远都没有见面的机会，他还是会记得还是会想起，这也将成为男人们永远无法忘怀的事情。

但女人对爱情就是有“洁癖”，她需要的是百分之一百的拥有，如同“河东狮吼”里刘月虹对陈季常提出的要求一样：“要宠我，不能骗我；答应我的每一件事情，你都要做到；对我讲的每一句话都要是真心。不许骗我、骂我，要关心我；别人欺负我时，你要在第一时间出来帮我；我开心时，你要陪我开心；我不开心时，你要哄我开心；永远都要觉得我是最漂亮的；梦里你也要见到我；在你心里只有我”。

这句话反映出所有女人的心声：你的心里只能有我一个，即使连回忆里也只能有我！爱情有时候就是那么霸道，无法容忍任何瑕疵，换做男人，也是如此吧？

女人与男人的感知速度不同

女人们和男人们在感知情感上，相对于男人更快，更准确，也更精细。相关研究表明，在确认情感信息方面，女人们所用的神经路径与男性们使用的不同。女人们会启用大脑中更深层的皮层下的大脑结构，所以反应比男人们更活跃。而男人们则在前后皮质区域上，显示出更为活跃的状态，这个区域显示男人们更擅长于推理。这正暗示了男人和女人之间情商能力的差异。这也就是女人为什么多敏感的原因。这就是为什么她在你过去和另一个她的甜蜜全部呈现在她眼前时，她会沮丧会伤心，会对着你哭喊的原因。在男人们面前掉眼泪，实际上是她的一种适应性行为，而你却恰恰什么都不了解，只会让她更伤心，眼泪更加迅速又不经大脑控制地涌出来。

男人，你们有“旧情人”情结吗?

既然男人们还无法深刻认识到女人们对于“前女友”回忆的不快。那么，让我们从男人身上着手去解析原因。让我们来看看男人们会以什么方式去怀念前女友们。

方式一：上网搜索前女友的名字

夜深人静的时候，你一个人坐在电脑前，习惯性地打开 Google，突然觉得每天的例行搜索很无趣，不如换个方式，打破下常规。突然你想起了她，想起了你的前女友，从她和你分手到现在她过得如何呢？于是你在搜索框里键入她的名字，然后清点有可能是她的信息，一一查询搜寻她的点滴。

男人们，你们以为还是流行言情小说，琼瑶阿姨正红的那个年代吗？就算你找到她又如何，看见她过得不好你会不会难过，或者你看见她嫁入豪门过着她想要的生活你会从心底产生一丝遗憾吗？或者你根本搜寻不到她的任何信息，因为她早已更改了姓名随父母远走他国早已离你十万八千里距离，也早就忘了你。男人们何必那么多情呢，你不如去看看基金有没有升，股票有没有跌，或者打个电话给你现在的她关心下她的感冒有否痊愈。

方式二：校友录资料

每年夏冬两季的聚会让你乐不思蜀，仿佛又回去依旧是学生的纯真时代，而趁着大家都在，“班长”留了所有人的联系方式，告诉大家会建一个校友录，方便大家以后在线联系和联络感情。一周后你登陆那个记下的网址，发现大家自毕业后也都有了自己的事业和生活，她也一样，在她和她刚出生孩子的甜甜的笑容下，你不经意之间送了颗表示祝福的红心。

网络调查显示男人一生中坠入爱河的平均次数是 6 次，近 2 成的男人通过网络留意过他们的前女友。男人们，你是要做私家侦探呢还是福尔摩斯，你是要看着你前女友落魄而幸灾乐祸，还是要看着她甜蜜揽着他的准老公，怀里还抱着一对龙凤胎而暗自唏嘘泪流呢？你不如及早放开这个恶趣味，和你的她轻松去看场搞笑电影，或者和她去酣畅淋漓地打一场网球。

方式三：手机存有前女友的号码

你手机里那个一直存着空白名字的号码今天无意间打来了电话，却只响了一声，像是一个提醒，但你知道最大可能是她不孝子女按错了键，又或者这个号码早已易主。不过你心底又有一丝侥幸，你知道，她有可能还一直都在，并没有消失。

男人们，即使是个象征意义的号码，能不能麻烦你把它删了。难道你看不见你现在的她双眼通红站在你背后看见你 MSN 上那个从前的她头像又亮了而签名是“很寂寞”？难道你听不到她半夜起床想要偷偷拿你手机拨打那个其实早已成为空号的你的从前的她的号码？难道你不知道你现在的她很在乎你，很爱你，所以不愿意输给过去，输给回忆？

方式四：留着前女友的东西

你有一个特殊的上了锁的纸盒，里面有一本普通的久久的笔记本，你总是在里面放一些你珍惜的东西。又一次整理房间时，你拿出盒子和本子，在午后阳光的照射下，你轻轻抹去灰尘，打开本子，里面她的照片和她送给你的自己自制的植物标本掉了出来，泛黄的照片后面是你熟悉的她的字体，上面写着祝你生日快乐。

她如果是戴安娜，你大概可以拿这些遗物去换回不少粉丝们的尖叫和小报记者们的眼红；她如果是个无名女文艺青年，你大概只能拿着她当初写出来的七歪八扭的字告诉你的女儿，看，不认真学习，写出来的字就是这样的啦，你看这个姐姐，最终还是输给你妈妈了！然后在你妻子一边跑过来装做要打你的时候一边温柔对她说，你看，我还是最爱你的嘛。

所以，男人们，最重要的还是要珍惜眼前的人，别让过去的感情永远过不去，把心收好了，与往事干杯。别到了失去了眼前最重要的她的时候，再以同样的方式想起你们曾有过的美好回忆，那个时候，回忆两个字将是充满苦涩和伤感的。

甜蜜小贴士：不要和前女友做的事情

1. 不要和前女友一起吃饭。在外吃饭就必定要买单，一顿饭的开销对于男人们来说不算什么，计较一点小钱没有必要，但是这种行为的确是不值得的。和前女友坐在一起只能心怀感慨地回忆过往，与其这样伤感地度过时间，还不如多花点心思为你现在的她挑选一份礼物，享受爱情的美好。

2. 不要为前女友当感情顾问。特别是当她遇到感情问题或者失恋之后。这个时候她很容易回想起你对她的好，对选择离开你后悔万分，此时你一定要保持清醒，不要被假象蒙蔽，她的种种表现只是因为她刚好处于最脆弱的时候，如果这时你心一软，把她拥在怀里，那你就等着更多的麻烦找上门吧。

3. 分手后不要与前女友上床。如果你想跟她复合，那恭喜你。但如果其实是你有其他不良企图，还是算了吧，请止步。原本是多么纯洁多么美好的一段感情，就因为这一下子全毁了，如果双方都各有归属的话，还落个不忠的罪名，实在是不值得。

4. 分手后不要借钱给对方。钱是敏感的东西，如果和钱扯上了关系，再加上扯上关系的当事人是曾经的女友，对于男人们来说，这可不是一个好解决的问题。因为钱永远是伤感情的东西。

5. 分手后最好根本就不要与前女友见面。回忆就是爱情给予彼此最好的礼物。相见不如怀念，在回忆里她的样子一旦与现实挂不上钩，你就会知道后悔的滋味了。还不如就让她停留在回忆当中，那时的她也许才是最美的。

第一章 女人与女人之间的悄悄话

NV REN YU NV REN ZHI JIAN DE QIAO QIQO HUA

女人也看A片吗？

女人也是A片观影团的主力军

饭岛爱小姐为了拯救早去的男人们去了天堂，松岛枫姐姐为了男友毅然决然踏入AV界，成为众多少男的偶像。像这样的逸闻趣事尽在男人们之间悄悄流传的时候，女人们早已开始研究苍井空小姐的N罩杯以及吉泽明步的可爱眼神。

请把你惊讶的O型嘴巴闭合上吧。没错，看A片品女优早已不是男人的专利，A片观影团里娘子军的数目正在以几何速率每日刷新。

你的女人只是作风比较低调而已，其实小电影里那些体毛浓重的怪蜀黍和溜光水滑的小萝莉，她如数家珍的样子也许你也要自叹不如呢。

看A片理应如隐蔽的私情，偷偷摸摸，背人耳目。可你不知道的是，女人和闺蜜从不分彼此，A片也可以组团儿观赏，几个女人围坐一起，叽叽喳喳的指点江山。

屏幕里的男女叽叽咕咕、翻天覆地，姐妹们斜窝在沙发里拿着最舒服的姿势，爆米花冰镇可乐，比电影院还享受。一边看一边气势非凡的加以点评，这位大叔的腿毛太恶心啦，那位小姐麻烦您叫得自然一点好不好，拿出点敬业精神嘛。

神经和细胞在叫嚷嬉笑的氛围中，变得没有独自一人时那么敏感。但也免不了在某个激动人心的镜头上，悄悄湿了小裤裤，脸上还要故作镇定的做嬉笑怒骂状。

就是这样难以描述的偷腥感觉，紧张刺激，仿佛在人潮汹涌的闹市里着真空短裙逛荡。旁人不明就里，自己偷偷品尝那份心底的刺痒兴奋，别有一番滋味。

女人们也看A片吗？

问出这个问题就好像一个涉世未深的小青年带着瓶底厚眼睛仿若老学究一样做窘迫状，事实是女人们不但看A片，还研究A片，顺带讨论了A片的种种。

事例一：我在闺蜜的电脑上帮她写作业，写得眼睛酸痛的时候我说你有没有毛片可以给我一看呀，她一边拿刷子往脸上涂着海底泥，一边用嘴角对我说："去D盘'学习资料'里找'毛概'"。

事例二：闺蜜把移动硬盘借给了我，我还给她的时候她让我帮忙把我电脑里的片片拷到她的电脑上去。我的确是拷过去了，可是我忘了把文件从硬盘里删除了。结果第二天早晨她春风满面地怀抱着硬盘冲到系主任办公室去交作业，把硬盘连接到系主任的电脑上去了。

大一的时候宿舍里六个人基本上五个半都是处女，另外那半个就像缓冲中的歌曲一样，一次前进一点儿，而有比较惨烈的情况是一脸严肃，嘴边儿挂着两行浅浅的小胡子的假小子严肃地说："我×××根本不能想象我跟男人做爱的场景！"的苦毒宣言，而她终究也会以陪姐妹为由加入到一起看片的队伍中来——终于，六个屁股挤在同一个下铺床板上，十二条腿踢得电脑桌乒乓作响。

那时候还不是A片，是以三级片为主，简单的情节和美丽的画面就像帅哥裤子上面再上面的嘴唇一样吸引着那个年纪的女生。看到第一只小鸟的时候，六个人有五个炸了窝，另外一个在装老道，当看到男人第一次把手伸到女人裙子下面去掏鲍鱼的时候，小女子以各种表情鲍鱼一紧，龇牙咧嘴，当已经深入到第八十分钟的时候，表情就开始统一，探讨的大方向和主旋律也都顺着剧情一拐一平，而此时那个拍胸脯说不知道自己跟男人做爱是什么样的小胡子女生则松开了默默紧绷的小鲍，说要去隔壁寝室写作业去了。是啊，再不去写作业，裤子就要换洗了。

等快到大二的时候，六个女生里就已经一半生、一半熟了。

现在开始步入A片正题，抛开神秘又美丽的三级，因为六个人中至少有三个人开始关心技巧和经验问题，而另外两个正后悔自己没早点儿知道，最后一个则在纳闷自己为什么知道了这么多却依然没能开始她的性生涯。

在点击播放到前戏完成的那段时间里，女生们填补时间的话题是男人："哎，你俩平时做之前看片么？你们最近有新变换什么姿势不？""他……久么？""嗨，才十分钟，他之前也是第一次。""哇，你们好幸福哦，我那个之前和别的女人……（等大四的时候已经开始觉得自己应该庆幸而不是懊恼了。）"

大三的女生是五比一，连刚烈小胡子女在内都交租了，唯有最风情万种、性知识倒背如流的那个，依然没能开始她的性生涯。

所以她成了其他女生最好的姐妹，陪她们去检查、看病、帮她们给分手的男朋友打电话描述健康情况，她成了其他女生青春故事和百度性知识的纸篓子。

大四的女生就像熟透的番茄，已经可以以蔬菜的眼光看那些只有水果们才会好奇和兴奋的A片。跟校南宿舍楼的男生们已经透过校内FTP成了不分彼此的好邻居，晚上男生负责下载A片，对过于粗制滥造的短片进行技术拼贴然后上传给兄弟姐妹，或者直接用校内局域网传给女生宿舍楼饥渴而不认识的女生，犹如分发粮草、推送辎重的战友，不分彼此，不分生熟。A片，在大多数男朋友都已经消失在人海里，而每天在上铺下铺对着毕业论文生不如死的那段日子里，滋养了多少女生的精神家园。可怜的生饭女依然是生饭，她负责最踊跃地与男生联系、要片，然后传给她上铺、前面上铺、前面下铺、左边上铺和左边下铺的姐妹那里去。

那个时候哪里有春哥，而曾哥又在何方？明天要考试了，没得拜，只能让A片赐我力量！

男人们看A片的原因理所当然不用再次重复。可是他们想不明白为什么女人也看A片，难道是出于和他们一样的需求还是别有新意。

女人们为什么看 A 片——或许看看更健康

你的女人也许一向矜持，永远带着瓷娃娃般恰到好处的可爱笑脸。可事实上，如果你走进女人丰富的内心，一定会为眼前所见大吃一惊。远远超过你想象的性幻想，天马行空、光怪陆离、大胆前卫，说不定刚好有一款正是她一直想要却不敢开口的！

人人都有好奇心，人人都有求知欲，当女人们发现男人们总有那么一个时刻是需要自己一个人悄悄关上门拉上窗帘度过时，她们也想看看那窗帘后屏幕上都是些什么。

A 片宛如性福的迪斯尼，所有心心念念的遥不可及的幻想，在这里都变成眼里真实的画面，具备了现实的触感。女人就像初入仙境的爱丽丝，一切都是新奇的玩意儿，远离生活的枯燥和无聊，满足心底另一个灵魂的欲望和叫嚷。

古时女为悦己者容花颜，如今女为悦己者看 A 片。你的女人看 A 片时，十次有九次心里肯定想着你。潜意识里，她把屏幕上娇喘不断的姑娘当成自己，而你就是掌控她身体的那位大肚多毛男优。

除了幻想，女人也会研究如何在现实中取悦你。叫床时应该用什么升调什么节奏，如何配合你的动作不留一丝纰漏，这其中大有学问。

A 片中的女优是资深教授，亲力亲为，知识点一目了然。女人对照自己的模仿对象，一边观看，一边揣摩，熟记于心，以备与你鱼水之时大派用场。

女人和男人一样，也希望自己在床上的表现可圈可点，收放自如，成为你眼中“出得厅堂，入得厨房，上得大床”的时代新女性。

当然，大多数女人们选择看 A 片不仅仅是为了男人。一份社会调查显示高达 90%的女人看过 A 片，60%的女性在看情色电影时会兴奋。文化人类学家莫理斯博士所著的《裸猿》里说道：“我们的窥淫活动从生物学的角度看是不正常的。但相对而言，它有益无害，因为它不仅在一定程度上满足了我们对性的好奇感，而且避免使人们卷入可能威胁配偶关系的婚外性关系。”

对于一个女人来说，拥有漂亮的脸蛋，拥有魔鬼般身材，拥有优雅的气质，拥有满腹的学问，拥有深厚的修养，这些都必须建立在一个基本的载体上，这个载体物质上称为身体，精神上叫做心理状态。于是怎样成为一个身体健康且对生活充满激情的女人才是各位女人们在当今社会真正需要追求的。而这种对生活的激情如果体现在男女关系方面，其中一个重要因素便是对性的热爱，这并不是什么歪理邪说，不是主观臆断，而是早已客观存在于女人们脑海里骨子里血液里流动生生不息的意识形态。

反观那些从不看A片的女人，婚后长期只与老公一人相守，或是一个人独守空房，信息蔽塞只得空虚寂寞上网聊天，加之外面男人的不良勾引和内在的欲望的驱使，一个蠢蠢欲动的心便禁不住诱惑，身不由己的出轨就在所难免，于是家庭开始四分五裂，感情出现严重的危机。就这样，原本和睦的一个个家庭在出轨的浪潮中飘摇，在离婚的洪流中解体，在孩子的哭泣中散场。当然，这毕竟是一些心中本已虚弱禁不起诱惑的女人们的特例，然而特例有时候在这个现实社会中却不断发生，从而变成主流那就另当别论了。

如果某个晚上你惊喜的发现了她不熟练的新技巧，不要指点修正，只需要大张四肢舒服地躺在床上享用。你不经意间发出抑制不住的低声呻吟，就是对她辛苦做功课的最大鼓励。

或许下一次，你可以买一部她会喜欢的类型的片子，两人一起欣赏。由起先的拼命与身体的反应做抵抗，到随后慢慢进入状况空气里也流转着情欲的气息，最后无法压制的欲望火焰轰隆隆的燃烧起来。

整个过程，比从前所有经历过的前戏都更刺激更让人沉沦享受。

女人们当然能看A片了!

既然看A片有益无害，男人能看，女人们为什么不能看。更有调查显示看A片的女人们生活会更加独立自主。看A片的女人们比较热情，让自己的生活充满趣味，更善解人意，心理生理上正常且牢靠不容易出轨。看A片的女人们会从A片当中学会换位思考原理，她会尝试着从另一方面为另一半或者别人考虑，更扩展开自己的思维角度去想别人没有注意到的细微末节。试想一下当一个之前并不了解且不喜欢足球的女人，和你共同分享你所喜爱的足球比赛并和你一起在电视机前为你爱的球队助威呐喊时，这种转变，该是多么惊人且令人欣喜。而一部分女人们是从男人们能看当然女人们也能看的角度出发去看A片，她们敢于追求公平公正，平等和谐，是绝对独立独行的新时代优秀女性的代表。

甜蜜小贴士：关于A片的小测试！

若你的那位她也看A片，不如找个时间和她共享你的最爱，让生活气氛逐渐充满情趣的同时，让你们的关系也更加牢靠。“我连A片都和你共享了，还有多少小秘密会瞒着你偷偷不告诉你呢”，这样的想法让你的她会更加踏实，同时也不断增加了你和她之间的信任感。让你们更加有信心去联手走过以后的日子，那些无论是有还是没有A片陪伴的生活。

和她直接交流观看经验对于有些男人来说不免还是尴尬了些，不妨以一两个小小的心理测试先来娱乐缓和一下气氛吧。

你一个人看A片时是抱着什么样的心态？（由测试看出你心底小小择偶秘密哦）

A. 生理需求

B. 无聊解闷

C. 新鲜好玩

D. 学习模仿

E. 增加话题

您的选择：

A. 对于你的他/她，你是属于被动性，并不会主动出击。你会暗暗等待对方发出信号，然后再选择要不要出击或者接受。

B. 为了打发时间而看 A 片的人，属于兴趣广泛型，他或者她感兴趣的对象中有外表不出色的，也有英俊潇洒型的，因为各种不同类型的对象才会满足他或者她心底的小小欲望喔。

C. 这类型的人像双面人，虽然外表看不出来，但只要他或者她有需求，立刻就会像是换了个人似的，由热情似火转为冷面冰山，或是刚好相反，所以他或者她选择交往的人的类型也会产生改变。

D. 会秉持学习模仿精神而看 A 片的人，属于热血沸腾型，随时都会让自己箭在弦上待发，保持备战状态。他或者她会热情地对待心仪的对象，大胆积极地表示爱意，施展自己固有魅力。

E. 为了能和朋友聊天而去看 A 片的人，特色是色大胆小，通常是窝在角落里自己一个人孤独疗伤的人，当然，他或者她会时常为别人考虑，心地善良。

女人会怎样和她的闺蜜讨论她的男人？

她会不会像中学生一样与姐妹们在背后讨论你？

你的女人几乎每天都和闺蜜煲几个小时的电话粥，叽叽喳喳，说说笑笑。隔三差五还要一起逛街喝茶聊八卦，真不理解到底她们有多少话题可以聊。忽然你心底一惊，她不会像中学生一样和姐妹们在背后讨论你吧？如果是的话，她会怎么说？

女人们的话题永远围绕男人

热播的美剧告诉你们，闺蜜不是万能的，但是没有闺蜜是万万不能的。无论意气风发的职场钻石单身女郎，还是小鸟依人的热恋幸福女，无年龄限制，无国界划分，有闺蜜陪伴的女人总是更容易摆脱失落，重获新生。

而女人们在一起，最多的话题还是男人。

鉴于事实场景不胜枚举，请男人们睁大双眼参考以下电影电视剧中具体内容：

欲望都市 Sex and the City

作为一个持续了六季在多年后还推出了电影版票房不低的电视剧，欲望都市无疑成功地塑造了最经典的闺蜜形象，从此也让几位女主人公的形象成为最经典的闺蜜代言人。

尽管她们四人充满魅力事业有成夜夜笙歌，甚至热衷于一夜情，但终极还是想要一段稳定理想两性关系。然而现实生活总是让她们失望心碎，于是女人们相互搀扶着再站起来，重新出发。

她们是灯红酒绿的纽约夜生活里大刺刺地谈论性与爱的代表，不会崇拜男人不会依靠男人，却总在孤单徘徊时候失落。

绝望的主妇 Desperate Housewives

一条紫藤街，五户人家，外加八卦女和地产经纪人金发美女，构成接替老友记和欲望都市的全美收视冠军绝望的主妇 Desperate Housewives。在香港，绝望的主妇有另外一个更确切的翻译名叫：靓太唔易做。做中产阶级主妇维持家庭运转已经不容易，而作为一个漂亮的中产主妇，更是难上加难。她们总是要面对无数丈夫的问题，孩子的问题，家庭房产花园厨艺等问题一并袭来的时候，她们总是选择坐在一起，或者享受下午茶，当然最经典地还是来一场牌局，一边详说男人们的话题，一边交换经验解决问题。

她们是中产阶级主妇们的代表，家里有个男人，大多数聊的除了家里男人的烦恼，以及和他们的矛盾，总有喜怒哀乐，也总是自己一锅端笑一笑或哭一场努力继续生活。

八卦天后 Gossip Girl

青春偶像剧当中不外乎俊男靓女靠外貌吸引观众们的视线，而这出剧当中错综复杂的人际关系家庭背景，以及高贵时尚背景更衬托出主线人物们时而勾心斗角下的单纯感情。Queen B 和 Serena，两个一起长大家庭又世交的女生，她们在一起谈论男友总是以未成年孩子的心态去经营看似成熟的感情，伤了别人同时伤害自己。而剧中其他形形色色配角女孩子们也始终抱着上流社会心态去看待男人，有时不卑不亢有条理相对，有时却无限惆怅寻觅不到自己那位 Mr. Right。当绯闻们成为主角，人人各有欢心失落之处，却也找到共同话题去想去依偎取暖，然后第二天天亮，又是个继续制造绯闻寻人游戏的起点。

她们是上流社会中青春派的代表，谈论男人们从家世开始，名誉，信用，长相到高贵气质，如若不能一一满足，当然作为不入流者只得抛弃下场，如果满足所有，即使是堕落不已花心大少，也肯和他玩永远不厌其实假情换真心游戏。

蓝色大门

每个女人想必都有过一段难忘的青春回忆，就好像电台里台词说的那样，青春像是一个渡口。渡口后面是你永远也不再打开的蓝色大门，大门里有你所有的青春回忆，封尘起来带不到你长大去的那个区间，但是她们美好地停留在十七八岁的年华。

电影里的孟克柔和林月珍是一对好得不得了的闺蜜。林月珍和孟克柔讲她悄悄喜欢上的男孩子，孟克柔帮她送信陪她去偷看男生在夜里游泳和她一起随着歌声慢慢在房间里跳舞。这种暗恋的口吻和镜头也只有青春的人才会了解，也只有不再青春的人们才会体味。

她们是女人们年少时期悄悄暗恋隔壁男生的代表，谈论的是所有暗恋男孩子的细微末节，一个小动作，他打过的篮球，喝过水的宝特瓶，写过一百遍一千遍他的名字，于是他就会微笑着走过来说“我是天蝎座O型血游泳队吉他社，其实我还不错哦”。

女人们怎么和闺蜜们谈论男人?

这个“怎么”范围实在太广，又或者是说女人们谈论起男人来得边缘太宽泛，她们可以从自家男人的好谈论去隔壁家庭暴力，又从隔壁家暴男人有个风趣的弟兄谈论去男友的木讷呆滞，要能猜透女人的心和嘴，还真不是一件容易的事情。

然而无论她们谈论什么，都无非是暗恋期讲男人们的好话，闺蜜们来提意见该不该进攻还是防守；热恋期讲男人们的不足，闺蜜们来补救和商谈要不要和他继续下去；结婚了讲婚后是非，让闺蜜们来羡慕分享幸福或是相反的做主妇的哀怨。

闺蜜当然热爱闺中蜜事

闺蜜闺蜜，当然要分享闺中蜜事。从自家有个绝世好男人，延伸到昨晚偷听到隔壁的家庭暴力。又从隔壁暴力男貌似有个风趣的弟兄，拓展到谁谁谁的男友又木讷又呆滞。翻来覆去，兜兜转转，也转不出男人话题的怪圈。

不奇怪，异性相吸是大自然铁一般的定律，老爷们儿凑一块除了国家大事经济风云吹牛打鼓，也难免聊聊姑娘的细腰肥臀。

女人们也是荷尔蒙分泌旺盛的正常动物，一群雌的扎堆儿，话题免不了被地球磁场吸引到雄性的那一端。

男人是取之不尽用之不竭的话题来源。谁谁谁虽然挺高，但是竹竿一样的身材一阵小风就吹跑了，哪有什么安全感；谁谁谁倒是结实，可身高和腰围长度相等，完全不符合人类美学标准。各种高矮胖瘦，帅哥丑男，涵盖所有年龄层，包括恋爱每个发展阶段。遍地奔跑的男人都可以成为女人嘴里的谈资，只是看你有没有这个荣幸，成为一期茶话会的主题。

暗恋期讲男人们的好话，闺蜜们充当军师支招儿进攻还是防守；热恋期讲男人们的不足，闺蜜们来补救和商谈是跟丫死磕看看进展再说，还是干脆一咬牙一闭眼踹了这个另觅下家；已婚妇女讲婚后是非论婆媳关系，让闺蜜们来羡慕分享幸福或是将主妇的哀怨一吐为快。**久而久之，真正把你当肮脏小玩具看的，未必是她，而是她的闺蜜。**

曾经你可以从她的闺蜜那里发现，她的闺蜜对你的优点缺点都知道得一清二楚，哪怕连你的农历生日都有闺蜜帮她数着，当你们再次陷入僵局，准备拉开战场的时候——没错，你已经知道，在战争结束后她第一个动作不是奔出房门也不是扑回你怀抱，而是上网找她的闺蜜去控诉你！

那个时候你反复告诉自己，要想开，要大度——人为刀俎，我为鱼肉，反正落到了女人们嘴里，爱怎么说怎么说去吧，反正最后告诉你她们的讨论结果就好了——而往往她们的讨论没有结果，她依然扑回你的怀抱，而你的把柄却越来越多地落到了她闺蜜的手里，通过你和她的一次次交锋吵架，你在她闺蜜眼中的形象渐渐由人变成了兽，而闺蜜会把这些话告诉给闺蜜的闺蜜——这样的悲剧是每个男人都无法阻止的。

俗话说，一个女人等于五百只鸭子，当一个水塘是臭的，被五百只鸭子知道了，它们嘎嘎叫着告诉另外五百只鸭子，然后这五百只鸭子拍打着翅膀再去告诉另外五百只鸭子——嘎嘎声从西传到东，从南传到北。当心有一天重新回归单身的你，在酒吧遇到一位靓女，准备搭讪的时候，她对你说："我是××的朋友×××的闺蜜的闺蜜，我看过你尿尿时候的照片以及你和你前女友的床照。"

谈论你是因为爱你

不必担心你的女人透露太多两人的小秘密，让你在她的闺蜜们面前抬不起头。女人们谈论男人，永远离不了的套路是她心里有你。

她谈论你无意中透露的爱意和小甜蜜，孩子气的你如何攒了一箩筐糗事，然后被闺蜜带着羡慕的语气嘲笑她没出息，脸上露出羞涩的红晕。

她苦诉当初暗恋你时的辛苦，睡不安稳半夜起来数星星等天亮，盯着手表分毫不差的和你一起站在公车站牌下，默默立在你的旁边屏住呼吸偷看你的侧脸。闺蜜们大呼不公平，为什么你们的爱情最终修成正果幸福圆满，而她们却还在苦苦寻觅之中……

她放弃了大好前程甘愿在家里安心带孩子，为你在上班前准备好爱心早餐。虽然免不了还是会和闺蜜埋怨你偶尔的晚归，家里做不完的家务活，还有宝宝经常大哭大闹，但谁都听得出来，琐碎的生活里她在享受着平实的幸福。

其实怎么谈论谈论什么又何其重要，闺蜜们之间说完三道完四，回到你身边时她依然是那个小鸟依人的她，依然看着你熟睡的样子心里漾着浅浅的幸福，依然扎起小围裙火树银花的从厨房端出你爱喝的汤水。

其实男人们大可不必提心吊胆，只要把心踏踏实实放在将军肚里，在家边看球赛边喝啤酒，享受惬意的个人时光。等待她从姐妹们的聚会回来，甩掉了一肚子牢骚，换回满心田的提点和鼓励，更珍惜和你在一起的幸福。

或者干脆打入敌营，和她的闺蜜们打成一片。时不时把聚会地点改在家里，亲自下厨打造“好男人牌”原创茶点。既不必担心自己在背后被人碎碎念，还能够为自己赢得更多支持粉丝，把闺蜜们从对立面拉到自家阵营，从此高枕无忧，逍遥快活，岂不两全其美！

和她的闺蜜们成为朋友吧，多了解她的爱好和情绪，这样即使是为她准备特殊惊喜时候也可以方便地和她的闺蜜们打成一片，不用担心她们凑在一起仅仅是为了说你坏话。时常请闺蜜们来家里开座谈会，当然，当她们需要独处空间时，可以假装有事慢慢走去看电视或者工作，留一份心给她们，她们也会对你放心哦。

甜蜜小贴士：她的闺蜜类型你知道吗？

不妨和你的她，还有她的一群闺蜜们一起玩个小心理测试，测试下她的闺蜜都是哪一种类型的呢？

假如你的生日就要到了，让你的闺蜜选择一下，看她会送你什么礼物。从礼物的选择可以看出你们之间的关系哦！

A. 杯子

B. 工艺装饰品

C. 食物

D. 衣服

E. 优惠卡

F. 她带你去选礼物

您的选择：

A. 你的闺蜜很体贴细心，很会照顾别人，非常注重生活的品质。但是你要注意了，再好的闺蜜你也要想办法给自己留有私人的空间，不然和好朋友过度的亲密很可能会打扰到你的生活。

B. 你的闺蜜非常敏感，她对朋友的八卦消息了如指掌，对你的私生活有着莫大的好奇，跟这样的好朋友在一起，你得好好注意自己的嘴巴，别让自己的嘴巴给自己惹是生非。

C. 有一种闺蜜，你和她在一起的时候完全不用搞些虚假的客气，就像老朋友一样该损的损该骂的骂，也不会生气，这种朋友最是让你舒心的了。

D. 你的人生还需要这样一种特别了解你的闺蜜朋友，她对你十分了解，和你之间有着不言而喻的默契，你们的感情更似姐妹的亲昵，你的人生都不能缺少这样的好朋友。

E. 你的闺蜜有些大大咧咧的，不拘小节，和人相处很容易自来熟。这种朋友你要注意，千万不要把她过分的代入你和你男友的世界中，提防着点总没有错。

F. 还有一种朋友，看上去她对你真的不错，你要什么就会给你买什么，你喜欢什么就为你做什么，表面上的亲密并不能掩盖内心里，她其实不一定那么把你放在心上，这点你一眼就能看得出来的。

女人也有性幻想对象

做女人难，做一个内心欲望汹涌却硬要强迫自己做大家闺秀的女人更难！

你爱慕武藤兰姐姐的强势，梦想苍井空妹妹的娇柔，脑袋里各种好莱坞大美女在你面前宽衣解带。某天睡梦中她一句不小心的梦呓，娇羞的声音叫出的竟是×××的名字，你心惊胆战的猜测："难道……她是在做春梦吗？"

性幻想不是男人的专利！

几乎每个童男子在变身真男人的时刻，脑袋里都曾出现过各种美丽的画面吧。或者是电影里浓妆艳抹的女特务，或者是隔壁班梳着麻花辫清纯如水的小姑娘。天生想象力更加丰富的女人，性福时刻不止像男人一样会联想，更会有各式各样天马行空的幻想。现实生活毕竟有限，幻想的国度才无穷无尽。

和你不一样的是，她是天生的浪漫主义诗人，罗曼蒂克的忠诚追随者。女人的性幻想不但是情欲的释放，更是美丽的仙境王国，永远充满天真的基调和浪漫的色彩。

琼瑶阿姨是最天真烂漫的幻想专家，中老年妇女中想象力丰富得堪称魁首。和琼阿姨笔下的灰姑娘一样，你的她也会幻想自己是一个漂亮出众、身材修长、性感可爱、魅力十足的女性，幻想有一大群男人围着自己恭维、殷勤，而自己则"控制着自己""控制着男人""控制着局势"，如女皇般傲慢的"恩赐"某个出色男人近身……

定下了剧本的基调和男主角后，她就开始像剧作家般在脑袋里创作，剧情或跌宕起伏或缠绵悱恻，总之要离奇要完美要离现实生活越远越刺激。剧中的他完美无瑕，可绅士可狂野，可温柔可暴力，随她的意念支配，变形金刚般无所不能，齐天大圣般上天入地。

他会在阳光洒满地板的清晨轻吻她的额头，待她慢慢张开双眼时温柔的爱抚。修长干净的手指划过她光洁的皮肤，不带一丝邪念的膜拜她孩子一样纯净的身体。钢琴音符流泻，他缓缓进入，她轻轻迎合，一切温暖美好的不可方物……

他会在月色皎洁的黑夜凝望她的眼睛，然后出其意料的一把将她推靠在墙壁上。黑暗中如同两只小兽彼此渴望，言语都是多余，眼中燃烧无限占有的欲望。她期待，他满足，干柴烈火，一点即爆……

一如永远不要进入到男人的深层脑海里去自己找罪受一样，也不用一直在意女人在想什么——她下一秒钟幻想你是跟着她的王子前来拯救她的佣人甲也说不定——到那个时候，你想自杀也来不及了。

其实，性幻想从孩提时代起就没停下过脚步……

她相信她是公主，小时候脑袋上带着一坨塑料项链再扣块儿丝巾，额头还戳个红点儿，在来家里的客人中间翩翩而来又飘飘而去，觉得来家里做客的叔叔都是已经被她的美貌震慑得腿软的男仆和异国王子，她也想象在男人与父母寒暄、抽烟吃瓜子之余，突然冲进她的房间，手捧一支玫瑰花单膝跪地去吻她的手背，告诉她，他其实是某国来的张三李四，慕名来接公主去远征的。她就这样在门后仔细观察着每一位出现在生命里的男士，包括出现在家里电视机里的，然后想象着他们毕竟如何像那本叫《知音》的牛逼刊物里写的那样，杜鹃啼血，惊天地泣鬼神一把。

而你呢，也别笑人家姑娘脑残——小时候你没把手工课上剪的纸壳王冠戴脑袋上假装皇帝，然后班里女同学都是你妃子，你挨个给她们脱裤子么？不要否认小时候你要么成绩第一、要么打架第一是为了讨女生喜欢。幼儿园女老师，暗恋过吧？小学上课的时候幻想过拯救女老师于火海，让她奄奄一息地抓紧你胸襟吧？

无论女人如何设定幻想的情节，都是将实际生活中难以实现的性爱在脑中私密地播种，营造出自己才能心领神会的虚拟实境，让她在现实中无法满足的欲望充分舒展根芽，瞬间枝繁叶茂。

现实是理想的缩减删改版，总是有点儿文不对题的嫌疑。性爱这么私密的主题，女人难免拿着点儿矜持淑女的劲头。有时心里明明想得紧，却胀红了脸羞于开口，最后哼哼唧唧勉强挤出几声春叫，装出一个不情不愿的伪高潮草草结束。

做女人难，做一个内心欲望汹涌却硬要强迫自己做大家闺秀的女人更难。还好上帝有个出色的设计叫做“性幻想”，嘴巴说不出的放心大胆在脑海里折腾，怎么舒服怎么来，要画面有画面要音质有音质，速度与激情并存，浪漫和快感同生。

不是说你在床上不够卖力，也不是说你功夫技巧没有到家。即使你夜夜金枪不倒，次次一举中的，也毕竟是活生生的一具雄性躯壳，鼻子眼睛小 JJ 都已成型，没什么改进余地。技巧再熟练动作花样再翻新，也生不出三头六臂大象鼻，可创新性可重塑性有限。

所以说问题压根儿不在你身上。就像你看 A 片看男人装看 PLAYBOY 时心神荡漾，难免幻想那些个双腿修长屁股紧翘的姑娘，头戴兔兔耳朵拼了命的往你怀里钻一样。女人的幻想要的就是超现实感受，飞上云端双脚踏不到实地的飘忽感。

当幻想的剧情落幕，她还是会乖乖躺在你的胳肢窝底下，做一个孜然味儿的香甜美梦……

女人性幻想都有哪些内容？

不同于男人的性幻想，女人们的性幻想是种情欲的释放。

女人常会幻想以自己为主导的做爱方式，或是幻想和自己崇拜、欣赏的对象做爱，甚至幻想和旧情人或现实生活中原本有机会在一起却擦肩而过的对象交欢，这些都是女性的热门性幻想。根据统计，女人幻想和同性做爱的比例远远高于男人。而几乎所有女人的性幻想都有着浪漫的剧情，在性幻想的世界里，每个女人可像是罗曼史的畅销大作家。

而女人常见的五大性幻想，下面将伴着电影一一为你解说。

1. 浪漫的性幻想

几乎没有女人会掩饰这一点，浪漫的性幻想要比赤裸裸的性欲更容易启齿得多，也会为大多数人所接受。比如你会说："我梦见自己在风情的热带海滨与一个热情英俊的小伙子做爱。"这当然要比说"我梦见跟一个强壮的肌肉男翻云覆雨"要唯美得多，这本身就符合女性的情感准则。

参考电影：《爱人 애인》

这部韩国电影继承了韩国导演一向的细腻和浪漫，电梯里短暂一次相遇产生无穷魅力回想，女主角如是说道，她心中有这么一个男人，很喜欢他所以想把他藏起来，在她死的时候就能够想起，那个给她快乐的男人。原来最浪漫的事，就是没有后来的事。

2. 女人都有被"强暴"的性幻想

其实有很多女人都曾幻想过自己的"敏感地带"被人强行攻占，不要觉得这话很滑稽可笑，不可思议，因为它与现实的伦理道德相违背。事实上，头脑中的这种"被强暴"的幻想，对于女人来说只是某种感觉的幻想形式，她们想象的不是"强暴"中的痛苦，而是一种激烈、迅猛、紧张、刺激的感觉。这种性幻想其实与现实中我们所说的"强奸"完全不是一码事儿。

参考电影：(午夜守门人 Il portiere dinotte)

作为一部屡屡被禁的意大利电影，午夜守门人却是如此尖锐地展示了一个女人内心的隐秘世界，那里是男性思维几乎无法触及的。两个关系特殊的人，被安排这么一场偶然重逢，爱火再次燃起时，仿佛也是爱欲纠缠到毁灭时钟声响起。

3. 对现实中伴侣的性幻想

女人也和大多数男人一样，性幻想的对象首先就是自己现实生活中的爱侣。她们会幻想各种与爱侣在床上做爱的情景和方式。这点很能理解，因为两个人之间除了感情的因素之外，还需要各种可以触手可及的肉体的满足感，而这种满足只有在自己现实中的伴侣身上是最有可能实现的。

参考电影：苦月亮 Bitter Moon

一轮弯月下，一艘巨大的游轮上，一堆看似幸福其实裹着平淡无味生活的年轻夫妇遇上一对奇怪的中年夫妇给他们讲述自己的故事。他们一对是极度理性，而恰巧相反的，另一对是极度狂热。人生是过于复杂的问题，因为人性本身太复杂了，幸好我们还有爱情。

4. 女人会幻想和别的男人做爱

现实中和固定的伴侣，重复的做爱，久而久之难免让人生厌，这种性爱关系缺乏新意。偶尔幻想着与一个陌生男子做爱，这种想象的全部价值就在于它的神秘性上，这种幻想也增加了女人“纯粹性欲”的某种意味。

很多女人通常会幻想和自己的旧情人做爱。因为一旦她们有那种和陌生男子做爱的念头时，就会怀疑自己要么性冷淡，要么就是不忠诚的愧疚感。所以她们一旦产生这种“不忠”的念头的时候，就会开始潜意识的责备自己，强烈克制自己的念头。心理调查研究表明，几乎所有的女人在与男人销魂的时候，都会或多或少的代入关于旧日情人的性幻想在里面。

参考电影：罗曼史 Romance

她深深地爱着他，他却不愿意和她做爱，纵然她极尽挑逗之能，也始终得不到他的回应。倍感失落和挫折的她终于尝试出轨，她周转于各色男人之间，尽情享受久违的肉体欢愉。在背叛的圆圈后她终和他踏上婚姻之路，除了爱和性，婚姻大概还有另一种叫做责任的解释。

5. 女人有时会幻想与同性做爱

其实比起男性，有更多的女人会幻想着与自己的同性发生关系。原因很简单，女人之间的亲密度会比男人之间的亲密度更宽泛，也更不容易被察觉。即使两个女生关系再暧昧，都很少会被人怀疑成是同性恋。

参考电影：我想吃掉你 Je te mangerais

偏执的占有欲还是毁了两个美丽女孩儿的真挚感情，只是最后她看着她苍白后背大红色裙子被送走那一瞬间，眼神迷离，泪光闪动。

男人，跟亲爱的她一起幻想吧

你的她温柔如水，每次在床上都矜持得像个大姑娘。其实你喜欢女人主动一点，自己也能不卖力气的享受一回。没准儿你不知道，她内心充满御姐情怀，恨不得执鞭调教你这个坏小子，却一直以为你只爱小LOLI而未曾开口，怕伤了你的男性自尊。

如果你们大胆的交换彼此的幻想，也许会惊喜的发现原来交叉情节这么多。毕竟是自己亲自挑选的女人嘛，她的口味必然会和你大同小异。

趁着下一个月色迷蒙的晚上，关了灯褪了衫，两人相拥在温暖的被窝里时，先别忙着嘿咻也别背靠背做KAPPA状倒头睡去。不妨像第一次同床共枕时那样聊聊天吧。

你是男人当然要主动开口，老实交代自己的性幻想对象和场景。然后循循善诱，引导她逐渐打开自己的封闭已久的宝盒，让那些天马行空的幻想慢慢流淌出来。

把自己心底最隐秘的花园大门敞开，欢迎对方进入观赏。怒放的玫瑰，或者娇羞的睡莲，都摆出最妖娆的姿势，讲述着最诱人的故事。

这趟旅行也许比床上香汗淋漓的交欢更加畅快，你知道了她最渴望的方式和技巧，她了解了你最迷恋的气息和情节。

亲爱的你们一起做梦吧。你和她都是最佳编剧，配合默契的合作一定诞生最完美的作品。进进出出的重复动作只是到达高潮的工具，梦幻般的气氛才是剧中最吸引人的桥段。

春天就要来了，万物复苏，繁殖旺盛，欲望升腾。春阳让小动物们都蠢蠢欲动，荷尔蒙趋向沸腾状态。别再压抑你体内飞速膨胀的欲望了，把宝贝的她搂在怀里，一起做个完美的春梦吧。

梦里你身体壮硕，英武健壮如米开朗基罗的雕塑大卫；梦里她貌若天仙，N罩杯的魔鬼身材令你难以自持。梦里你们用对方最渴望得到的抚慰交合，清风过处，世界不再存在，只有彼此的身体和眼神独立于天地之间。

发现了没？

一起做梦更愉快。

甜蜜小贴士：测测她的性幻想内容！

所以既然性幻想有益无害，你又何必紧紧抓着她的性幻想对象是谁是不是比你帅气的金城武，比你深沉的梁朝伟，比你优雅的王子殿下。你就放手让她去想吧。也有调查显示让女性们感到兴奋的性幻想还有助于减肥。当你的她按捺不住想要吃零食时，不妨想想性爱，当脑海里充满性想象时，会使人肥胖的零食自然就被抛到脑后了。有时候如果气氛融洽，还可以适当和你的她分享一下幻想主题呢，当然不要尝试多了哦，毕竟那是她心底的小秘密，如果全都说出来了，想必以后相处就枯燥无味了呢。

不如和你的她来做一个我们的王牌小贴士——小测试。

当你和你的男友有了更进一步的发展时，有一次他带你去电影院，你在选择影片的时候会倾向于选择何种片子？

A. 恐怖片

B. 喜剧片

C. 爱情片

D. 情色片

A. 恐怖片

调情指数：★★★

之所以选择恐怖片，其实你的内心里是在想对他发起挑逗，暗示他，你有和他肌肤相亲的潜欲望。你当然不想太直接的表露这种心思，所以你需要在恐怖氛围中的自然的肌肤之亲来慢慢培养你们身体上某种共鸣的发生。

B. 喜剧片

调情指数：★★

你是个单纯的女人，可能性意识启蒙的较晚，对于调情你还没有太多的概念。你不会主动对你爱的人有某种性方面的企图，基本上你是属于比较“乖”的那种恋人。

C. 爱情片

调情指数：★

你比较重视的是精神层面上的性幻想，很多时候，你觉得牵手拥抱就能满足两个人的亲密需要。在调情方面，你还不至于是呆若木鸡，但级别实在算不上高。

D. 情色片

调情指数：★★★★★

没什么可说的了，你是个标准的“色女”。调情对你来说简直是驾轻就熟了。你会认为性爱本身就是两个人之间理所当然的亲密表现，没什么好去掩饰的。没有做怎么会有爱呢？

情爱和爱情在女人心中的比例

女人不是一种生物，每个人都有各自的答案！

女人是一种奇怪的生物，有人说这个世界不管是物质还是精神之所以一直螺旋上升，就是因为女人对这个世界的要求越来越高。不管你相信与否，从远古的希腊神话中的《特洛伊城之战》到中国的陈圆圆，杨贵妃，甚至热门电影《赤壁》也要召告天下，男人们是为女人而战的。那么情爱和爱情呢，它们在女人眼里到底孰轻孰重？

人们心中情爱和爱情各占多少

《新世纪周刊》与某网站曾经做过一份网络调查，打算通过调查，对中国人2008年的情爱状况做一概括性考察。问卷包括爱、性、婚三大部分共46道题目，基本上覆盖了中国人情爱生活的重要方面。从2008年的12月至2009年的1月，共有3万多人次参与了调查。因各个部分甚至个别题目，有其不同的适宜填答人群。

总的看来，2008年中国人情爱状况日渐趋于“平淡”。

而在这个平淡的外表掩盖下，岁末年初，在参与答题的1万多人中，有75%的人把票投给了“相信”这世上有真正的爱情。说明依旧有大约七成的人选择相信爱情，这不得不算是一个仍然让人抱有希望的数字。而根据调查，现代人的爱情观呈现出三个特点，分别是多变性、流动性和网络化。多变性主要体现在一个人的多方角色扮演上，有人一手拉着前男友的手，另一只脚却踏在新男友的床上，有人婚姻失败因为小三插足婚后却成了他人婚姻家庭破裂的罪魁祸首，多变性也主要来源于现代人的危机感和缺乏对他人的信任。而流动性和网络性是远距离恋爱，异地恋，网恋的起源，也是结果。网恋发生的概率不如异地恋高，相差18个百分点。1万多人中，43%经历过或正在经历着网恋。但不妙的是，在那些经历过网恋的人中，81%都以失败告终。“爱情甜蜜度”平均得分：57.95分。

在情爱方面，性伴侣首当其冲成为了调查数据的炮灰，人们选择性伴侣，要么1个，要么4个以上，在备选性伴侣数量上，调查呈现出两极分化趋势。多数人认为性、爱不可分，认为能与之发生性关系的，得是两个相爱的人。24%的人在观念上严格地把性活动限制在夫妻间。另有22%的人认为“无所谓，性就是性”。后两种观点，一个相对保守、一个相对自由，力量均衡。“性满意度”平均得分：59.68分。

女人心中情爱和爱情各占多少比例

这样看来情爱和爱情在一般人眼里其实不分上下，那么一般女人心里，情爱和爱情又大概是怎么样的比例呢。

由爱情开始来转去情爱是走向欲望，由情爱转去爱情是走去心灵。而现实生活中无论是欲望还是心里的力量，都是女人们所不可或缺的重要组成部分。所以情爱和爱情各占旗鼓相当比例才能让女人们踏实，男人们安心，两个人融洽相处和生活。

然而每个女人由于性格不同，相对地对于情爱和爱情在心中的划分也就不同，我们只能尝试着用性格来划分她们心中各自对于情爱和爱情的幻想，来判断她们的需求。而不是拿着女人们心中这个比较重要就死认一条路一直追到底，要学会活灵活用，才能真正了解女人们的内心世界和你所需要的她的真实想法。

那么，拿女人们感兴趣的十二星座的具体性格来做例子再恰当不过了。

白羊座（3.21—4.20）

白羊座女人似乎天生就与炽烈红色结缘，刚强有余，温柔不足的她们永远是活力四射，性格直爽。在恋爱中也往往是新恋人层出不穷，一般都会担当主动的角色，而对旧恋人也是绝情的，不留任何眷恋。然而他们遇见能叫自己倾心的对象时也往往有极强的占有欲，并且陷入自我陶醉的狂乱幻想中，呈飞蛾扑火的备战状态，不过激情来得快退得更快。

情爱方面，白羊座女人往往让情人在纵情的夜晚如同听命的奴仆，热情奔放。

甜蜜小贴士：面对白羊座女人，你可以给她的情绪降降温，让她更冷静地面对感情和生活上所有让她抓狂的琐事。

金牛座（4.21—5.20）

金牛座女人往往如大海一样，拥有强烈的吸收力，感性又冷静。他的气质忧愁压抑，但是往往会聚集到一定限度时爆发，如山崩一般无法阻挡。她做一件事之前考虑周全，三思而后行。金牛座女人还拥有很强的耐性，刚柔并济，她毕生追求的目标就是美丽的爱情以及富有的生活。

在情爱上，金牛座女人对伴侣的占有欲很强，重视和对方的默契度。同时她也善于保持自己的一贯步调，不允许任何改变。

甜蜜小贴士：面对金牛座女人，请试下将你的心态放平稳，给她多一点时间再多一点点信任，她会变得更爱你。

双子座（5.21—6.21）

性格开朗的双子座女人热情且具有活力，往往周围的人都会不自觉地被她带动。她们的情感如春天一样绚丽夺目，对爱情也是充满渴望。但是她们也会时常过于敏感，往往会因为一点小事就会感到失去了很多。

情爱方面，她们对伴侣并不会一味的顺从，而是喜欢经常叫对方得到惊喜，所以她们很容易成为精力充沛的冒险家。

甜蜜小贴士：平平淡淡的日子难于激发双子座女人潜在的热情，尝试给她富于变化的生活，你们之间会更多欢乐笑声。

巨蟹座（6.22—7.22）

巨蟹座的女人们对人温婉柔和。她们富有极强的洞察力，但又有着捉摸不定的性格。她会全身心投入一份感情中去，对他人关心备至，极富有母性。她可以不惜一切追求她所追求的爱情。但在情感生活中，不管自己的感情多么强烈炽热，也会装作默不作声，等着对方先行动。

巨蟹女人的情爱必须有感情的基础。与白羊女截然不同的是，巨蟹女喜欢做默默无闻的配角，让伴侣担当主导者的角色。

甜蜜小贴士：她们时常容易敏感而情绪不稳定，请给予她们充分的安全感，给她们鼓励以及信心。

狮子座（7.23—8.22）

狮子座的女人总是充满着热情的能量，随时可以感染周围的人，总是可以成为万人瞩目的焦点。有时候，为了实现自己所期待的爱情，狮子座会不惜一切代价去争取。她们永远不会承认自己失败了。一旦她们认定的感情破裂失败了，她们会受到极大的打击，很长时间内都难以恢复情绪和状态。

在情爱方面，她们比较直接出击，主动而热情，勇猛而迅捷，这常常会给另一半带来一些压力。

甜蜜小贴士：她的性格高傲而自负，如果谁想博得她的青睐，恐怕必须具备超常的能力。你必须有能力带给她光明的前景，否则她不会将自己托付给你。

处女座（8.23—9.22）

处女座女人性情安静，看问题很实际，有着坚强的内心，善良纯洁，做事有条不紊，细心全面。她们对待爱情虽然有些慢热，但绝对是认真的。她们不喜欢把爱大声宣布出来，甚至当爱情降临，她们会选择躲避。但她们一旦坠入爱河，就会无条件地付出很多。

处女座女人渴望温柔完美的情爱，但往往也是因为这种过高的要求，而闹得双方不欢而散。

甜蜜小贴士：处女座女人们总是试图将自己的激情和冲动置于理智的控制之下，有时甚至放过了有利时机。记住你不要让她感到遗憾，给她完美需求。

天秤座（9.23—10.22）

天秤座女人浪漫、优雅、有气质，她们有着丰富的内心世界，渴望在充满艺术幻想的环境里生活，她们温柔脆弱，很容易交往，但有些自恋。在生活上，对另一半有着强烈的依赖心理。她们喜欢被人们环绕在身边的感觉，想和所有人保持亲密的关系。

天秤座女人认为情爱只是生活中很平常的一部分，因此，不会过于追求新鲜感，她们更愿意关注另一半的状况。

甜蜜小贴士：她们喜欢浪漫，喜欢花朵，喜欢诗情画意，喜欢沉浸在爱河中的那种感觉，这是你们生活中不可或缺的部分哦。

天蝎座（10.23—11.21）

天蝎座的女人们在观感方面总给人一种高深莫测的神秘，天蝎座的女人含有一种不曾爆发的深沉和浓郁，让人琢磨不透，看不见底，却变幻多端，风貌无穷。她们对待感情有些自私，嫉妒心极重。她们的爱情因此有时候会变得盲目而惨烈，有时会把自己爱得遍体鳞伤，而有时甚至是爱得莫名其妙，更让人绝望的是，最后已经四面楚歌而她们仍坚持不悔。

在情爱方面，一旦和对方进入了状态，便会全心全力，极富有奔放的热情，像一团火焰点燃你。而且持久的耐力也是天蝎女人的一个非常重要的特征。

甜蜜小贴士：如果没有深爱的人相伴，她们会觉得心里空旷寥落。所以多拨出来点时间陪她，和她在一起被她的浓郁感情所感染。

射手座（11.22—12.21）

射手座女人热情活泼，清新开朗，语言幽默，擅长交际，从里到外散发着一种自由的激情。她们内心中向往的，是一种纯真、理想主义的爱情。

射手女人在情爱方面是最具性幻想的，真诚而又疯狂地迷恋情爱。

甜蜜小贴士：给她自由是最重要的，不要绑着她让你的她时刻有压力缠身。

摩羯座（12.22—1.19）

摩羯座的女人生性带着点傲气，做事情谨慎认真，看上去甚至有些古板。面对爱情方面，摩羯女最大的问题就是，她会任凭对方追求，一旦陷入一段感情，会非常坚定执著地为着两个人共同的目标不懈努力。

你跟她们说情爱？她们对工作和事业的热情会更高一些。当然有时候偶尔的刺激也是必要的，所以摩羯女有时候会非常疯狂，但这也是出于要减轻压力，以便更投入地在工作中发挥自己。

甜蜜小贴士：她们在一份感情刚刚开始的时候，会显得腼腆而笨拙。随着时间的推进，可以慢慢接纳这份感情之后，表现就会好得多。给她时间和耐心去和你逐渐相处。

水瓶座（1.20—2.18）

水瓶座女人有着丰富的想象力和创造性，在为人处世方面有着自己的一套原则。有时，她们会做出出人意料的事情，尤其是在爱情方面。她们永远把爱情排在第一位，但是并不容易一见钟情，而是更希望从朋友做起，在时间中积累沉淀感情。

水瓶座女人在情爱方面强烈要求新鲜感，很容易一心多用。

甜蜜小贴士：给她温柔的感觉，让她沉浸在你制造的理想国乌托邦里吧。

双鱼座（2.19—3.20）

双鱼座女人善良而又善感，她们温柔似水，不乏追求者，因此，更容易获得宠爱，她们需要童话中王子一般的角色来呵护她们的浪漫情怀和赤子之心。她们细腻的感情和丰富的幻想，让人不胜怜爱。

双鱼座女人在情爱方面不愿让对方失望，她们非常敏感，敢于提出大胆的要求，不会隐瞒自己的感受。

甜蜜小贴士：她们宛若小孩子般长不大的性格会使自己难免为情所困，黯然神伤。这个时候请别让她们独自陷入爱的深渊，和她一起度过低潮期。

爱情是最后一块净土

也许有人会讲这种问题当然是因人而异的，不是吗，有人追求圣洁的爱情，有人追求肉体的快感，各有所好，可事实真的是这样子吗？

如果她还是一个妙龄的少女，她一定对这个世界充满美好的向往，一段不管是甜美或是惊世的爱情都将纳入她对未来的规划中。偶像剧中灰姑娘和白马王子的故事，是她梦里美美的期待，这些都无法否定。

可是，如果她受过男人的欺骗，带着一颗受伤的心，沉入欲海，从此不在滚滚红尘里沾染，只剩下一具被荷尔蒙操纵的躯体，你让她如何对爱情产生幻想？可是此时她真的放弃对爱情的期待了吗？一场场无法真正达到高潮的性爱，一个个寂寞难耐的夜晚，一年年寒冷无人依偎的冬天，这些都在提醒着内心最真实的需求，欲女们也是需要一个知心爱人。我只举两个众所周知的欲女的故事。

潘金莲：潘金莲成名于施耐庵的《水浒传》，通过这本书大家认识了潘金莲这个人，而后《金瓶梅》甚至以她为命名之一的女性，而她在这两本书中的极度演绎，使她几百年来，一直被钉在历史耻辱柱上，成为妖冶、淫荡、狠毒的典型，一个真正的欲女。难道潘金莲真的只是这个样子吗？

在我看来，她就是一个封建传统社会制度下的牺牲品，而且是一位敢于用极端手段和极大代价来追求爱情自由和人的性的权利的奇女子。她不应该承受几百年来世界对她的“淫妇”等道德意义上的唾骂。

潘金莲自幼为奴，后被卖与矮小丑陋的武大郎为妻，她别无选择，只能忍受。可是她毕竟是一个活生生的人，而且年轻美貌，无论怎样压抑，她毕竟需要感情生活，需要性的慰藉。当她与武二郎相识后（相似的在《金瓶梅》里，她还会遇见西门庆)，她的意识就觉醒了，并走入许多不幸婚姻迫害下的妇女走过的道路：偷情。对于美好爱情感情生活的向往，使她内心的火热情感爆发，如久枯干柴遇火，一发而不可收，杀死了武大郎，义无返顾地走上她悲剧的人生。这就是潘金莲，一个舍命追求自由恋爱的可悲末世女子。

妓如花：50 年后，如花苦等陈不得，遂上阳间来寻。此时已是 1987 年，时过境迁。如花得袁及其女友凌楚娟帮助，终于在一家制衣厂找到早已潦倒和衰老不堪的十二少。如花将胭脂盒归还，留给十二少一句谢谢她，我不想再等了。他望着她离开的背影，一遍又一遍地喊着她的名字……

李碧华的小说《胭脂扣》中，妓如花是石塘咀的名妓，可以说是欲海中纵横驰骋的人，也应该最看得清这个世界上情情爱爱的虚假，是什么让她在死后也无法释怀，还要受尽那样的煎熬，只为了找一个其实她心底早就应该知晓的答案。

爱情，一个全身心属于自己的男人——十二少。终于她还是动了情，变得那般软弱。身世的差异，伦理道德，这样的一把把利剑，最后把她穿刺得全身是伤，而她却依然执迷，人鬼殊途，也要一探究竟。

也许有人要说，对呀，可是还是有一种女子，她们对这个世界无欲无求，或是已看破红尘，爱情和情爱在她眼里画等号，只不过是一种可有可无的生理需求。

我想薛宝钗也许就是这类人中的代表人物。一开始就被冠于“冷漠无情”的女人，她是“山中高士晶莹雪”，无欲无求，她是封建道德最彻底的信奉者和实行者。

但是曹雪芹也说她“淡极始知花更艳”“任是无情也动人”，这就是我要说的，她只是很好地克制了自己的情感，不让它表露在外。很好地保护了自己，在那个社会背景条件下，她不像黛玉那样不管不顾，一味地表白自己，追求自己的爱情，她藏得很好。

可是她还是露出了内心的真实想法。宝钗是一个拥有大智慧的人，她对现实有清晰认知，让她能恰如其分地处理事情。如果不是爱情，她如何会为宝玉挨打直白说出她心疼，坐在他床旁为他针袖，更不用说违反她一向的圆通的为人处世原则一而再地讨宝玉嫌地劝导他用心功名。她劝宝玉博取功名，并非她不知道宝玉想要的是什么，而是她深刻地认识到这个家族快走到它的终点，而她也只能寄希望于宝玉了。

生活中上面的这些人物一直在这个世上续演着，剧本可以不一样，可是她们的情感经历却无法摆脱这样的事实，她们为爱情付出一切，一切只为了心中圣洁的爱情。王菲说过“每个人在心底最深处是寂寞的”，可是她依然一而再的相信爱情。

爱情是一朵纯洁的水仙，在寒冬中发着淡雅的幽香。藏在女人的心里，慰藉着女人一片如水的春心。对于女人来说，爱情是最初的也是最后的一块净土，在女人心目中非比寻常。

王者归来，最后的赢家——情爱

有些词被创造出来就是用来贱踏，比如爱情……当那些轰轰烈烈的爱情被岁月无情的磨平，女人们剩下的是日复一日的重复，以及永远无法跨越的世俗常务。女人们把持着一日日老去的身心，叹望往昔的一切，爱情是什么，万物归宗，你们的生活只剩下无尽的情爱以及麻木。

《好奇害死猫》里的女主人公就是这样子，她已经拥有过让人艳羡的所谓爱情，拥有相当的社会地位金钱以及可爱的儿子，可以说她的生活已经没什么可说的了。可是她在日复一日的家庭和孩子，孩子和家庭中麻木，最后还要面对背判的爱情。终于灰心绝望，对这一切的怀疑采取极端的反抗，放纵自己于之前根本无法忍受的情爱以及悲剧的人生中，只为了报复这虚假的一切。

没有了爱情这块净土，心灰意冷的女人们开始武装自己，不再怀着那样的单纯幻想，她们开始为自己打算。有人说这个世界越来越女权化了，我想这就是因为人类社会发展到现在公元 21 世纪，更多的女人醒悟了，不再为那些如昙花一样可遇不可求的爱情付出一切。女人们开始为满足自己的性需求，为这样最本源的生理需求，武装自己，不管是越来越多的装饰，还是获得越来越多的社会地位金钱，在各色不同的男人间穿梭，释放自己的欲望。一切的一切不过是为了猎奇，为了满足自己的虚荣心以及无法排解的内心最深处的寂寞，爱情也无法填补的空虚。

女人啊，她对爱情还有美好的向往吗，她还在现在的生活中等待那一个唯一的骑着白马的男子出现吗？那么不要放手，去吧，去追逐她理想的爱情吧，不要让大把的青春虚度，不要让那片净土空着，播下种子，让它开花结果吧。

女人啊，她已经只剩下对世界无言的情爱了吗，她追求名利地位或是守在自己天空的一角，她被人戏称花花世间欢快的游客？那么不要怀疑自己的选择，她知道的，那些该过去的总会过去，最后还是要靠自己，如果这是必然趋势，那就这样吧。

爱情没有太多的道理，当恋人把眼睛往锅里望第一眼的时候，下意识就已经做好碗砸的准备，这可不是最简单的道理——哪怕对方不发现，两个人之间感情的裂痕也是布下了，无从磨灭。

如果真的怕丢了碗，把碗捧在怀里的人，是有基本的比对常识，不会因小失大。所以啊，爱很简单，不管是恋人、情人还是夫妻，不很爱对方了，才是一切问题的根源。

难以取舍的依恋，请不要将它称之为爱情。爱情是对方可以拯救自己的灵魂，点亮彼此的生命。当真的爱情不那么沉甸，感觉、道理、追逐道理、搜索道理、分析道理，就成了大部分人孜孜不倦探讨的问题。习惯一个人也好，习惯两个人也罢，哪怕是三个人的电影，说到底，爱和不爱而已。

不爱的时候，何苦要通过判断来让自己坠入爱河？

爱的时候，需要理由来解释自己为什么执著？

女人喜欢擦香水的男人么？

不会用还不如不用

你兴致勃勃把杂志内页赠送的香水小样擦在手腕上，在她面前挥来挥去问“好闻吗好闻吗？”她勉强从牙缝里挤出一句“还行”，别扭的表情分明透露出不喜欢的意思。奇怪，前几天她明明说过那个男明星谁谁谁用香水很有品位啊。

“香水男”的境遇为何大不同?

昨天她下班后不停赞叹公司里某男品味非凡，香水用得恰到好处，有画龙点睛之势。今天又埋怨同办公室的又一男，简直把公司当夜店，不知道哪个成人用品商店买来的情欲香氛，哗啦啦涂了一身，搞得大家都不能安心工作，烦不胜烦。

虽然不是在数落你，可你还是在心底捏了一把汗。小小的香水貌似学问多多，她最新的时尚杂志里也出现了长达三页的正反面介绍，男人与香水不得不说的故事。

香水本来就是应该使人迷醉的东西，闻上一鼻，心旷神怡，飘飘然若羽化而登仙。否则的话，浪漫成性的法国人何必费心费力研究花草，成吨的花瓣榨取一小滴晶莹剔透、芳香醉人的小香精。

同样是靠气味吸引异性的“香水男”，受到追捧和遭到唾弃之间，就隔着薄薄的一本“男人香水使用大全”。

紧张的办公环境里，压力催生负面情绪，眉头紧皱的她经过你身边，闻到淡淡的檀木清香，心情竟然神奇的缓和下来、情绪也渐渐松弛。刚刚还哈欠连连的困顿感一扫而空，随着你脉搏跳动的节奏，逐渐神清气爽起来。

月色迷蒙，气氛浪漫，你和她的第一次约会美妙顺利。夜色中你的西装里隐隐流露出麝香的气息，既性感又暗藏挑逗。从她脉脉含情的凝视中，你确定了今晚会有美好结局。

就像神奇的魔法棒需要正确的咒语，美妙的香水也需要正确的使用方法。如果你深谙其道，每处落香都如同神来之笔，她会媚眼一抛和你一起去私奔。如果你盲人摸象，即使不是低素质游客般乱涂乱画，但只要一个小细节出了错误，她也会摊开手和你说不用再会。

女人们到底喜不喜欢男人们擦香水?!

女人们是否会喜欢搽香水的男人取决于男人们是否懂得。当男人们懂得香水的妙处了，她会媚眼一抛和你一起去私奔，如果她不满意，哪怕是一个小细节出了错误，她会摊开手和你说不用再会。简单来说，女人们喜欢会用香水的男人们，不喜欢不了解还要乱用香水的男人们。

要想营造最佳相处气氛，搽香水的男人们必须学会如何适当地使用香水，如何投其所好地满足女人们对你香水的要求。

压根儿不知道香水为何物的臭男人也许会因为强势的男人气息，得到更多女人的青睐。

海盗服固然很帅很有型，但不是每个人都有强尼戴普的混蛋范儿，拿捏不住尺度的话，只会成为穿着一身破布条的大笑柄。

香水也一样，本来就不是必备物品。不像卫生纸，离开它就无法正常生活下去。

白开水无色无味，大家都爱喝。身体也是一样的道理，如果你没有令人作呕的狐臭，何必大张旗鼓的遮掩自然体香，不得当还会适得其反。

其实有的时候，男人不经意间散发出的淡淡烟草味，更有魅力更能拨动女人的心弦。

或者干脆什么味道都没有，犹如一张干净的白纸，留有无限遐想的空间。

最受女性欢迎的男人使用香水的部位

这里有个小调查也许可以帮助男人们了解女人们。调查显示了最受女性欢迎的男人使用香水的部位。

第一位是颈部，约有 28%的女人们会在男伴开车时候，侧脸闻到微风带过男伴颈部的香味时候心跳突然加速。不妨想象一下这样一个场景，当女人们轻轻将头依靠在男人肩上，她们的脸无论是正对着颈部还是朝着其他方向，颈部的香味所能给人的冲击无疑是最明显的，她们会陶醉在你颈部的香气里不愿意苏醒。

第二位是耳后方以及胸膛，这两个部位各占了23%。这23%的女人们无法抗拒来自男人们耳朵后方香味的诱惑。而女人们和你咬耳朵，讲悄悄话时更容易被你的耳朵所吸引，情话绵绵，慢慢甜蜜入耳的感觉，美好得让人不忍停下讲话的欲望。

另外23%的女性则喜欢依偎在男伴们胸前时不经意嗅到的香水味道，这会让她们心神安定。她靠在你胸前，小鸟伊人，一边听你心跳稳重中不时带紧张乱蹦，一边嗅到她喜爱的森林香气，充满活力和生机的形象立刻让她无比安稳和你继续走下去。

第三位是手腕，越占14%的女人们喜欢和男伴们执手相握时候带起的淡淡香水味道。无论是枯燥的交际舞会，你轻轻执起她的手，拉她缓慢踏入舞池，还是在林荫大道上，你略有些害羞地牵起她的小手然后你们十指紧扣，那隐约的味道似有似无的感觉，仿佛挑起女人们的好奇心，和你一起上路去冒险。

用香法则

既然男人们不甘示弱，想要和女人们一争长短，那么在香水的使用上就要多下工夫，你们常说要知道一个女人有没有品味，就从她身上的香味开始，既然女人都要如此科学，细致的去挑选自己的“香味”，那男人当然也是一样，下面我就为男人总结了几条原则。

你们通常知道场合、服装等等会影响香水的使用，其实就连时间、情绪的不同也可以对香水加以选择。

比如在紧张的压力之下，花香型的香水就可以使你心旷神怡。而清晨起床，混混的头脑无法很快进入状态，那么沐浴后就可以撒上一些酒精成分高的香水。在办公室当然不能用刺鼻的香水，可以晚上外出时使用。

而且香水的选用还要留有余地，比如参加葬礼或者宗教仪式，最好就不要用香水，那样会让人觉得你不够严肃，而参加婚礼或别人的重大庆典时，自己并不是主角，选用香水的时候就可以选择淡一点的味道，以免喧宾夺主。

其实不管什么香型，香水使用过量都是失礼的表现。香水是高品质生活方式的表达，男性香水的幽香是个性与爱的传递，是在诉说你的优雅迷人，热情亲切或内敛沉稳，而把香水用得恰到好处，不露痕迹的男人，必有胜人一筹的品位。

爱不爱不是香水的问题

每个人都有属于自己的味道，而你的不一定是香水。她欣赏新来的男同事淡淡的古龙水，但也许更喜欢你领口处阳光和肥皂混合的清香。

女人是火眼金睛的白骨精，早就把你里三层外三层看了个一清二楚。你是什么林子来的什么鸟儿，她心里的小本子上早有记载。

如果你是清新可人的白衣少年，何必画蛇添足地喷上一身艳俗的气味，遮掩木头般原味气质不说，还硬邦邦的惹人讨厌。

如果你是时尚先锋气质型男，穿西装笔挺，穿休闲帅气，浓香不显妩媚反衬阳刚，淡抹难掩气场更添风采。无论什么味道都和你的气质一脉相通，那也别费心研究今天应该选择哪种香型了，就是一身大蒜味儿，该爱你她还是会继续痴恋的。

如果你的长相和气质都已经超过地球人类的承受极限，花见花谢鬼见鬼哭，那拜托也别糟蹋人家辛辛苦苦研制出来的香氛商品了。那几百大洋不如留下来好好过日子，或者找个靠谱儿的婚介踏踏实实登个记等待上帝的垂青。

无论怎样，香水很无辜，因为女人爱不爱你其实都跟它没有任何关系。

她爱你，合适的味道可以锦上添花；她不爱你，你把自己喷成移动香薰器也没用。

所以说，纠结香水问题简直太无聊，无聊的男人不讨人喜欢。

女人的鼻子也很感性，闻香识人，一鼻子嗅进来，立刻将眼前的男人归类定性。擦香水的男人啊，可以很气质，也可以很乡村。

女人是感性动物大家都知道。逻辑道理统统靠边儿站，感觉才是第一要义。一进门就带着一身浓郁的劣质香水味，不管这位先生多美型多白净，或者多爷们儿多粗犷，都瞬间被打入冷宫永世不得超生。

你说你买不起正版阿玛尼，那就不要喷了好不好？哪怕买块上等的舒肤佳香皂，放在衣橱里熏一熏，出来的味道也算清新自然，总好过用不伦不类的劣质香一鼻子呛死人吧。

聪明的男人不会故意卖弄味道，弄巧成拙。这方面女人永远是专家里的精英，天赋异禀，嗅觉敏感，比缉毒犬更机警敏锐。

如果不明就里干脆绕道而行吧。费心研究香水问题的功夫，还不如拿来修炼自己的男人气质。有味道的男人最魅力难挡，而这种味道不是靠人造香氛创造的。

甜蜜小贴士：星座决定香水类型

这次的甜蜜小贴士受上一节的启发，决定由十二星座的角色来提供男人们应该搭配什么样的香水才能让你的她瞬间动心。

金牛座（4.21—5.20）

金牛座的男人工作态度非常认真，同时也是个对生活品质很有追求的男人，他们就是懂得享受工作与生活的一群人。因此，这样的男士比较适合用富有成熟气息的香水，比如柑苔清香类的，成熟又有些内敛，最适合金牛座性格的男士使用了。

双子座（5.21—6.21）

双子座的男人生性幽默风趣，很健谈，因此尤其热衷于群体生活，总是可以在其中交到很多的朋友。在一个团体内，双子座的男人往往是核心人物，因此他们适合选用那种比较清爽的香水，像熏苔花香类的香水，不浓不烈，刚刚好的宜人气息，就很适合双子座的男人。

巨蟹座（6.22—7.22）

巨蟹座的男人有着温柔可人的气质，性格也很温和，所以较甜腻的香水会比较适合他们。柑苔花香类的香水，其原料主要以玫瑰为主，有的会在香水内加上一点儿薄荷油，这样香味会在浓烈中略有复杂之感，特别适合巨蟹男人的气质。

狮子座（7.23—8.22）

狮子座的男人天生就有着一种威严的气势，即使他们长得一般，也会很有王者的风范。这样的男人最适合用浓烈的香水了，首推东方辛辣类的香水。这种类型的香水晚上喷洒效果最好，尤其是在冬天的时候，会让你浑身散发着一种贵族的气息，就像王子一般牢牢锁住女人的目光。

处女座（8.23—9.22）

处女座的男人做一切事情都力求完美，但其实他们的生活很简单，会从容不迫的将一切事情处理妥当。因此，这样的男人最适合那种闻上去气息富有生活化的香水，比如柑橘清香类的就很适合他们。

天秤座（9.23—10.22）

天秤座的男人总是给人一种平和的感觉，让人觉得和他们相处既轻松又自然。天秤座的性格本身就很温暖，因此当有朋友悲伤难过需要人安慰的时候，天秤座的男人是最佳人选。这样性情的人适合淡淡的嫩草味的香水，伴着一点点的烟草味，暖暖的感觉很有亲和力，让人很想接近。

天蝎座（10.23—11.21）

天蝎座的男人总是会显得气质独特高傲，时刻需要有人来关注他们。这样的男人适合比较浓厚一点的香水，并且在这种厚实中还要带一点点的媚气，让天蝎尊贵的气质完全的彰显在空气中。

射手座（11.22—12.21）

射手座的男人天生就有享受的命，因此性格里带着点贵族气质，这种男人最适合用带有喜气的香水了，像柑苔木香类的香气就仿佛把人带到了古老的贵族王宫的感觉，这种香水能将射手男人尊贵的气息一展无余。

摩羯座（12.22—1.19）

摩羯男是典型的大男子主义，就像是国王一样掌控一切。他们最适合柑苔皮革香类的香水了，因为这种气味的香水能把男人那种威严的掌控欲表达得淋漓尽致。

水瓶座（1.20—2.18）

水瓶座的男人是最有吸引力的，他们时而单纯如孩子，时而高深莫测让人捉摸不透。这样的人适合使用中性气息的香水，这种气息给人一种平易近人的感觉，能够比较容易被人接受。

双鱼座（2.19—3.20）

双鱼座的男人给人一种优柔寡断的性格，虽然工作上的表现不大容易看得出来，但是私底下你会发现，他们其实是特别需要个人空间的幻想的一种人。他们适合使用的香水应该在中性中略带点淡雅的气息，比如像熏苔花香类的香水就很适合他们的气质。

女人怎样才会说“你很娘”？

你要这样就别怪我说你“娘”

大马路上，看到一男撇一销魂的内八字，一边嘟着让人头皮发麻的嘴，一边对着手机发嗲“你怎么还没来闹”。当时我离他的位置有5.99米远，但是一秒钟之内，我希望我已经远离他599米之外，因为他成功地让我的鸡皮疙瘩站立了起来。

被女人说“你很娘”，男人心中作何感想。我明明是个男人，为什么要被说成是娘。让我来解释给你听，因为你的行为举止语气思想太过于女性化，有悖于“爷们”的风范，所以大家赏赐了你一个“娘”字作为评价。

“娘”男人的特征

而一般被认为“娘”的男人有几个相同的特点，他们会做家务，懂得饮食，化妆，他们懂得照顾人，体贴人。人们常常觉得“娘”的男生无法事业有成没什么本事，然而在现实生活中究竟又能有多少事业有成的男人们会时刻对自己的她体贴照顾给她幸福呢。这时候，大概能让他的她体会到幸福滋味才是有本事，管你是“娘”还是“MAN”。你若连老鼠都抓不住，那么“狗拿耗子，多管闲事”，这句话其实也就不再应该是由你说了。

就好像一份调查里所列举的“娘”的特征：

有自己的护肤品，包里常备护手霜。

这没什么不好的，当你的她不记得带必要的护肤品，有时候你们还可以共享。

买衣服有固定品牌，常常收到各大品牌的活动短信。

女友们会很乐意她的他是一个有品味的男人，且享受地和你一起去参加各大活动。

女同事总是第一时间与你分享明星八卦同事聊的热播剧，无论是国产、港产、美剧、韩剧，你全都看过两集以上。

有共同话题实在不是一件容易的事情，很荣幸你抓住了这么个好处，让彼此的谈话变得其乐融融。

定期去健身会所

女人们喜欢勤奋的男人们，尤其在对自己身材要求上。

负责买菜、买酸奶和回家做晚饭。

要想栓住一个人首先要拴住她的胃，这一点对于女人来说同样管用哦。

习惯抱着女朋友看电视，电视没意思的时候给她涂指甲油。

温馨时光并不是王子骑着白马去救被敌人围困的公主，而是王子和公主懒懒地躺在床上一起看那出每晚黄金档会播出的电视剧。

男人比较娘并不是说他们缺少了阳刚，只不过不像阳光般璀璨热烈，更倾向于月亮般的阴柔。他们做事不紧不慢，说话轻声细语，动作缓慢有序，与传统概念的男性特征相悖。

他们的外观有着明显的特点，多是眉清目秀、下巴尖长脸，个子高高，腰身细细；他们会随身带镜子，一有空就会对着镜子拨弄自己的鬓角和刘海；他们拿麦克风或者喝矿泉水的时候手指会自动定位到兰花指；他们脸上出油的时候，会使用吸油面纸，而且不是粗鲁地擦，是轻柔地拍吸；他们讲话会习惯女人的用词，经常会以"啦，的说"来作为语末助词；他们上厕所尿尿的时候，不用小便池，会进去大号间；他们会画眼线，抹粉底；他们会在菜场与四五个摊贩一起讨价还价。OMG，除了外形跟女人不一样，他们真的还有其他差别吗？

为什么会有"娘"的男人产生呢？

在过去，男人总是担负着更多的体力活，要耕地、种田、扛粮、挑水，靠干体力活赚钱。这就必然决定了男人需要有足够结实的肩膀和强壮的身体，否则何以生存。而且过去战争纷乱，男人更是要征战沙场，流血流汗。"但使龙城飞将在，不教胡马度阴山"，如此的铮铮铁骨谁敢用娘娘腔来形容他？

但今日不同往昔，早已不是过去动荡的年代，不需要男人用身躯挑大梁。现在提倡“知识决定命运”，现在的“人才”二字不是以往的“勇”，而是现在的“谋”，五大三粗的男人比不上握着笔杆子的男人。现在的一代，都是从蜜罐子长大的一代。没种过菜，没扛过粮，唯一做的体力活就是学校大扫除时拿块小抹布擦擦桌子擦擦窗，回去后还要跟爸妈诉苦，今天搬桌子把胳膊累酸了。如此这般，你还能指望男人们不“娘”？长大后，工作了，也不过是在房间里吹吹空调，打打电脑，像圈养了太长时间的狮虎一样，安逸的生活让男人们也渐渐失去了血性。在这个法制文明和谐的社会，男人们也只能在游戏里练练PK、斯杀，在“骂娘”时变相得找寻男人的气概。

要“娘”可以 但请“娘”出品味

娘是一种特质，是一个时代的衍生物，你们清楚它不是变态，也不是畸形，它只不过成为了男人的一种表现形式。你们愿意去承认并且接受这种转变，“娘”你们能容忍，但请“娘”出品位。

◎有些娘出了味道 有些却娘出了“杯具”

“娘”确实形成了一股无法忽视的超强气流，然而有些娘出了特殊的味道，而有些只娘出了雷人的效果。《王的男人》中李俊基女性化的美让女人都妒忌，他的眼光是透过云彩的落日之柔而不是正午的烤顶之烈，或许是彩云的折射而多和煦少霸气。他的婉转、他的顾盼，都化身为美的符号，让女人无尽感慨“原来娘也能娘得如此有气质”。但这毕竟是少数的成功案例，更多的男人只做到了娘，而没有娘出气质，娘出精髓。

◎娘出时尚也是一种另类的美

虽然“娘”还未成主流，也被很多人唾弃，但不可否认，在时尚界，这种带着点叛逆的气质、异类得让人觉得耳目一新。近几年的时装周上，男模们纷纷以抹胸、高跟鞋、裙子、偏女性化的妩媚妆容出现在各大顶级品牌的走秀上，甚至连体内裤都在 T 台上走过；韩剧、日剧中那些如女人般美丽的男子让万千女子为之疯狂，他们挺拔瘦弱的身材，精致完美的五官，吹弹可破的肌肤，温柔可人的性格，无不彰显着曾经只属于女人的美，他们被冠以“花样美男”的称号，花一般的男子，怎会少了“娘”的特质；那些时尚杂志上，身穿小脚裤、打着围巾、画着烟熏妆，身材单薄得随时都可以被风吹走的模特们，让女人们见识了什么叫做“妖艳”。当“娘”与时尚接轨时，你们发现这一切并不作呕，反而带着一种暧昧得让人微醺的美。阳刚之中透着阴柔，再被定格到时尚的前沿，也是一种让人无法抵挡的诱惑。

如何做一个有品味有气质的“娘”男？

1. 现代虽然流行中性美，人们也开始懂得去欣赏男色，但切记不要鲜亮娇艳地去凹造型，不要让自己像一只花瓶，而要去做一个有内涵的象牙壶，干净、优雅、有品位地跻身潮流前端才是最好的选择。

2. 不要因为童年阴影或者自卑心理而多表现出敏感脆弱，多愁善感仿若林妹妹的特征，即使你的她有再多的宽容心和理解态度，也会因为你的一而再再而三地对自己失去信心，她的耐心也被慢慢消磨最后消失。

3. 学会不同方式的解压方法，舒缓身心。学会怡情解压，做自己喜欢做的事情，多出门接触到不同的人，学会与人交流而不是把自己封闭起来。学会做一个得体大方的男人。

4. 和你的她多聊聊天吧，和她一起去逛街一起去挑选家具装饰房子，让你的良好审美观发挥得更加淋漓尽致。

要么你就戒掉“娘”

你个人觉得自己没有潜力“娘”出时尚之美，而且你也没有坚定的意志走“娘”这条路，奉劝你还是走回主流的大道，这样也可以减少别人的目光在你身上的交汇频率。

1. 一旦有“娘”的行为举止出现，要随时在心中暗示、警告、检点自己，让“娘”的习惯在意识的强迫下扭转，多与比较“阳刚气”的男人接触，也有利于自己“近阳者刚”。

2. 一旦觉得自己的“娘”上升为心理疾病，存在着某种心理状态，就要及时找心理医生或者相关专家进行咨询诊治。

3. 如果测定出体内雄激素等性激素水平失衡，比如发现血睾酮水平有下降，则应采用睾酮类药物治疗。

4. 可以测定自己性染色体，测查自己的某一些“娘”的行为是否是性染色体异常病变引起，一旦是就需要进行一些医学上的治疗。

5. 如果自己自制力不够，也可让周围的人监督自己，及时提醒纠正自己的行为。

为了她，其实你也可以由 Man 变“娘”

女朋友觉得你太无趣？哥们说你太显摆大男子主义？你认为男人就该像个男人，而不是跟着女朋友屁股后头点头哈腰，结果这种理论却被她和她的闺蜜们一致鄙视？

如果真的爱她，就甘心为她培养出“娘”的一面！你有没有发现，当你开始像小狗一样撒娇，当你偶尔竖起兰花指，当你陪她挑帽子的时候自己挑出最可爱的一顶戴在头上装可爱，当你在地铁里见到大叔后假装流口水，这时候你在她的眼里，真的是可爱极了！心花怒放、千言万语化作无语，都融化在对你的无限疼爱里。

她知道，你其实是个大男人，你是个严肃上进、富有责任心和原则的真爷们，但是女人总希望自己是你一生中最特殊的那一个——哪怕她知道她不是你唯一的女人，哪怕她知道你四处留情，她都希望自己在你那里是特殊的那一个，总是有多一份认真，多一份特殊的——古时的小妾们都这样想，何况现在唯一的老婆大人？你愿意为了她，而偶尔卸下你男人的强势，只为了她一个人而去扮可爱，只为她一个人去装小受——这对于她来说，就是老天的馈赠，是你在爱情里能给她的最好的礼物。

扛姆昂卑鄙，这不是为爱妥协，而是点燃爱火的付出！

你想学吗——如何变“娘”？

每次她让你不爽的时候，威胁她如果再不对你好点，你就一路泪奔地去投奔大叔！她会要么把你立刻搂回怀里说：“宝宝不哭，姐姐疼你”，要么会冷笑着推你的肩膀说：“就知道想着大叔，你这个心不老实的小贱人。”

当她和你的哥们聊个没完，你要告诉她，“他是我的，不是你的，哼！”

生气的时候用两个食指对着点点，让她明白，你不是真的生气到不爱她了，她应该赶紧来安慰呵护你。

多呵护你自己，多打扮你自己！陪她逛街已经成为历史，现在是你们两个人一起逛街！让她陪你逛男装店和任何你感兴趣的店铺，让她知道等待和陪伴是需要付出耐心和精力的，让她明白有些看似没痕迹的付出其实是有分量，让她在明白你的心意的同时也学会用同样的方式去为你做自己不感兴趣的事。

娘娘的你，是多么可爱呀。

当然，在扮“娘”这件事上要有一个前提，就是你得尽可能让自己看起来清秀帅气，“娘”，是以帅为前提，以不让她呕吐为底线的！不然，你还是继续“Man”到底吧……

至于判断一个男人是否属于“娘”的类型，不同女人有不同看法。

有段时间网络上流行男人造型师的七大娘点：

1. 讲室内电话无聊的时候，会用食指去缠电话线。

分析：难道男人们还活在旧时代。用食指去缠电话线的场景不是应该只出现在旧上海老香港的怀旧电视剧电影中么？下午闲暇时光里，女人们正在百无聊赖地织毛衣，一边慢慢地从躺椅上起身，一边拨出手来接起不停响铃的电话，一只手还在长长的电话线上绕啊绕的等待在工作的丈夫们回家，或者和打电话来的闺蜜闲聊八卦老李小王的逸闻趣事。

2. 照镜子的时候，会去拨弄整理耳边的鬓角和额头的刘海。

分析：什么时候男人们也开始流行修鬓角和刘海了呢？当女人们一个个顶着厚刘海的BOB头意气风发地出现在CDB核心购物中心时尚秀场，男人们心里那位“妇女”你心思又活络了么？你又想改变面貌了么？请把重点词语放于“剥弄”上，私底下认为，在女人们引起风潮的BOB头正是因为女人们已经不想再“拨弄”她的秀发了，干脆剪一个简单方便的发型吧。

3. 喝矿泉水和拿麦克风的时候，小拇指会翘起来。

分析：这个濒临消失的连女人们时常都不用的动作——兰花指，被一些男人们玩得活灵活现，如果他们不去唱戏真的是可惜了。看来我们的国粹的旦角方面的重任要靠男人们柔弱的肩膀来托起了。

4. 感觉脸上出油的时候，会拿吸油面纸以轻拍的方式擦油。

分析：如果一个女人去一个男人包里翻出吸油面纸和镜子还有粉饼，请不用怀疑，你已经可以把他成功纳入你的闺蜜范围，让他教导你如何在炎炎夏日轻松地使用吸油面纸吸取脸部的油腻感觉，以及如何在冬日做好最基本的防晒不让白嫩的肌肤受到任何阳光紫外线的干扰。

5. 讲话会有特殊的语末助词。例如："啦，的说……"。

分析：如果一个男人时常在你耳边重复"是啊""不是啦""我认识的那个人不是这样的说"，估计无论男女都会崩溃。

6. 尿尿的时候不用小便斗，会进去大号那间上。

鉴于男女有别这个清楚的概念，这个算是个人嗜好吧，如果一个男人实在是喜欢且坚持去厕所有自己的一套规则，那么作为一个事外者，也只能当做视而不见了。

7. 上完厕所洗完手，会拿出手帕来擦手的。

电影里面时常备着一块手帕的男人们最后都成功俘虏了美女们的芳心，因为他们会在美女们哭泣得梨花带雨时及时掏出手帕。个人对随时备用一块手帕倒没意见，甚至还有些推崇，毕竟有环保又有绅士风度，女人们会觉得亲切和贴心。

女人怎样才会说"你很MAN"？

MAN不MAN女人说了算！

你半个月没刮胡子了，胡子已经滋长得很有艺术感，结果被她把你锁进了洗漱间，并且下达死命令，不把胡子刮干净就没得出来；你花了两个月天天健身、吃蛋白粉，终于练出了傲人的胸肌，结果你的她大哭大闹要求你一定要恢复回以前清瘦的身材。男人眼里的"MAN"形象，在女人眼里却全然不是一回事。

女人说，这样的男人才叫 MAN

在女人眼里，“MAN”不是指具体的外表，也不是指刻意的装扮，它是一种感觉。这种感觉浑然天成，带着强大的气场扑面而来。他如同一阵风，又似一道闪电，让女人还没缓过劲时，就已经被臣服。

◎ MAN，最坚实的后背

电影《勇敢的心》中梅尔·吉布森所饰演的男主角在接近结尾时的刑场上喊出的“Freedom!”震撼过很多人的心灵，也赚去了人们因心灵震动而流出的无数泪水。他为了所有的人抛弃了自己，成为了孤独英雄。他用身体屠戮，捍卫自己最后的信仰。马背上的人生荡气回肠，刀光剑影中的铁血柔情热烈。他用死亡去换回了人们的信仰，让人们重新感受到生活和自由的美好，从而学会珍惜，学会为之继续奋斗下去。

女人们会觉得这样的男人很 MAN，这样的男人敢于承担他的责任，在留给女人们一个坚强后背的强硬背影之前，他会用十分确信的声音告诉女人，“没问题的，有我在，你不用担心。”他会在黑夜里行走的路上为女人遮风挡雨，抵挡严寒；在陋室里为女人升起温暖的篝火，他守在篝火旁看女人熟睡的样子彻夜守候。

◎MAN，不流失的纯真

《这个杀手不太冷》成就了让·雷诺，让他成为外表冷漠内心温暖杀手的代名词。简单来说，这就是一个关于杀手和女孩故事的商业电影，却让人们在眼泪光亮处看见人性暖意。杀手是沉默的冷酷的聪敏的，却是像孩子般简单的淳朴的天真的，他安静在沙发上睡觉，乖乖遵守每天买两次牛奶的规则，像照顾孩子似地为他的兰花仔细擦拭，然后把它放在窗外晒太阳，或者是休息时候去空荡荡的电影院看电影。

女人们会觉得这样的男人很 MAN，他们心底始终有个最纯净的地方保有最童真的对人的信任和温情。他可以是呆头呆脑的不解风情，可以是沉默不语的暗自伤神，他却是足够温柔体贴足够聪敏去了解女人都不了解的需求。

◎MAN，成熟的霸气

如果选择最经典的男人们想成为的对象，教父必定排名前列。而那些经典的台词也被无数男人们铭记在心。“一个人只有一个命运”让男人们对命运安排不畏惧；“我将给他一个他无法拒绝的理由”告诉男人们什么是真正掌握在手中的尊严和权力；“女人和小孩可以无忧无虑，男人不行”教导男人们负担起责任；“伟大的人不是生下来就伟大的，而是在成长过程中显示其伟大的”让男人们谦虚，学会循序渐进和不要急躁；“你花时间和你的家人在一起吗？不照顾家人的男人，根本算不上是个男人。如果你不和家人在一起，你就永远无法成为真正的男人”教给男人们家庭才是最牢固的保障和他们意义所在之源。教父这个角色教导无数男孩成长为男人。

女人们会觉得这样的男人很 MAN，他们看起来冷漠，内心却时刻为家庭着想；总是面无表情，背后却深藏着不可估计的力量；他们时而优雅平静在餐桌上强调家庭的重要性，时而冷静严肃地处理一切家庭问题。他们有着最不可忽视的地位和影响力，因为他们为别人付出的往往比为自己要付出的多得多。

◎MAN，用刚毅撑起责任

男人的刚毅与责任可以撑起一片天，《铁拳男人》给人们的感觉是如此。也有人尝试从另一种角度去看这个男人，实际上他并非狂热的拳击手，大部分情况是被生活所逼，他所处的年代和社会迫使他不得不用自己的生命去搏斗生命。即使是这样，能像男主角布洛克这样勇敢再次站在曾经失意无比之前却辉煌无数的舞台上，像个真正男人去战斗的人又有多少。此时，铁拳是一种信念，一种责任，有了这种信念和责任，男人无往而不胜。这个站在生命最低谷处却散发出胜利光芒为了牛奶而努力向上攀爬的男人，在美国经济低潮时期，无疑成为英雄人物，给许多美国人带去信心和希望，让他们像他一样与贫穷，与生活中的种种压力以及不如意战斗起来。

女人们会觉得这样的男人很 MAN，他们是鲁迅先生笔下真的勇士，敢于直面惨淡的人生。他们勇于承担责任，勇于直面自己是男人的事实，也愿意承担此角色所带来的一切来源于家庭和社会的压力。做这样的男人，意味着他们已经做好了挑战且承受压力的准备。许多年后或是不久将来他们即便不是一个成功的男人，也会是一个很优秀的男人。

◎MAN，乐观并认真的活

在看完《美丽人生》这部电影之后很多男人们开始对自己问这样一个问题：你准备怎样做一个父亲？你会像圭多那样，在惨无人道的集中营里，骗儿子这只是一场游戏，好让童心免受伤害么？你会像圭多那样，在阴暗的车上，你对儿子说“你们要去参加一个最棒的旅行，你们必须快一点，不然就赶不上了，我已经急不可耐了！看，妈妈也来了，她正向火车走来，对你们挥手，瞧，火车停了，火车真是好”？然而现代的你们不但做不到这样惊人的坚强，甚至你们连危险正在接近都不愿正视。父亲圭多就算在最艰难最黑暗的日子里，就算了无希望，死亡近在眼前，他依然深爱着并用生命与智慧保护着他的妻子与儿子，他是那盏唯一光亮的明灯，无所畏惧地时刻发光，照亮他家人们的脸庞。

女人们会觉得这样的男人很 MAN，他知道生活并不完美，他却努力在制造他的完美生活，不仅仅是为自己，而是为了他最珍爱的人们。他为脆弱的人们创造出勇气，他为伤心的人们创造出欢乐，他为黑暗中的人们点燃火把，他为饥渴中的人们送去饮食。他创造出的最多的是希望，让自己和别人都认真地活着，好看清这个其实并不完美却可能完美的世界。

MAN，不是大男子主义

真正的男人，能够让他的女人活得越来越像一个女人——可以两耳不闻窗外事，可以后知后觉，可以柔弱可以温和，可以打扮保养自己，可以有粉盈盈的心情，可以有追求审美的意境。就算打仗打到家门口，她也无非收拾了细软在家等着你回来带她走，说破了天，我有我男人罩着呢，我担心个毛？这就是你的福祉，你让你的老婆在一群黄脸婆中唯独成了张红拂，四十岁还依然是大唐第一美女，每天没心没肺地享受人生，气死一票人，自己该玩什么就玩什么。是的，要MAN，你可以像大唐高官李卫公。

越不行的男人，越让他的女人活得越来越不像个女人。日夜操劳又操心，性生活能攒的那点儿促进血液循环的灵气儿全都被每天下楼买早点时候推开单元门那迎面一股大风给扇得魂飞魄散、无影无踪。

俗话说得好，财聚人散，财散人聚，其实爱也一样，关怀也一样。你的男人尊严是上天赐给你的，男儿有泪不轻弹，男人膝下有黄金，但是也不是上天发给你用来捂死你自己的，更不是发给你用来当粮票买饭吃，也不是用来当棉被卷着睡的。一个很MAN的男人，是能屈能伸的，是明白自己的威严该何时何处使用的，是对外扛风雨、战沙场，对内不露一丝锋芒，不让追随着你的柔弱的家人感受到一丝惊慌。

当然！好好锻炼你的上半身和下半身，拥有一夜九次郎体魄的男人当然更男人！

MAN男是如何炼成的

虽然现在偏女性化的男人大行其道，但这也不过是因为千百年来习惯了MAN男后偶尔需要的调味剂，MAN男是主流，以前是这样，以后还是这样。男人的生理构造、社会地位以及心理需求都决定了他需要比女人更强势，更有气魄。

◎该出手时就出手

不管外表多强硬的女人，内心都有一片温柔的领地，她们都有点轻微的受虐倾向，她们经常会模凌两可，犹犹豫豫，那么这个时候，男人们，展现你们雄风的机会到来了！

在她们对买不买这件衣服纠结得死去活来时，你拖起她就往收银台买单，并特豪气地告诉她“只要老子的女人喜欢，就算是倾家荡产也要买”，这个时候被你牵在后面的乖巧女人脸上一定乐得跟花似的。

在她们对未来迷茫，对挫折惆怅的时候，你能够展开你宽广的臂膀，一把将她拥进怀里，让浓重的男人气息包围她全身，用你身体巨大的温暖和心脏强有力的跳动告诉她，有你在，即使船到桥头没有直，你也会把它撞直。

在老婆和老妈关系紧张，矛盾激化时，你能够主动站出来，成为她们沟通的桥梁，努力让家里两个女人通过和平的方式彼此谅解，彼此包容，而不是一副事不关己高高挂起的样子或是惹不起躲得起的逃避态度。

◎有着雄霸天下的气势

他有坚定的眼神和表情，有凌驾于同性和异性的气魄，他有一种与生俱来的王者气度，让女人心甘情愿折服在他脚下。他有点沉默，让人无法摸清他的底细；他有点冷漠，让人有点不敢接近他；他脾气有点差，让人面对他会冷不丁打一个寒颤；他的爱好是指挥人，但却是心服口服的操控。你会认为如此霸道的男人还会有女人爱上他吗？当然，这种充满着雄性浑厚气息的男子，是很容易让人痴迷沦陷的。女人不仅不会反抗和厌恶，相反，她们非常愿意听从他，受他指示，她不但不觉得他霸道，他对她的指使、控制、要求，甚至会令她受宠若惊，好 high。

所以试着对你的女人霸道点，把她彻底淹没在你的超强气场中。

◎霸道之下 无尽温柔

为什么道明寺这样一个角色能够影响了一代偶像剧的发展，导致后来的偶像剧本角色纷纷效仿，就是因为他霸气，他不可理喻，最要命的是，他还保留着孩子气般的纯真，霸气之余还能细心温柔。这样的男人在女人眼里是极品，他们外形很刚硬。有一副你完全可放心依靠的肩膀，他坚毅的线条，诠释了什么叫做安全感。但不要以为他是个冷血动物。不是的，他的内心非常柔软，他会在你想不到的时候深情地看着你，轻轻地告诉你，其实，我很想你。他还会用一种非常干净的姿态拥你入怀，让你感受他那颗为你守候的心。他会系上围裙，为你做一碗热热的乌冬面，也会在你需要他保护的时候，像一头怒吼的狮子，让那些妄图伤害你的家伙狼狈退去。

甜蜜小贴士：女人心目中很 MAN 的男人

如果你是一个很 MAN 的男人，你的手机会时刻为了她开机，在她最需要你的时候可以轻易地找到他，因为你在担心她，爱她。

如果你是一个很 MAN 的男人，你会很自豪把她介绍给你所有的家人和狐朋狗友，你会愿意和他们分享一切有关于和她在一起的甜蜜和开心，因为你时刻为她是你的最爱而骄傲着。

如果你是一个很 MAN 的男人，你会把除了工作之外的很多时间都给她，因为她总是想见到你熟悉的笑脸想听到你唤她的温柔嗓音。

如果你是一个很 MAN 的男人，你会毫不吝啬的给她物质上的付出。因为你所有辛苦的努力就是为了让她过上很幸福的生活。

如果你是一个很 MAN 的男人，你绝对不会骂她，在她很任性的时候任她发泄，当她任性过去的时候，会很安静地抱着她，然后给她讲冷笑话逗她开心。

如果你是一个很 MAN 的男人，你就不在乎陪她逛街会浪费多少出去自由的机会，因为你甘愿失去那种所谓的自由而和她在一起，你认为这样的甜蜜胜过虚伪应酬的自由。

如果你是一个很 MAN 的男人，无论你们在一起多久，都会陪她一起爬山，看海，看星星，看日落，因为你知道她是个女人，女人心底都住了个公主，她们渴望浪漫场景，更渴望和你一起享受浪漫。

如果你是一个很 MAN 的男人，你不会留恋在网络中与别的 MM 甜言蜜语，因为对她你都有说不完的爱，恨不得把整个脑袋里的所有话语都写出来寄给你的她，你哪有其他心思和别人废话呢。

第三章 女人的不规则的规律

NV REN DE BU GUI ZE DE GUI LV

女人也有处女情结

她也会难过，遇到你的时候她已不是处女！

古往今来，男人都有很深的处女情结。所以，世界上才出现了修补处女膜这门医学技术。如今，科技日益发达，思想也日益开放，可男人们对处女膜的依恋仍然很热衷。男人如此也就罢了，可是就连女人们，也有很深的处女情结。这又究竟是为什么呢？

女人拥有处女情结的原因

因素一：传统思想的禁锢

中国传统思想根深蒂固，很难进行根本改变。所以，传统思想在人们心里生根发芽，无法去除。处女情结，就是受传统思想的影响。

80后们看起来思想前卫，行动大胆，但很多人在骨子里依然传统，家庭观和爱情观受到父母一代的影响。其中，中国的第一代独生女，可算是温室里生长的娇嫩花朵，被父母呵护在手心里长大，除了每天被告之要好好学生天天向上之外，接收到的性教育和挫折教育少之又少。长大后，如果不是因为考上外地大学，或者去外地工作，她们断然不会离开父母关爱的视线。

这样成长起来的女孩，单纯天真，对于爱情的认识常常局限于琼瑶剧和韩剧中的浪漫爱情故事。她们认为，“自己的身体要给予所爱之人，而且，那人应是生命中唯一之伴侣。”但一旦遭遇帅气男生追求，她们却很容易泥足深陷，而且不懂得保护自己。

因素二：害怕失去

虽有处女膜修补技术，但“第一次”一旦失去，便再也补不回来。并不像某些东西，失去之后还能够找回来。所以，大多数女人往往会比较谨慎，对处女膜依然十分看重。

于是，结果就变成一部分女孩的自我保护意识极强，死死把握着这一关，认为对她要求性生活的男人都是下流可耻的；另一部分虽会因为爱他而甘愿付出贞操，但若不幸被甩就会一蹶不振，心如死灰，对爱情彻底失望。

没有哪个女人不害怕失去，对处女膜的迷恋也在此了。失去了珍贵的薄膜，又无法牵系感情，难免是场亏本交易。

或许，说交易难免太过玷污爱情。可的确有很多女性将薄薄的处女膜看作她们可以用作拴住感情的枷锁，仿佛那层薄膜可以塑造出一层牢不可破的关系。

大多数女人天生会对感情产生不信任感或者自卑心理，她们在等待一个真正的白马王子。

因素三：洁癖

许多女性都有着或深或浅的洁癖，害怕与人接触，讨厌身体的直接碰触，尤其是异性的接触。这一类，往往也是由某种心理因素引起。因为讨厌与人碰触，自然缺少和异性交往的经验，时间一长，对于异性会产生极强的防范意识和防备心理，从而导致处女情结严重，把处女情结看作是贞洁的一大象征。这样的女性不会轻易被异性打动，但也难免被道貌岸然的伪君子所欺骗，即使能保留清白，也有可能被欺骗了感情。

当然，这一类仍是少数。不知道是否真的严重到一定程度的才会如此，也许仅仅是一点洁癖的人，也会将处女看成是贞洁的一大标杆，用以衡量自己。

因素四：特殊信仰

并不是说有特殊信仰就一定会有此情结，但事实上，很多有特殊信仰比如宗教信仰的，就对处女情结相当看重。当然，可能还是跟宗教的内容有关系，总而言之，此为特殊情况，也是比较棘手的情况。

不过说到这个，不禁想起以前的一部日剧，龟梨和也主演的《一磅的福音》。追求修女是需要勇气的，对于她禁锢已久的思想的打破，是一个很重要的挑战环节。你们需要看到的是，打开禁锢的思想不是一件坏事，女性有时候对待自己太严苛，反而会失去了追求幸福的机会。先不论演员的演技如何，到底还是这样一个追求修女的故事深入人心，本身就是比普通人更在意这个方面的，想要突破还是得费点脑子呢。

于是，又不禁想到前阵子热播的韩剧《是美男啊》，刚开始修女的笨拙和完全纯洁真是笑倒了一片人吧。虽然，最后故事又跳入了韩剧的老套路，但是女主角修女的可爱形象倒是深入人心了。

总之，宗教信仰是处女情结的一个因素。

男人，如何帮你的女人打开心结？

如何对待这层备受争议的薄膜呢？每个人的情况不同，自然需要对症下药。这并不是说传统思想不好，毕竟从小就被教育说，女孩子要自尊自爱，特别是一个人在外生活的时候。处女情结也是一种小情结，虽不是不好的情结，但是偶尔会阻碍人际交往。对以上的因素，稍稍做一点引导措施，至于有效与否，竟未可知。

药方一：走出传统思想的围笼

药方虽是开了，可是还是很空泛，根本没有什么实际的方法可言。对于渗透了几千年的文化而言，新兴的文化着实无法深入人心。随着西方文化的渗入，中国人也往越来越开放的方向发展，不再拘泥于陈旧的思想。处女情结自然也是属于传统思想的，对于这样的传统思想究竟是该抛弃还是该弘扬，各家有各家的说法。还是要看情况而定，不能过分看重，但也不能不看重，毕竟正如古训“洁身自爱”，这总是有些道理的。所以，说了半天也没说出什么道理来，还是得看清楚自己所处的环境，依据情况而定，当然如果一味地坚持自己的处女情结，搞不好会把关系弄僵。

就像《桃花运》里的梅婷，一味坚持，到最后弄得一场闹剧，险些就使得好不容易得来的姻缘亲自毁于手中，引以为戒。

药方二：多一点信任也多一点自信

由不信任带来的问题，看似好解决，事实上也并不好解决。

感情上总是避免不了对于这个问题的深入，走到这么一步也实属正常。只是，某些固守，只是因为怕对方不负责任。事实上，社会上许多人不会因为这层关系就走入婚礼的殿堂。还是需要磨合，比如这个方面就是。处女情结虽然重要，但是如果原因是由于对于对方的不信任，或者对于自己的不自信，那就是一个大问题的存在。对于对方不信任，首先要沟通，了解对方的想法，如果两个人无法彼此信任，那还有什么交往的必要呢？而对于自己不自信的问题，则比较棘手，因为这是性格的一部分，有点根深蒂固的意味，哪怕是破除了暂时的，谁也不能保证哪一天又会滋生出来。还是要自己慢慢调整心态，不需要把处女情结看得过于重要，否则会成为你们感情深入的阻碍。

药方三：洁癖症结何在 药方何在

通常来自于洁癖的处女情结，都要从根本治理起。通常洁癖也是由心理因素引起的，解决这个问题，单单依靠想象还是不行的，必须具体问题具体分析。

真的要深入实际问题，探究她的内心世界，把心理缺失的补回来，就像补充身体中的一种元素一样。

药方四：请学偶像剧

对于这种宗教信仰的，就必须从偶像剧中找方法啦。

或者夸张，或者太过搞笑，你或许认为不切实际，可是又有什么关系呢？关键还是要有那份心吧。仍旧记得《一磅的福音》里，龟梨追着黑木满街跑的情形，终究是特别的可爱。

当然，这种情况的出现，着实为少数，多数还是在漫画和电视剧里出现吧。若真是碰到这种情况，可能真的会比较棘手哦，那学习偶像剧就是必要的了。

给男士的小贴士

Tip 1 **未来路长 不要着急**

首先还是要做好打持久战的思想准备，毕竟根深蒂固的思想不可动摇。女人可以原谅男人莫名其妙的处女情结，那么也请男人体谅一下女人根深蒂固的处女情结。虽然都是处女情结，可是毕竟是不大相同的概念。年龄、时机和感情的深浅，都是影响女人心理状态的因素，她不是不爱你，只是她对于这份爱很谨慎，希望得到一个圆满的结果，不想后悔。因为一旦女人踏出了这一步，就代表交付出她所有的一切，包括灵魂，如果你无法给与她婚姻或是足够的安全感，她会拒绝你，是无可非议的。

如果你爱他，珍惜她，就请给予她时间消化，给与她足够的包容和等待。她需要一个变化的过程，不可能直接就转变，也不可能立马抛弃坚持了很多年的处女情结。再说，洁身自爱也没什么不好的。不是吗？

Tip 2 **有效沟通 慢慢引导**

对于感情方面事情，总是要通过沟通才能解决，比如她为什么会有这样的处女情结，你有没有深入了解一下呢。是心理问题，还是其他？如果沟通不好，很可能导致你们的感情出现危机，陷入前所未有的瓶颈状态，所以请认真沟通一下。只有沟通了，才能够想出解决的方法，不可能凭空就能捏造出解决方案。对于你们俩的感情问题，都是个负责的打算和选择。

当然，你很多时候都要做一个疏导的作用，而不是单纯的倾听。你要告诉她，你是怎么想的。比如，她不够信任这份感情，那么就必须付出实际行动来表示自己对于这份感情的认真和执著，从而让她对这份感情有了起码的信任感，这样才能进行更进一步的了解。不管以后会不会走入婚姻的殿堂，起码这份感情是真实的，她也不至于要为此后悔什么。

Tip 3 **切勿强来 敬请牢记**

这是非常简单的事，可是也是很复杂的事情。对于简单的人来说或许真的很简单，可是对于心理上有疙瘩的人来说，还是不容易做到的。如果她的处女情结很严重，甚至在婚后无法改善，那么强来的后果，可能是关系的破裂。于是我又想到梅婷在《桃花运》里扮演的角色，如果不是最后男士以婚姻妥协，这段关系必定是以破碎告终了。试问生活中又有多少男士愿意以身试法呢？难道你真的愿意就此套上婚姻的枷锁吗？如果你想，那无话可说。可是你能肯定靠婚姻就一定能解决问题？问题如果不在于一张证件的问题，你又如何弥补曾经带来的创伤？所以切记，一定不可强来。

更要重要的是，作为男人，千万不要用“爱我就给我”这样的话语威胁她。处女情结较严重的女性，反应会比较激烈，她的内心会因此而痛苦不堪，倘若妥协也会感到深受委屈，严重者会留下心理阴影。一旦日后分手，她很可能会有一种受到极大欺骗的感觉。

Tip 4 **请勿唠叨 自行消化**

沟通是必要的，可是一直在她的耳边唠叨，她会认为你与她交往的目的不过是为了那一个方面，而不是感情本身。因为原先的她心里就是有疙瘩的，你的喋喋不休容易将她引入误区，从而你不得翻身，她看见你的条件反射就是关于处女情结的诸多问题。有许多道理，其实她都是懂得的，只是她一时还无法接受，目光所及，耳朵所听，很可能直接导致她的心理走向。如果她本身比较敏感，那么她可能会多想，那么到头来沟通成了你说服的冠冕说法，这样感情本身也就会受到严重影响。所以，请让她自行消化，随着时间推移，再加上你偶尔的一次沟通，她或许是可以想通的，只要你们的感情牢固，没有什么事情是不能解决的。毕竟，这已经不是封建社会了。对于婚姻的想法，也早已没有那么幼稚了。最重要的，还是心理上能够理顺。

综上所述：处女情结并不是男人才有的，女人也是有的。当然，体现的方面不尽然相同。不过，说到底，最重要的还是彼此之间的感情。始终相信，感情牢固，终究可以解决一些本身解决不了的问题的。所以，找到适合自己的另一半才是最重要的吧。

女人的哭泣不代表伤心

谁说哭泣就是伤心？

古往今来，女人的哭泣从来都不是伤心的代名词，她们可以为各种原因哭泣，有时候复杂到说不清楚究竟为何，有时候简单到只为一部感人肺腑的影片。哭泣的原因很多种，若论意图，又可分真心和假意。总之，原因很多，不仅仅是因为伤心。

女人哭泣原因大盘点

最持久：伤心

伤心哭泣是最正常不过的。伤心也是分很多种情况的。亲人去世，友人离开，男友劈腿，种种种种，细数起来真是要说不完的。只不过，这个时候的泪水是最为澎湃的，止不住，甚至带了呜咽声。伤心伤心，顾名思义，即心被伤了。其实，心是不会痛的，痛的只是脑袋，只是思维感觉到痛苦。这个时候，连带身体也会受到牵连，情绪的散发是到极致的。只要靠近，就会感受到那股浓烈的悲伤气氛。伤心引起的哭泣是比较长的，一想到就会比较悲伤。

会伤心的女人是易感的，她会受到触动，热爱生活和生命，她有珍爱的人，她有一颗善良的心。因为一个冷酷残忍女人的心是坚硬的，她只在乎自己的利益，会为失去的东西生气懊恼，却不会为失去了至亲伤心哭泣。这类女人是可怕的，极少的，男人理应祈祷不要遇上的。

最频繁：感动

《感动中国》惹掉了多少人的眼泪，并不是多少清楚的概念，但一定是很多。一部感人至深的影片，比如《情书》又让多少人感到惋惜和心疼，感动到泪流不止。一本讲述名人自传性质的书，也可能惹掉许多人的眼泪。这些都不是亲身的经历，而是通过别人的叙述才得到的感受，都是受了感动才哭泣的。这些感受比较间接，不如伤心带来的那么深刻和持久。所以，哭泣往往也是短暂的。比如一本书，就拿《穆斯林的葬礼》来说吧，不知道是被感动了多少次，但是一定是放下这本书之后一段时间就不会再想到。因为书里的生活与你们本身是有距离的，你们只能模糊地体会。当然，这样模糊的体会也能掉眼泪，那真的是很好的故事。感动的次数是非常频繁的，往往看完一部电影之后就会流泪。

最莫名：伤感

受了情绪牵动而哭泣，真的是很莫名。可是，就是会有这样的感受，在某天莫名地感到伤感。这一点又与悲伤不相同，悲伤是有具体原因的，而伤感是有些莫名的，看到某处场景就会引爆某种情绪。还记得林黛玉的葬花吗？悲秋伤春，本也就是不必要的原因，可是看到花落，不禁引起自己的某种悲观情绪，然后彻底爆发。然而林黛玉情绪爆发的时候，多数还会念很好很好的词，现在女人爆发的时候最多也就是含着泪水写博客写日志，于是网络上一堆的莫名伤感文，简直要泛滥。虽然说有些无病呻吟之感，可是它又是客观存在的情绪，无法进行否定，所以，是最莫名的。伤感的时候，听什么歌都觉得想要哭泣，这也许是所谓的爆发口吧。

最欢喜：激动

这个其实最容易理解。举例说明星的演唱会现场，多少女人高声尖叫，激动地掉眼泪的数不胜数，因为她们终于见到了心中的偶像，一个梦想的完成会让这些眼泪成为爆发点，于是激动的心情完全靠眼泪来表达出来。思绪里全部都是欢喜的分子，在脑海里不停地跳动。在考上梦想的学校的时候，在进入向往已久的行业的时候，在某个忙碌已久的项目完成的时候，各种情况，她们都会忍不住哭泣。因为，紧张了那么久，突然放松了，精神立马松懈了，激动欢喜，这些词语都无法充分表达那个时刻的心情。

最郁闷：委屈

受了委屈，自然是会忍不住掉眼泪的。尤其是被至亲误会时，从委屈发展下去，甚至会引发绝望。委屈是种道不明的情绪，被老师冤枉了，遭同学误解了，老板不明原因地痛骂，同事莫名其妙地针对，遭受男人莫须有的指责，统统会引起一种名叫“委屈”的情绪。委屈是会越想越郁闷的，常常直到事件摆平才能消除这种情绪。它是淤积在胸腔中的愤懑和无助，女人如果经常受到委屈，会变得压抑不安，严重者会患上抑郁症。所以，这种哭泣是郁闷时间最为持久的。

最虚假：刻意

面对某种目的的时候，如果达不到，那么就使用“一哭二闹三上吊”的经典手段。虽然说这样的手段，男人通常比较讨厌，可是更多的时候他们是无可奈何的。面对这样的哭泣，明显带着目的，是最为虚假的，不是从心底发出的，是因为达不到而采取一种手段。这种刻意，最好少用为妙。

对策大碰撞——给有心的男士

对策 A 陪伴 VS 伤心

面对她的伤心，你束手无策，你没有办法安慰。于是，你焦虑，着急，却无计可施。作为一个扮演类似旁观者角色的人，你是无法最为深刻体会到她内心的痛苦的，说任何话都是白搭，有时候甚至会越说越糟糕。这个时候，最好是什么话都不说，只要静静地陪伴就好。记得《蜂蜜与四叶草》里，野宫匠在山田因为真山悲伤落泪的时候选择了去往她的身边，虽然帮不上什么忙，但是仅仅是静静陪伴着，那么对于悲伤的人来说，也是一件值得安慰的事。

所以，陪伴着，是对于伤心的最好良药。最后，野宫赢得了山田的爱情，这是一个正面例子哦！

对策 B 研究 VS 感动

她读哪本书，看哪部电影，究竟受了哪些感动才掉了眼泪，如果你想了解，那么就必须去研究。去看她读的书，看她看的电影，研究她所看过的这些，那么多多少少会对她哭泣的原因有具体的了解。只有深入研究了，才能够与她对谈，与她进入讨论阶段，否则只是停留在空谈层面，势必是片面的。

众多情侣走到一起，多半是情趣相投。如果你不能和她有相同话题，那么关系终究只能浮于表面，永远无法进一步深入。为了让你们之间有话可谈，请快快去研究吧，然后与她探讨，多半可以作为安慰。要知道，被感动之后如果找不到人倾诉的话，也是一件很痛苦的事。

对策 C 开导 VS 伤感

伤感多数表达出来都是矫情的方式，因为这种情绪本身就比较莫名。她写出一些伤感的东西，其实很多时候都是那一刻才有的感受，你所要做的无非是说一些大家都懂得的道理，不过记得要说到她心里去，说她喜欢的话，说她爱听的话，不要绕着大圈子做无用功。通常要做一些准备工作，比如了解她喜欢听哪类的话，通常开导的话，她也不是不懂得那些道理，不过借你的口说出来，她的体会便又是不一样的了。当然，偶尔也可以假装批评她一下，方式都是可以自我调节的，只要她能体会就好。

对策D 理解VS激动

激动的时候，她的眼泪是止不住的，如果是众人面前，或许会带一点害羞。这个时候，你要表示理解，给予她鼓励的眼神，让她知道自己流眼泪是可以理解的。比如比赛结束后，她们团体获得了胜利，那么她的哭泣就自然而然地爆发了，这个时候如果你很自然地给她一个拥抱，或许她会努力回抱你哦！女人的心情都很奇怪的，在某一刻比较脆弱，在某一刻又无比坚强，这就要看你如何把握时机啦。很显然，她在激动的时候，肯定很想要与人分享，这个时候表示你的理解，做她的成功的分享者吧。

对策E 倾听VS委屈

委屈的时候，总是想要发泄的多，就算平时不多话，这个时候她也会说一大堆的话，会有很多的抱怨。即使平时似乎和你并没有熟到无话不谈，但如果你这个时候站出来表示自己能够理解，并且愿意倾听，那么她多数都会把话说给你听，会说很多细节性的内容，会告诉你她为什么觉得委屈。无论她是隐隐哭泣还是一把鼻涕一把泪的，你都应当大方地贡献肩膀和怀抱，这样她的情绪会马上好转。

这个时候的你能收获很多她的信息，了解另一面的她，她也得到了发泄，一举两得。次数多了，或许她会养成习惯，一受委屈就想到你，对你倾诉，对你依赖。做垃圾桶又怎么了，别人或许还没这个机会呢。会找你倾述委屈的女人，至少很信任你，你们进一步发展的机会很大哟！

对策F 满足VS刻意

虽然知道她是胡搅蛮缠，可是还是尽量满足她的要求吧，否则你不知道她接下来会做什么事情，对于你们的关系又是怎样的考验。其实她的要求或许很简单，或许仅仅是要你陪她逛一次街，偏偏你又有事，如果你不答应她，她便觉得你不爱她，只重视你手头的那件事情。所以，女人有时候是有点小神经的，她会把一件很简单的事情弄得很复杂，或许她的本意也并不是这个。但是，她就是有本事把粥搅得一锅乱，把简单的事情搅成浆糊状，不是每个人都有这样的本事的，只是如果她有，至少说明她表达方式有点迂回，而思想却是比较直接的。

在这个时候，满足就是最好的选择了。即使是开了口头上的空头支票，那总好过什么都不答应的好。不过，最好是不要开空头支票，对于这样的女人，还是不要让她失望好，不然下一次暴风雨将更加猛烈。不过，究竟如何才能在不打乱自己计划的同时也满足她的要求呢？那只有视情况而定啦。如果实在不能够满足，那么她一定也不会一直搅和下去的，情节轻重她还是知道的，她不过也是仗着你爱她。

所以，请放宽心，路不会太难走的。

男人的思想误区——女人哭泣代表软弱

女人哭泣就是软弱？如果你抱有这样的想法，那么以后在生活中对于她做事的效率和态度，你将会非常惊讶。事实上，很多时候，尤其在家庭遭遇危机时，女人比男人坚强。

经典形象 A 斯嘉丽（《飘》）

当然，斯嘉丽要哭的话也是假哭，她不会像梅兰妮那样嘤嘤哭泣，她的哭泣都是为了骗取同情。不过就算是这样的哭泣，那也是在你们的列举当中的。她连大名鼎鼎异常精明的瑞特先生都敢骗，还有什么是她不敢的。在炮火中努力生存，在家里一穷二白的时候闯出天地，那都是她的坚强所换取来的。那个时候的男人在哪里？阿什利软弱得连爱都不敢，爸爸被现实憋疯。还有谁比这个女人更坚强？支撑了一大家子人努力从奴隶般的生活重新走到了贵族生活，除了她能办到，又有哪个男人能够完成呢？

经典形象B **梅兰妮（《飘》）**

大多数男人对斯嘉丽印象深刻，认为她自信、坚强，大胆、强悍。而除了斯嘉丽，梅兰妮更加值得一提。虽然没有斯嘉丽良好的体格，可是她的内心却是勇敢而坚强的。在遇到敌人的时候，毫无力气的她居然拖着军刀下楼。在明知自己再次生育可能会死的时候，还是坚持生孩子。看似柔弱的她具有强大的精神力量，她不强忍眼泪，她的哭泣大多都是因为感动，因为爱，也是因为这爱使她变得异常强大的。她的勇气，试问又有多少男人拥有呢？

经典形象C 孟姜女（民间故事）

孟姜女哭长城的故事，谁人没听说过？一个弱女子为了丈夫，一路辛苦，不害怕找到天边去。因为丈夫死去，她哭倒了长城，是典型的烈女形象，最后投海。虽然是民间故事，但一定是有其原型的。推测一下，她哭倒了长城应该不大可能，但她可能尝试过推倒长城，砸毁长城，为了给丈夫报仇，为了宣泄内心的怨恨。哭泣的女人不一定只是软弱不堪的，所以哭泣怎能片面地来代表软弱？

无理取闹，必有所图

闹闹闹，谁无理取闹，都是有目的的！

偶尔，女人会无理取闹，偶尔，她会胡搅蛮缠。那么，正如前文的哭泣所言，她必定是带有目的性的，带着某种刻意性。哪怕不是哭泣，那也必定表现出赌气等状态。既然有所图，又是需要通过无理取闹来获得的，那么一定是比较难办或者是比较有冲突的事情，否则她不会为了一件小事大费周折。可是，究竟是什么样的事情呢？

没有人会无端吵闹，女人也如此

情景一

约会的茶厅里。

“下个月我要出差呢。”对于她刚才提出的下月去海南岛的提议，他表示无奈。

她的脸色突然变了：“为什么？”

“什么为什么？”他诧异，出差难道也要有理由的吗？

“你为什么不早点告诉我？”她脸色越来越难看。

“……那也是这两天才决定的，这不我今天正打算跟你说嘛。”他有些无措了。

她的脸色更不好看了：“那如果我不提议，你是不是要等到走的那天才跟我说啊？”

“我……”有口难辩。

“你什么你，你就有意的！我连旅行团都看好了，你为什么不早点说?!”怒目圆睁，她开始有些不讲理。

“我为什么不早点告诉你？不是跟你说了吗？我刚接到消息，今天出来就是跟你说的啊。”他有点急了。

她气得说不出话，半晌：“那怎么办？我的计划要怎么办？”

“我们下次去好吗？”他耐心劝导。

“不要！”

“你怎么这么不听话？”

“那你为什么这么不体贴？”

“那我怎样才叫体贴？”他气急败坏。

“你根本没想过我需要什么，你每天都上班，根本没时间陪我，好不容易想出去玩，你又要出差！”她的语气缓和下来。

“那这次是不行了，下次补偿你好吗？”

她才开始缓和脸色：“怎么补偿呀？”

“陪你去海南岛。”

“不要，海南岛下个月我自己去。重新想一个!”

“好好好，”他很无奈：“你不是一直想去日本吗？我们去那里，就当是度蜜月，好吗?”

她开始展露笑容，然后假装板着脸点下头。

情景二

家里。

她一直在哭，嘤嘤地。

“你究竟怎么了?”他垂手，非常无奈，也很焦急。

仍旧哭泣，不说一句话。

“你倒是说句话啊！我受不了你这个样子。”他有点恼火。

她仍旧不理，仍旧哭。

“你究竟哭什么?!”他摔凳子不干了。

她终于晓得说话了：“你说我哭什么?”泪眼朦胧。

“我哪里知道你哭什么?!”他也火大了。

她走到抽屉那里，把存折翻了出来：“说！这些钱都去哪里了?”

他顿时呆住，稍稍反应了一会儿才说：“这个……我借给我弟弟用了。”

“借给他做什么？为什么不跟我商量下?”她质问道。

“为什么要跟你商量?”他火又升上来了：“这钱是我挣的!”

她就更火了：“怎么不要跟我商量？这么一大笔钱出去，我不应该知道吗？你不把我当家里人吗?”

他一时语塞。

“好啊，我知道你就不把我当自家人。算了，我还是回娘家好了。”她开始装模作样收拾行李。

他气得直跺脚。

等她东西都收拾一半了，他才说：“你这样出去，在别人眼里多难看啊!”

“我管你难看还是好看！反正你又不拿我当家里人!”她继续收拾。

"唉，你别闹了。我告诉你还不行吗，那钱是借给我弟弟盖房子用的。"他无奈地说。

"是吗？那我姐那时候要买房子问我们借钱，你怎么说没有？"她有点愤愤不平。

"那时候确实没钱啊。"他无奈："行，这样，以后你们家那边有任何事情，我都绝不推迟，好了吧？"

她抹了抹眼泪，问："真的？"

"当然。"

"说话算话？"

"说话算话。"

"那好，给你个表现的机会。我姐现在家里有点周转不灵，你这钱是借还是不借？"

"借，当然借。现在我有钱了，哪能不借啊？"这个时候的他什么话都要听。

她这才把收拾了的东西都放回去。

情景三

在书店里。

"你给我买嘛！"她拉着他的手，指着精装版的金庸全集。

他诧异："可是你不爱看武侠啊！"

"可是我现在想看哪。"她嘟嘴。

"你这不是浪费钱么？"他审视着她，觉得今天异常怪异。

她瞪回去："怎么会？我肯定会看的。好嘛好嘛，给我买嘛！"

"不行，虽然不是舍不得这钱，但是你这样太浪费了。我们现在刚存点钱，你就买你不喜欢的东西，你不觉得太奢侈了吗？"他教育道。

"人家就是想要嘛。"她依旧扯他的袖子。

"你就这么坚持？不能再考虑一下？"

她摇头："不能。"

他叹口气，打算去拿。她却又拉住他："其实不让我买我不喜欢的这个也可以。"

“什么？”他好奇。

“帮我把三毛和张爱玲的全集给买了，那个我喜欢。”她指指另一边书架。

他叹口气：“你直说想要那个不就好了，何必绕个圈子。行，给你买。”

她偷偷笑，自言自语：“早跟你说那个，那我就什么都买不成了。”

分析一

这个情景明显就是以一个完全赌气的方式换得了日本蜜月旅的承诺，既能去海南，又能去日本。情景中的这个她，着实会计算，绝对不会亏待了自己。赌气这招有时候对于脾气好的男人还是很好用的，脾气好的男人会哄着，无奈了发火也并不会使其陷入僵局。面对女友的无理取闹，不停地解释，最后还做了相应承诺，还真是让她赚了个饱。这里的意图，实在是太过于明显，只是他的视线全部集中在女人的脸上，好脾气的男人只想快点解决事情，不想继续纠缠，即使看出了她的动机，也会钻入她设的陷阱，目的是让这出闹剧早点结束。

一个愿打，一个愿挨，也是比较好的处理方式。事后，男人也许会发觉女人的目的，但是因为疼爱她也就作罢。跟女人在一起，还是吃点亏吧，否则她哪能善罢甘休呢。为了两人的感情发展，适当地受点委屈也是值得。说到底，她也就是比较贪心而已。如果你承受得起，就妥协一下吧！

分析二

家庭矛盾，总是最为深的矛盾。显然情景中的两个人，各自给各自家打算，相互要着小聪明，都不想让对方家里人占了便宜。这样的家庭关系普遍存在，夫妻都多留了一个心眼，只要问题涉及钱，无论偏袒哪一方，另一方都要有意见。很明显，她是知道那笔钱的去向的，所以才会很有把握地问出这个问题。因为她知道他是比较理亏的一方，这样的生活被算得死死的。而她又很了解他，知道他是个极度爱面子的人，以“家丑不可外扬”为准则，于是她就利用了这一点，整个实行的是装可怜以退为进的方式，比直接撒泼吵闹要聪明一点。她之所以会胜利，在于她对他总算是有那么多了解，如果不了解的情况下，一开头就哭哭啼啼，难免要引起争执和矛盾，肯定要将战争扩大。

男人多半都好面子，害怕女人到处宣扬家里的这点破事，她抓住了这个弱点，对他进行威胁，虽有点冒险但符合一般女性的心态。为了一点点家庭的利益，做到这样的胡搅蛮缠，是有些不可爱了，但男人也要想一想，她这么做不完全是无理取闹。夫妻相处，需要相互理解，公平原则还是多多遵守的好，哪方急需用钱周转时向对方知会一声，只要是合情合理，大多数女人还是能够接受。何必彼此防范着，不仅理亏，这种做法次数多了还会造成信任危机。面对妻子的苦恼，男人也需要反省自已是否做了不合理的事情，如果自己真正理亏，那就只有答应女人的要求呀，谁让你犯规在先呢？下一次，就学聪明一点，有事情还是两个人商量着办，不要遮遮掩掩，不然她又要用这招啦！

分析三

说完上面令人头痛的，不免要说点可爱的。

情景三中的这个女孩子，明显是非常可爱的，很会。虽然对于未来生活缺乏计划性，但是这样的方式让人比较容易接受。

放弃一样自己不喜欢的，然后选择一样或者甚至两样自己喜欢的，怎么看都是她达到目的了，可是偏偏男主角还觉得是自己做了一件正确的事，让她及时反省了过来呢。

她不过是知道他比较节俭，不舍得花钱，才利用这里面的心理落差，从而达到自己的目的。虽然是有点小聪明在里头，可是一点都不会觉得有泼妇的感觉。面对这样的女孩，男人就大方一些吧，满足一下她的小愿望，事后再给她说明“我知道你的那点小心思，不过还是满足你吧！”这样她下次有要求时就会多多考虑一下，不再为难你了。

用了撒娇的方式，相反让人觉得非常可爱，很容易让人接受。

综上所述：女人撒娇的方式，不过哭、赌气、装可怜、撒泼。其实，可以显得可爱，也可以显得可恶。每当此时，必定都是想要图些什么，不管是为了什么，总是期望你满足她的。

如何应对女人们的无理取闹?

主动问她想要什么

既然已经知道她这个时候是有所图，那么就间接问她到底想要什么。拐弯抹角，只会拖延时间。不知道你是否有这样的感受呢？不过，如果你问她，她或许也会抵死不承认的。女人嘛，也是好面子的。不过，你既然问了，那么她自然是要吞吞吐吐说一点什么的，如果什么都不说，那就错过大好机会了，只不过有点拐弯抹角，不够明朗。

通常无理取闹时提出的要求，都是你平时不会答应的，她是知道这一点所以才出此一招。如果你脾气不好，本就受不了女人的吵闹和眼泪，那就置之不理吧，只要她的要求不太过分，你就不要对她发脾气。会对你使用这招的女人比较娇情，希望男人哄着自己，但也很好对付，只要你答应下来就成了，但是做不到的事情不要轻易许诺，等到她秋后算账就不妙了，到时会吵闹得更加厉害。

能满足的尽量满足

她吞吞吐吐说了自己的要求，为了平息吵闹，那么就尽量满足她吧。如果不是什么难办的事情，你负担得起的，就请尽量满足。虽然女人有时贪心，但是贪心的基础是你曾经满足过她些什么，她也不是盲目贪心的，一定是考量了你的实力才提出的要求。只要你们平时的感情不错，她应当不会对着每个月工资两千多的你要求钻石之类，如果你不是爱打肿脸充胖子的话。偶尔无理取闹，但平日经常对你撒娇的女人还是可爱多于可恶，你就敞开你的大男人胸襟包容一下吧！

当然，包容的结果是，你必须迅速满足她，恐怕她会一再纠缠，到最后受苦受累的还是自己。简单的事情就应着吧，相信她也会适可而止的。

转移视线

如果她的要求实在超出了你的承受范围，和她解释再三她也不想妥协，还继续吵闹撒泼，更过分的是还在大街上拽着你的袖子不放，就需要巧妙应对了。这个时候，先把她拉到人少的地方好言好语劝一劝，说明你的难处；能用玩笑话缓解一下气氛更好，让她平静下来，然后你提出另一个方案，看起来也挺诱人的，但是花费的金钱和精力要少很多，以此来转移她的视线，并告诉她“以后能力允许了，我一定答应你的这个要求，可是今天你就体谅一下我吧！我知道你最疼我了，不会不答应的对吧?”嘿嘿，这叫什么？男人也可以撒娇呀，而且会撒娇的男人，一般没有女人能抵抗得了，你也撒娇装装可怜，她就无计可施了！

不过，很多男人做不到这一点。不怕，你们可以假装生气、假装失望、假装伤心，关键在于把握好她的个性和弱点，例如很多女人害怕男人认为自己是个拜金女，那么你可以从这个角度着手，表现出你的失望和伤心，叹叹气，皱皱眉，沉默片刻，她必定会注意到，为了缓解僵局，通常她会放弃最初的目的。这时你再买点东西安慰她一下，赶紧和解吧！

女人的自愈能力远远强于男人

失恋的她比你先进入下一段爱情！

或许你不相信，你认为自己是很能够自愈的，可是事实上，女人的自愈能力远远强于男人。从古至今，往往都是女人在关键的时刻做出了伟大的努力，从而使得整个局面有了逆转。从很大程度来说，女人的自愈能力确实远远强于男人。真的是这样吗？或许你会有这样的疑问。

那让我们来分析一下吧。

女人自愈能力的突出表现

表现一 失恋复原速度快

或许这个不能针对所有女人而言，不过相比较而言，女人失恋之后复原速度是比较快的。

不要被琼瑶阿姨笔下的人物给蒙蔽，琼瑶阿姨笔下的女子大都多愁善感，失恋后生不如死，甚至要闹自杀。事实上，这样的人物在生活中又有多少呢？真的可以说是很少。

就本人看到的现象来说，很多女性在刚刚失恋的时候似乎确实有点生不如死的症状。毕竟被伤了心，谁还有心情开心玩乐啊。有的甚至吃不好睡不好，开头一段日子甚至天天失眠，眼泪也不知道流过了多少。身边的朋友或安慰，或劝解。总之，经过这么一翻折腾，终于在某一天复原过来。回头看前男友，他还沉浸在过去当中（特指认真对待感情的），无法自拔，甚至想要挽留。而她早已摆脱当时的那种现状，虽然不是一点也不难过了，可是到底不会沉浸在往事里。

为什么会出现这样的落差呢？原因其实很简单。女人失恋，通常会找发泄，不管哭也好，醉酒也好，向朋友诉说也好，绝食也好，失眠也好，统统都是发泄的一种手段，随着身体被折腾得越来越恐怖，她开始意识到需要好好对自己。特别是从前的他没有回头来找，她更意识到只有自己对自己好，才会真正地好起来。所以，在领悟了之后，她的复原速度特别快，自愈能力特别强。因为，她已经从阴影里走出来了。

但是，他呢？他还没有走出来，因为他是男人，他很少发泄，他正常吃喝，或许有点影响，可是男人的自制能力终究比女人强。他不会大闹，他心里的伤口得不到填补，他的情绪没有缺口发泄，所以，他还是会沉浸在里头。他给自己制造的假象是，她还在留恋，所以他也万般留恋。可是，熟不知，她早已走到太阳底下，汲取新的能量了。所以，他的复原能力就显然低于她。在恋爱方面的自愈能力，大大不如她。

表现二 事业失败复原速度快

如果上面那个难以理解的话，那么现在这个就比较好理解了。

都说女人比较感性，男人比较理性。所以，关于恋爱的不能理解很正常。

但是对于事业方面，牵扯到感性与理性的问题，那就非常好理解了。

女性总是比较重视家庭的，真正以事业为生命的没有多少。所以，在事业上的失败，虽然会暂时打击到她，但是通过一段时间的修复之后，又会重新大放异彩。期间，她会补习一些需要补习的知识，需要从之前那个打击中复原。从之前的失败中汲取教训，从而成为自己努力的新起点。女性通过这段时间的修复，再度出山，这个时候的她更有经验了。然而，关键并不在于修复的时间的长短，而在于她的心态是如何的。相较于家庭而言，事业对于她并不是那么重要。她不是家庭的顶梁柱，丈夫才是家庭的顶梁柱。

当然，对于暂时还没有家庭的女人来说，喂饱自己比喂饱一家人要容易得多，所以压力还是很小的。虽然想要事业上有所发展，可是更多关注的应该还是家庭的组建问题。

然而，男人则不一样。虽然组建家庭经营家庭也是很重要的事情，可是事业终究是生命一般的东西，如果没有了事业，你就无法让自己的妻子孩子或者未来的妻子孩子有所依靠。你必须有所成就，这样才能成为山一样可靠的男人。一旦事业失败，那么就是一个不小的打击。是否该换个职业，问题是否真的出在职业方面，这些都是要认真考虑的问题。一旦做了决定，那就是一个转折点，要么往好的方向发展，要么往更坏的方向发展，总之，发展方向的好坏，终究是依靠这个时候的抉择。所以，他往往很难从打击中恢复，因为之前也是有着这样的考虑，然而他的选择并不尽如人意，才受了失败这样的打击。

总而言之，因为男人对于事业的重视程度很高，以至于他对于事业的期许也就好。正所谓，希望越大，失望越大。在事业方面，比女人难自愈也是情有可原了。

表现三 面对死亡自愈能力强

面对死亡，似乎是女性哭得比较厉害，男性真正哭的好像不多，就算哭也只是流几点眼泪，或者是眼泪蓄在眼睛里。

那为什么女性面对死亡自愈能力反而更强呢?

首先，通常家族内有人过世，通常都是男人来主持，这样的情况下，不容许他们掉眼泪，不容许他们有所发泄。所以，很多时候，他都是默默忍耐，因为如果一旦他倒下了，那么后面的事情会非常糟糕，他没有办法主持，众多女人孩子更是无头绪的，所以他的压抑导致他无法发泄，自愈能力也就差了。

其次，男性是比较不会用言语表达感情的。所以，平时的感情就压在了心底，不是不在乎而是不善于表达，不是不爱，是不会说爱。等到亲人过世，这个时候才有许多懊悔的事情翻出来，责备自己为什么没有早一点表达自己，为什么没能好好对待逝去的亲人，这是一个很严重的心理问题。压抑久了成习惯了，自然会使自愈能力下降。

其实，典型的例子是《Gossip girl》里的 Chuck，看似很倜傥的花花公子样，并且对于自己的父亲很是不屑及叛逆，其实也不过是缺少沟通罢了，所以在他爸爸离开的时候，他是最没办法缓过来的那一个，即使有 Blair 陪在身边，仍旧不能够开解他。

所以，很多时候，学会表达非常重要。女性就把这一点做得很好，很多时候，她们会把问题提出来，并且进行解决，这样心里不会带有遗憾，即使是亲人离开，也能慢慢地恢复过来。

所以，面对死亡，女性的自愈能力其实也是比男性强很多的。

综上所述：女人的自愈能力要远远强于男人。男人需要半年才能缓过来的事情，女人或许一两个月就能走出来了。不是她们有多冷漠，而是因为她们平时就会有沟通，在关键时刻会发泄出来，所以感受到的压力比男人会明显小一点。男人可以发泄的空间比较小，对于自我控制太好。事实上，许多心理问题都是因为无法发泄才造成的。所以，男人的自愈能力相对差一点也是正常的。

理解误区——男人的思维禁区

◎失恋后，她会恨你一辈子

好吧，其实这是一个非常大的误区。你总是自以为是，自我感觉颇为良好。熟不知在你伤心缅怀的时候，她早就从阴霾中走出来。或许她不可能忘记那些曾经一起度过的美好，但是她不会紧揪着往事不放，因为她清晰地明白那样只会让自己更痛苦。现代社会，表面上看起来柔软温顺的女人，往往内心强大，她懂得看男人的脸色，知道什么时候应该珍惜，什么时候应该放手。你和她分手之后她会哭泣，她会哀怨，但是她更加自信，她曾经爱过你，她便没有勇气去憎恨你，她宁愿一个人躲起来疗伤，并且祈求你不要再给她希望。

相对的，看起来大大咧咧、个性尖锐的女孩往往更加害怕被抛弃，她用坚强的外表伪装自己，会为一个负心男人据理力争，她唯恐自己受到了伤害，会和你大吵大闹，质问你为何要离开她。即使她看出来你不爱她，她也不甘心就此放手，一定要拉着你一起痛苦才行。这样的女人是可怜的，她会花上一段时间去恨你，但是鲜少有人会将恨意持续一辈子，毕竟李莫愁已经越来越少了。

基本上，真心爱过的自信女人，失恋后不会选择恨，因为恨一个人是需要花费力气的，是会使她陷入回忆和往事无法自拔的。所以，她不会恨你一辈子。或许刚开始是有怨愤的，但是时间是一剂良药，永远好过你暧昧不止的安慰。她会忘记你带给她的伤害，将你带给她的美好永远留存在心里。

不不不，怎么会恨你。因为与爱相反的不是恨，是不在乎。她不会再爱你，所以她会忘记你。她的自愈能力很强，不要你来给予安慰。如果你有同情心，请离她远一点。

◎自愈能力强就等于没有心

她很快从阴霾中走出来，就代表她没有心，不懂得爱？

男人难道不会这样吗？如果你要这么想，那也没办法。只是事实恐怕正好相反。

某些女性的自愈能力强，是因为她明白有更多的事情要去完成，要往前看，不能只想着已经成为过去的事情。她处事果断，不拖泥带水，不对你存有幻想。

她有心，有爱心，有同情心，懂得爱，也知道疼。她知道自己伤心，所有爱她的人也会跟着伤心。所以，她明白必须赶紧好起来。除了你，她更在乎身边关心她的人，她不希望他们因为她受到伤害。

自愈能力强就等于没有心，这种说法从根本上说就是错误的。她是最为善良和可爱的，怎么会没有心呢？

如何解决——向女性学习

◎多沟通

每个人的自愈能力都不同，男人和女人更有所差异；你们怎样去看待失恋，是会受到家庭教育和环境的影响的。男人与女人要好聚好散，最重要的还是沟通，只有沟通了，一些问题才能够解决。沟通是人与人相处的桥梁，所以沟通很重要。男人要多向女人学习，并不是说像一些女人一样八卦，而是有话要直说，虽然说把东西藏在心底，心理承受能力会增强，可是放的东西太多太满的话，还是会直接导致心理疾病。

如果你遇到一个失恋的女性，如何帮助她是一件令人头疼的事；如果你遭遇和女友分手，如何劝慰她更是一件难事。但你要记住的是，女人不如表面上看起来那样复杂和难懂，只要你肯和她多沟通，大家敞开心扉来说说心里话，会发现她远比想象中简单。

◎懂得排解

女性在失恋后，会给自己安排很多事情来做。在事件失败期间，她还会不断吸取教训。男人们虽然没有办法像女性一样嚎啕大哭，但是可以适当地通过别的方式解决排解一下。喝酒、发脾气不是健康的排解方法，虽然可以短暂地压制痛苦，但心情没有得到真正的疏解。面对过去了的事，没有什么是不可以说出来的，甚至都是可以高声喊出来的。谁也不会总盯着一个人的过去看，作为男人，要拿出你的气概和豪气，凡事往前看，不能沉浸在过去中。将琼瑶阿姨写的善男信女们从中去除吧，他们不是感情泛滥的家伙，他们只是不知道如何去排解而已。可以互相倾听，多找朋友交流一下想法；出去运动、旅游，将烦恼写出来，甚至躲起来痛哭流涕，都是很好的方法。

◎学会倾诉

遇到失望的事情，遇到期许很高却失败的事情，可以拿出来与大家说一说，至少和好朋友聊一聊，倒出苦水来不是一件丢人的事情，你的哥们不会笑话你！三言两语说开了，他们的话也许会对你有所启发，你或许能得到特别的收获。虽然大家的意见不一定都正确，但是他们一定可以会对你倾诉许多事情，与别人分享了，自己的负担也会轻一点。所以，倾诉非常重要。

每个女人心中都住着一位“公主”

她是灰姑娘是白雪公主，总之就是公主！

偶像剧的忠实粉丝，做白日梦的天才。芭比娃娃盛行，连 Kitty 都是一副公主的扮相。男人们觉得不可思议，但这确确实实是女人生活的一部分。从三岁稚童到八十岁的阿妈对“公主”的称号缴械投降，无怨无悔。哪个少女不曾幻想着自己是一位美丽的公主，对爱情的永恒坚信不疑。或许很愚蠢，很幼稚，很天真，但这位“公主”确是实实在在地居住在她们的心里。

女人心中公主大分类

◎A“灰姑娘”的爱情

公主不一定来自皇室家庭，平民公主大有人在。还珠格格，万人空巷，多多少少满足了少女、少妇、大妈们的心意。小燕子飞入无数女人的梦中，并被动地被做梦人的形象替代。80 岁的阿嬷写信给周杰说“如果有来世，我愿意把初恋献给尔康”。这不是笑话。女人的“灰姑娘”情结与年龄无关，憧憬美满的爱情和婚姻是她们的天性。很多女孩希望并坚持有水晶鞋的存在，渴望有一天从小丑鸭变成白天鹅。她们对现实生活的境况不满意，甚至过得不好，于是更加幻想着自己一定会从配角变成故事的主角，有一天能够与自己的白马王子获得唯美的爱情。

这类的女性只是单纯的希望能够成为美丽的公主和自己的梦中情人手挽手那么简单，只要有这么一个男人符合她的王子标准，她很容易陷入情网，又有谁还会去在乎那12点钟声的通牒。

流行指数 ★★★★★

族群性格小贴士

普遍存在于女性人群

无潜伏期，随时发作

易大规模爆发，成为流行

男主角对爱情忠贞不渝

永久不衰

梦想主要参考模式：戴安娜王妃的故事、《我叫金三顺》

◎B“白雪公主”和她的城堡

公主总是要回到自己的城堡中的。这个城堡是一个安全的壁垒。即使有7个发育不良的骑士，白雪公主最后还是要回到城堡中和王子组成一个家。

渴望像白雪公主经历一样曲折离奇并且 happy ending 不是女人有被害妄想症，而是希望现在的生活有保障、有安全感。这类女人不会妄想一步登天，她不相信飞上枝头就能立刻变成凤凰。

面对现实，可能只有历尽艰险的爱情才能让她们感到安心，在她们眼中没有在风雨中漂泊过的船只是不能扬帆远航的。也许过程是艰辛的，道路是崎岖的，但这些都丝毫不能动摇公主内心的坚定。在她们目光的前方，永远是王子的身影指引着她们向着自己的城堡前进，那时候这些艰难险阻似乎在她们心中已经被爱情的希望给浇灭了。公主心中的爱情神话似乎能够战胜一切，她坚定自己的道路，并且认为自己的骑士和她一样坚定。她的7个蹩脚骑士一定会帮助她和王子的爱情圆满，这似乎是她们心中永不磨灭的信仰一样支撑着公主去经历所有的危难。

流行指数★★★☆☆

族群性格小贴士

考虑事情周密，喜欢凡事做好准备才动手

有时候她们会用物质作为衡量的标准

大多数愿意和你一起奋斗，一起做“房奴”

会在菜市场讨价还价

生性乐观，受到打击也能马上重振旗鼓

梦想来源：《流星花园》、《蒂凡尼的早餐》

◎C 雪之女王型：

喜欢公主还是女皇就像男人喜欢萝莉还是熟女一样众说纷纭，两者的拥戴者越来越趋向平衡。女王相对于公主多了一份成熟和责任，她拥有睥睨男人的实力，往往高高在上，个性独立。

雪之女王外表冷冽，她们不像公主那样小鸟依人，她们需要的不是唯美和浪漫。公主早已成长为了女王，不再像从前那么单纯，那么盲目。取而代之的是，饱经风霜的内心。和心爱的男人远走高飞，置一切于不顾，在她们眼里已然已经成为一种愚蠢和幼稚的行为。她们不再相信童话和韩剧，她们的眼里所看到的全是现实的残酷和困境，她们更需要的是一个稳定的、成熟的、有保障的爱情和家庭。她们考虑的更多的是未来，而不是现在。与其不顾一切的爱一场，不如事事周到地为家庭的未来着想。在她们心中，自己已经不仅为了本身而活着了，作为城堡的主人，她有责任维护好所有的成员。

爱情观更多地被现实所左右了，虽然多少会有一些悲剧的色彩，但也看到了女性成熟和理性的一面。这类女性往往对家庭具有强烈的责任感，她的恋爱是以婚姻为前提的，她会选择稳重可靠的温情男人，而不会被油嘴滑舌的帅哥吸引。她虽然看起来冷酷，但只要你攻陷了她的心，她会对你死心塌地，忠于婚姻和家庭，照顾好家里的每一个人。

流行指数★★★☆☆（呈上升趋势）

族群性格小贴士

得到“剩女”们的大力拥护

在白骨精（白领、骨干、精英）中颇为流行

感情宁缺毋滥

有些自我为中心、固执等

梦想来源：《败犬女王》、《美女与野兽》（日剧）

男人的思想“地雷区”

◎女人公主梦会让我的生活天翻地覆

女人虽说是感性的动物，但大多数理性起来可能会超过你哦。

偶尔做个白日梦，念叨着羡慕是可爱，一直做公主梦是白痴加弱智，女人对这个观点是无比赞同的。理由很简单：拜托，虚构出来的东西看看就好了，你还真的当真吗？不要丢你们女人的脸哟！

湘琴（恶作剧之吻里智商 75 的女主角，通过长达 7 年之久的倒追行为赢得 IQ200 的男主角的爱情）是神话里面的人物，女人心底比你还要清楚！如果她们存在生活中就只能偶尔的装傻衬托你的能干，仅此而已。另外，女人的娱乐精神是收视率的保障。

没有哪个男人喜欢一个整天闯祸、笨得出奇的女生吧？即使她很可爱，很漂亮，时间久了还是会觉得相处起来很吃力，因为她总是给你出状况，你收拾她的烂摊子就够受了。男人最怕的还有一个，就是外表漂亮没脑子，往往傻女人比丑女人更让男人头痛。

太过现实的爱情是不是过于可怕了，那么女人的公主情结倒也成了不错的爱情调味剂，不加一点的话，这样的爱情也会两个人慢慢腻味的。偶尔的小鸟依人，偶尔的撒娇，满足一下她们内心可爱的想法又何尝不可。总是板着脸过着像父母媒妁之言一样的爱情生活，你难道不会觉得淡然无味么？这又和政治婚姻有什么区别，还有什么爱情可言？不要整天摆着那张臭脸了，就算是把她的公主梦当成茶余饭后的调侃话题，也会让你们的爱情增色不少。

◎看多了泡沫剧，女人会变得浮夸、做作

“那个男主角求婚的场景很浪漫，她会要求我这么做吗？上次她好像暗示过我哦。”“她自从看了韩剧就迷上了，整天的胡思乱想，都不好

好过日子了!”

你是不是心里这样嘀咕过？你又错啦。固然女人嘴上常说的一句话是“看看人家……”，这也是很多男人望而却步的原因，总觉得自己是秤上面的肉被时时刻刻比较。其实女人这句话是个语气助词和“今天天气很好哦”没有本质的差别！她更多的是想引起你对她的注意。要知道，女人心里有杆秤，胃疼时候的一碗热粥抵得上无数颗冰冷的钻石。现实和幻想，她们分得清楚着呢，只是嘴巴上喜欢感叹而已，就像有的男人喜欢抱怨日子过不下去了一样。

她们表面上对你的不满，也只是一种撒娇的表现罢了，希望你哄哄她，陪她一起疯一疯，这时候你当然要逆来顺受的全部照单收下了。她们真正不满的是你不耐烦的态度，“不满意，你找别人去好了”，这样的话实在是太过情绪化了。知道吗？绅士做的，不是他想做的，而是他应该做的。所以即使你当时觉得不高兴，也得把她哄得天花乱坠。女人对影视剧的崇拜是一阵一阵的，不会持续太久，她看得高兴就喜欢说上计划，你的过激反应只会带来副作用。

另外，其实浪漫的始作俑者基本上都是男人，要知道偶像剧的导演以男人为主呢。因为男人了解女人的心理需求，所以才拍出这类符合女人梦想的剧集来。当然，女人会无止境地追着韩剧看很可能是因为心灵空虚，男人应该检讨一下自己是否太忽略她了。通常情况下，一个经常约会的女人，看韩剧时间会比较少。

做个“有心机”的男人

◎偶尔陪她看看偶像剧，即使你认为没有营养

只要有时间，你迁就一下她，陪她看看偶像剧又何妨？这样做的好处有：你可以光明正大的吃女主角的“冰激凌”但不要放在嘴上，更不能有“啧啧”的拟声词；知道你的女人最近在哈什么，她在期望什么，让你们之间有共同话题；不用外出约会，还间接省了看电影的支出；和

公司女同事有共同话题（不是给你搭讪用的）；学习浪漫的招数，掌握流行等其他好处，不胜枚举。

整天在她耳边不断啰嗦那些她不感兴趣的事情，显然不是个好注意。你不会知道，当你说出昨晚她看过的偶像剧情节时，她的目光中会充满多少感动。所以，做一个细心的男人，就算不能时刻陪伴着她做她喜欢的事情。哪怕只是带着她去海边放着廉价的烟火，她也会感动一辈子的。虽然在你眼中只是一些可能无聊的事情，但是在她的眼中，确是这一生都想要拥有的回忆。女人其实很好哄，只看你愿不愿意做。

◎不做暴发户的儿子，做王子

送礼物是每个男人总要做的事情，并且不止一次。怎样送出范儿并成功安抚女人的心是门学问，如果你看偶像剧，你大约会学到许多招数。

不要像暴发户那样送礼物，要么被怀疑是A货，要么被认为你这人很粗俗，除了金子和粮食，你的脑子里就空无一物了。

做王子，记住送礼物的三要素，你的气场、场地气氛、话不要多。

气场决定你在他心中的形象，送礼物时要自信、大方、深情；气氛决定她能记住你的礼物多久（场地不一定要豪华，但要特别），旁边最好不要有太多人；话不要多是指你不要频繁介绍你的礼物，不要告诉她你花了多少钱多少力气，记住你不是推销员，另外女人是天生的购物狂，她一定会搞清楚这份礼物的价值。

如果后两个元素运用得当，不仅平民礼物送出大气派，送礼物的频率也会大大降低哦。为什么？因为女人在回味这个经历并在考量这份礼物的价值呀，有的还会考虑回赠你的礼物，哪会一时半会儿要你继续送呀。

◎ 陪她一起做梦

对，你没有看错！

女人爱幻想，爱做梦，还常常做白日梦。如果你看不惯她总是一脸花痴地憧憬韩剧里的情节，不如就和她一起做梦。这个梦可以是你们的将来，你们未来的家，未来的孩子等等，甚至是你们中了五百万会怎么胡天海地的花。你说得越多，她听得越开心，你说得越美妙，她觉得越满足。女人不是分不清现实与梦想，只是她们需要一种精神安慰，如果你无法成全她，她就自己做梦，哪怕想一想也会很高兴。只是陪着她想一下想而已，这比逼着你一定要买颗钻石给她要简单多了吧，干嘛不做呢？

现在的工作压力很大，房价很高物价在涨，你们的薪水很微薄，但和你最亲近的人一起讨论未来的规划，自己也会有精神一振的感觉，内心也会变得积极起来。讨论的多了，她也会更加努力工作，为你们的未来做打算，而不是有事没事就白日做梦了。瞧瞧，这个不就是针对“公主梦”的良方吗？

每个女人心中住着个“狐狸精”

做个狐狸精是每个女人的至高梦想

每个看似纯洁无瑕的女人，心里其实都住着一个“狐狸精”，不要以为她们看上去如同公主，实际上，她们都向往或者尝试过“狐狸精”的生活。虽然不是每个人都有做“狐狸精”的潜质，但是这并不妨碍她们的向往之情。

“狐狸精”种类大盘点

A 妲己——魅惑的“狐狸精”

说到“狐狸精”，第一个想到的就是妲己。不管是历史上，还是神话故事当中，妲己都被当做是魅惑的存在。什么叫红颜祸水，什么叫祸国殃民，这就是典型。好似她一个人就颠覆了一个王朝，简直厉害之极。只是，并不是每个人都有这样的潜质。

其实，现在很多人都在为妲己说话。不能将一个国家的灭亡责怪于一个女人，她只是起到一个推波助澜的效果罢了，然而对于这样一个古今唾骂的人物，想要翻身实在是太难。

虽然这个女人臭名远扬，但是众多女人口上骂着，心里还是有着这样的向往的，这样有本领的“狐狸精”，谁都想做上一回。成为魅惑的，可以引诱的“狐狸精”，无论如何都是很有诱惑力的事情。而对于男人来说，这样的女人更是千年难遇，即使你明知她是狐狸，能够脱身的可能性也很低。

向往指数：★★★☆☆

上榜理由：将男人与天下掌握于股掌之中，是许多女人梦想做的事情。

B 潘金莲——贤良的“狐狸精”

如果潘金莲那一棍子没有砸下去，是不是就不会有和西门庆的这一出呢？不过，就算不是西门庆，也会有别人。看似一副贤良淑德的样子，却生就一副“狐狸”骨。到底是深闺太寂寞呢，还是本身不够纯良呢？倘若她不是嫁给了武大郎，而是一开始就嫁给了西门庆这样的达官贵人，她是否就能遵守妇道呢？武大郎可怜归可怜，但是相较之风流倜傥的西门庆，谁不想艳遇一把呢？男人嘴巴上也许会骂潘金莲多么多么风骚，但是心里怕仍是喜欢的吧，毕竟她是个美女，风情万种，勾搭起来还刺激。

所以，表面做着贤惠的妻子，内在里却是“狐狸精”，这样的搭配是许多家庭主妇所梦想的。只是这种“狐狸”骨还是不要外露的好，做个闷骚的女人会让自家男人爱不释手。这点，男人自然心里有数的，对吧？

向往指数：★★★★☆

上榜理由：深闺里的寂寞，让她们渴望来一场艳遇。

C 杨玉环——最肥的“狐狸精”

唐朝那个以肥为美的朝代，造就的“狐狸精”也是以肥为美的。所以，杨贵妃，必定是历史上最肥的“狐狸精”了，但是这“狐狸精”肥归肥，发挥“狐狸精”本质的时候，还是丝毫不含糊的。从儿子的妃子成为父亲的妃子，其魅惑功力自然也是不容小觑的。不管是不是自愿，不管是故意的还是无心的，终究是可以看出这个“狐狸精”也是名至实归。当然，这个“狐狸精”在历史上的命也不好，同样被冠以“红颜祸水”的名号，同样被指责是祸国殃民，硬是生生地被逼死了，可见这个名号总是与“红颜薄命”相连接的。

虽然命运下场并不好，可是这样子飞黄腾达的“狐狸精”还是有许多女人向往的，毕竟人生辉煌一回，也是着实不容易的事。

向往指数：★★★★☆

上榜理由：有点像灰姑娘，只不过灰姑娘没成为祸国殃民的，或者说她成没成大家不知道，而这个显然是成为了大家口中祸国殃民的“狐狸精”。不过，重点不在这里，重点是她魅惑了皇帝和太子，从而享受了几年的荣华富贵，她万千宠爱集于一身，这样便足够了。

D 武则天——做皇帝的“狐狸精”

中国唯一一个做皇帝的女人，竟然也是“狐狸精”。不要被《至尊红颜》给迷惑了，那么单纯的模子也能做皇帝，根本是不可能的。唐太宗赐名为媚，所以历史上也称“武媚娘”。同样也是分别做了父亲和儿子的妃子，只不过这一次是父亲到儿子。武则天比那些个狐狸要高明太多，不光有美艳的外表，还是最有手段最聪明的一个，她的理想超出了一般女子的想象，做了许多女人想都不敢想的事情，她的雄才伟略比男人还要更胜一筹，她骨子里还是一个绝对自信和永不服输的女人。这样的女人，不是被迷惑就是被吸引，遇上这样的狐狸精只有被吃掉的份儿。

所以，她是唯一一个可以做上皇帝的“狐狸精”，这个也是最有分量的“狐狸精”吧。

最有分量的“狐狸精”，自然向往的人也最多。

向往指数：★★★★★

上榜理由：先不论她是否“狐狸精”，首先她做女皇帝这一点便让众多女性艳羡不已了。其次，她的狡猾和残忍都表明她是一个典型的“狐狸精”。这样一个受万人敬仰政绩还不错的“狐狸精”，谁又会不向往呢？所以，向往的指数也是最高的。

女人对“狐狸精”总有无限向往

虽然外表或者贤淑，或者安静，或者单纯，总之，女人们仍旧无法抗拒做“狐狸精”的机会。或者说是不安分，也可以说是不甘于平淡。女人们也有征服欲，希望男人臣服于自己的脚下，改一改从古至今男尊女卑的传统。

◎表现一 艳遇

《廊桥遗梦》无非就是讲述了一次艳遇，却是动人心弦。原来，艳遇也可以如此感动。对于男主角和女主角来说，这是一次双方面的艳遇，两人都甘之如饴，与旁人无关。

男人每日期待艳遇，女人又何尝不想遇见王子？谁也不甘愿忍受平淡的生活，在这个纷纷扰扰精彩繁杂的世界，面对着众多的诱惑，她哪能一眼就分辨清楚。期待一次艳遇，在酒吧，在旅馆，在书吧，在茶座，在咖啡屋，在城市的某一个平淡的角落，一次小小的艳遇，邂逅一张温暖的容颜，会给生活带来一点点精彩，会让女人充满活力。

有时候责怪生活太平淡，有时候只能说自己向往一场火花四溢的爱情。多么奇妙的世界，两个人的相遇就像是一场电影，在自己的脑海里无限放大。浪漫吗？感人吗？艳遇之后说再见，虽然遗憾，却那样的刺激。艳遇能给女人留下一个最为美丽的回忆。

◎表现二 幻想

女人或多或少都是爱幻想的，对于自己成为“狐狸精”的幻想由来已久。表面上是公主，心里却做着成为“狐狸精”的梦，真是有点好笑呢。

可是这确是一些事实，无法真正实现某种愿望的人，只能在大脑中好好幻想，这些幻想或许带着现实的背景，或者根本就是跳跃到了遥想的那个年代。于是，便有了一些小说，无法实现，便将它们写出来。通常是迎合另一部分同样爱幻想的读者的需要，于是，大家都得到了满足。

其实，幻想也没什么不好，起码发生在脑袋里头，没有人能看得见。随意想想，空虚的心灵得到了满足，还不需要负责任，不需要担心许多现实中要担心的事情。幻想是美好的，就如同幻想成为“公主”是一样的道理。

男人的思想误区

误区一：想做“狐狸精”就是坏女人

想做“狐狸精”，或者是想要经历哪怕一次那样的生活，并代表她是坏女人。这样的想法，实在太过肤浅。

想要一种体验，只是因为从来没有过经历，每个女人心中的“狐狸精”也不尽相同。被下这样的定论，事实上已经违背了她的初衷。不过是生活中太多平淡，想要一点新鲜调味料，内心带了点不安分的成分，更何况想做也不一定就会去做。

蠢蠢欲动的心思，往往胎死腹中，其实她想征服的男人一辈子只有那么一两个，她表露出这点想法，很可能只是为了博得心仪男人的注视。倒追男人不是哪个女人都做得出来的，那么，透露点狐狸的魅惑给你，你知道了她对你有意思，就赶快追求去吧！

事实上，每一个女人或多或少都诱惑过男人，包括一个暧昧的眼神和小动作，都是不同程度上的“狐媚”，难道每一个女人都是坏女人吗？她对你有兴趣，对你芳心暗许才会如此呢，谁叫你是个木头呢？看看她平时对其他男人的表现吧，如果下定论过早，对于双方的关系，都是一个大大的考验。

误区二：想做“狐狸精”就一定会做

这又是一个大误区，究竟为什么会造成这样的误区呢，可能是由于概念模糊吧。想归想，许多人一辈子就停留在想的程度，绝对不会往前踏出更多步了，不会去做这样的事情。女人的这类幻想，与大多数男人的性幻想一样，看似危险，但成为现实的可能性很低。

当然，选择去做的并不是没有。遭遇一次艳遇，做一次真正的“狐狸精”，对于她们而言，是一场华丽的冒险。惊险，刺激，又好玩，像是干了坏事得逞的孩子，害怕内心惴惴的同时，仍旧是带着一丝兴奋和刺激的。这类女人是大胆的，但不一定是风流的，她不过是一个贪玩的大孩子，在某一次旅途中多冒了次险而已，快乐也就是转瞬的事。她满足地回来，一切便又都恢复原样了。只是她有没有把握好度，有没有玩出轨，就需要你仔细观察了。

究竟该如何面对女人们的幻想?

◎做一个懂她的人

对于她的这种离奇想法，你要表示理解。毕竟对于没有经历过的世界，她是带有好奇的。你要放心，她不会成为妲己，不会成为杨玉环，更不可能是武则天。因为她对于未来是懵懂的，想要探究“狐狸精”为何物几乎是天性。心内藏着的那只“狐狸精”或许时刻都在蠢蠢欲动，常常催促着她往更深更危险的地方去。你要懂得她对于平淡生活的不满足，你可以陪她玩这场游戏，让她那尝试的想法被扼杀在萌芽状态。或者说，就让自己成为她的那场艳遇，那么故事会更精彩哦。

◎陪她一起做一个关于乱世的梦

乱世里的“狐狸精”，是否是她向往的呢？那么就安静地陪她做个梦吧。闭上眼睛，听她的描述，如果你有这个荣幸，或许会成为她故事中的男主角哦。和她一起想象，你们或许生活在一个乱世，如果相识、如果熟悉、又是如何相知，统统都由她说给你听。会不会觉得比你们现在的生活更有意思呢？给平淡的生活增添一味调料，有何不好呢？这次这个故事说完了，下次再换个背景，再做一个冗长的梦。写一本书的料都有了呢。让你的她成为幸福的女人吧，快乐地生活，幸福地做梦。

◎给予她和其他异性交流的空间

完全禁锢她和其他异性来往，你就能消灭她心中的那个“狐狸精”吗？这是不明智的做法，还可能起反作用。女人也需要自由，和男人存在女性朋友一样，她需要在其他男人面前展示自己的魅力，来获得自信和力量。她需要得知，除了你之外，自己对于别的男人还有没有吸引力。这不是她想要勾引别人，而是一种证明，证明她仍然具有魅力，能让你有危机意识，让你更在乎她。

相反，一个整天只围着你转的女人，会在生活琐事和繁杂家务中耗尽她的能量和青春，她听不到赞美听不到别人的评价，她不懂得自省，她没有改变穿衣打扮的动力。她会变得患得患失，眼睛只盯在你身上，也会禁锢你的自由。所以，你应该给予她适当的自由，让她和其他异性有所交流，带她进入你的朋友圈子，让她时刻能听到别人的意见，让她能看到自己的缺点。

女人也是视觉动物

谁说女人不用眼睛看世界?

常常有人说男人是视觉动物，会以外表取人，不会考虑内涵。可是，你知道吗？女人也是视觉动物，她们也会以貌取人。长相如何，穿着如何，这些从前似乎在女性身上显得特别突出的问题，现在在男性身上同样也要被审视。

因为这世上，不是只有美女让人一见钟情？帅哥同样是大家梦寐以求的对象。能够嫁给模特般完美外形的男人，那么少女时代的梦想才算得以圆满，作为一个女人夫复何求？

女人们的审视点

◎长相

虽然说外表在这个时代真的是一件不可靠的事情，即使很好看，也有可能是手术制造出来。但是，看一个人的长相，仍旧是一件重要的事情。看这个人的长相，通常要看眼睛。都说，眼睛是心灵的窗户。通过看一个人的眼睛，或许可以初步了解他是什么样子的人。是淡然，是功利，是顺其自然，还是异常精明，通过一双眼睛，或许可以看出许多的端倪。

其次是看嘴唇，嘴唇是薄是厚，可以看出这个人是否薄情。这个可能有些传统的说法在里头，不过似乎很多人都试验过，确实有这样的说法。

还有就是要看整个的面相，是宽厚的，还是精明的，是温和的，还是严厉的，其实很多都是看得出来的。很多宽厚之人的面相，整个面部都比较柔和，这个和胖瘦没有关系，而是整个的美感和和谐感。

所谓相由心生，不是没有道理，看看皱纹在哪里，有没有好看的笑纹，这些都是很重要的。

其实，虽然说以貌取人并不好，可是基本地稍微了解一下别人，也只能通过看外表。不可能一下子就深入了，也不可能一下子就能够了解。

所以，从这点来说，女性确实是视觉动物。

◎穿着

一个人的穿着，直接体现着他的品味。

不在乎是否名牌，也不在乎价钱是否不菲，最最关键的是是否与整个人的气质相称，还有衣服本身的搭配是否和谐。如果一个人外表长得还不错，即小帅，可是穿衣打扮很不伦不类，简直就是自贬身价。不可以与自己本身的气质有违和感，否则整个人看上去将是很悲剧的。

所以，女人确实是视觉动物。看你的穿衣打扮是否合体，是否与自己合适，这些都是学问，她们会研究。如果你打扮得不伦不类，那么她第一次的印象便不会太好。她需要一个有品位的人，而不是穿着奇怪装束的人。

鞋子、衬衫、西装以及领带，每一样都很重要。

不要责怪她们挑剔的眼光，要怪只能怪你自己品位跟不上，达不到她们的要求。

◎头发

不要以为头发不重要。很多时候，她会仔细研究你的头发。上面是否喷了什么东西，是否细心打理过，同样也可以看出你是哪种品位的人。

喷发乳和不喷发乳头发的效果是不一样的，一种品位形成一种效果。当整个餐厅里都能闻到那浓烈的发乳味道时，你却还浑然未觉，那就未免过于迟钝了。如果你不注意卫生，约会前一晚没有洗头，头上还时不时飘飞出一块头皮屑，任何女人见了都会受不了。对你的第一印象，只能是：这是个邋遢的男人。

现在的女性很注意一个人的生活品质，头发很能看出你的生活品质如何。如果不能够符合她的品位，那还有什么相处下去的必要呢？

◎手

都说手可以看出一个女人的真实年龄，其实在男人身上同样适用。手是否沧桑，是从事何种工作的，稍微一看就能看出来。比如说，文字工作者的手指通常比较干净，没有什么操劳的痕迹等。

当然，手指甲也是一种看的方式。手指甲是否长，指甲里是不是有脏物，这些都是很重要的。往往穿着等都蒙混过去，却是手出卖了自己。说到这里，不禁想到斯嘉丽欺骗瑞特那一次，险些就被蒙混过去了，如果不是看到她满手的老茧的话。手真是很重要的一个部位。

◎姿态

走路姿态，坐的姿态，都是极为重要的。是不是很有气质，其实很能体现本身的性格。走路快还是慢，坐的时候是怎样的，其实都是值得注意的，它同时也是显示从小所受教育的一个体现。一个受过良好教育且修养好的男人，与一个街头小混混的走路姿态完全不同，你不能不说人的身份是可以看出来的。

就连站的一个姿态，也很能体现一些问题。

所以，不要责怪她们挑剔，这个也是顺其自然会观察到的事。

综上所述：其实还有许多是没有列举出来的，比如一些女性注意的身高问题啊什么的，其实都是比较关注的。由此可见，现代女性真的是视觉动物，会从外表开始判断一些重要问题：比如他的生活习惯是否健康，他是否细心，他是否具有良好的行为举止和修养？有可能并不需要深入了解，就一下子否定掉了。

审视点对策——给用心的男人

长相已经无法改变了呢，相由心生，毕竟心境也是无法随时改变的，那就从穿着方面着手吧。至少干净整洁是你必须做到的，这是一种生活态度，也代表你对待人生的基本态度。

◎穿着

请穿得符合自己的气质一点，并且搭配得当，如果全身上下不能够很好搭配的话，那么很可能要导致不伦不类的悲剧发生。如果穿西装的话，请配好领带，配合适的领带，配正式的皮鞋，不要穿很脏很旧的鞋，会感觉很掉价。不要穿着完全不适应这个季节的衣服，炫耀自己的好身体不需要用这种方式，女人不会愿意在大冬天和一个穿着衬衫的奇怪男人逛街。

若想衣服能衬托出自己的气质，当然也可以不是西装革履的，只要符合自己的整体感觉就好。如果你是一个学究型的眼镜男，非要打扮得哈韩嘻哈，会让女人大倒胃口的。颜色的搭配上以素淡为主，全身上下的颜色不要超过三种，如果你实在不知道穿什么颜色的衣服，黑白或者灰色比较百搭，不会出错。衣服不在乎价格是否昂贵，只要你能穿出你的味道，就足够了。

◎头发

不要给自己喷很多廉价的发乳，那个味道实在是让人无法忍受，如果想要使头发定型的话，还是去做个发型吧。你在家 DIY 也可以，但请一定选择适合自己的发型，不要尝试太过前卫的类型和过于陈旧的类型。油光水滑的发型是老古董才会有的了，千万不要将头发弄得像上个世纪的人一样。

◎手

保护好自己的手，冬天即使整日在外奔波，也请备好护手霜。如果你没养成爱护手的习惯，至少请记得勤剪指甲，女人们都爱干净的男人。如果你的手上有伤疤，不需刻意隐藏，坦然就好，让她知道你的真实情况。

◎姿态

走路、站立的姿态也是很重要的，如果显得很轻浮，恐怕会影响别人对你的一致印象。时不时抖着脚，摇摇摆摆也是很失礼的，会让人感觉你相当不正经。如果上述外表条件都整理好，却因为走路等姿态影响全局的话，岂不是非常可惜吗？

男人们的理解误区

◎视觉动物就是完全不看内在

或许你对于她审视外表感到不满，你根本不了解为什么她审视了你的外表。你认为，她只是以貌取人，以帅和多金为考虑一个人的前提。不错，现在的女性都是非常现实的，她们很注意你的外表，并且从你的外表来判断你的生活品质。可是，不要误以为，审视你的外表，就是不看内涵的意思。

在审视过程中，她同样也看到了你的生活态度，比如你对于衣服的打理等。还有就是你的长相体现出的心境，这些都是可以看出点滴的。

当然，光靠看也是没有用的，她审视了你的外表，做了一回真正的视觉动物。可是她还是会与你交谈，从交谈中，她更能了解你的一些生活习惯以及爱好，然后与之前的审视相结合。她将从中了解你的生活品位，了解你的兴趣爱好，并且与自己相比较，看你们是否有共同话题。如果说视觉动物就完全不看外表的话，那就太片面了。懂得从外表来审视一个男人生活习惯的女人，其实她也很注重内在，通过外表的观察，通过两人的交流，她会在心里给你打分，如果及格以上，你们还有下次再见面的可能。

别怕女人多看你几眼，她愿意看你说明你的外表没有问题，如果她瞅了你一眼就视线偏移，不是对你一见钟情就是对你印象极差。总之，你如果重视这个约会的话，就注意一下自己的穿衣打扮吧，尽量给她留下一个好印象。

◎视觉动物得到的信息都是片面的

如果你抱有这样的想法的话，那你就错了。穿着等可以进行改进加工，可是有些习惯有些细节，是没有办法改变的。比如说，坐凳子之前你是否拖凳子，一起吃饭的话，吃饭的一些细节都是她观察的基点，如果没有了这些基点，那么她或许会比较片面地看问题。可是现在她能够看到你看不到的东西，你自己没有注意过的细节，那么得到的细节就不是片面的。或许有些东西可以伪装，可是有些根深蒂固的东西是伪装不了的。她注意你的外表，注意你的行头，当然不可能简单被你的装饰给糊弄过去。要知道，她是新时代的女性，很有自己的想法。她有许多细节都看在眼里，你以为她只看到自己的行头，还在沾沾自喜，熟不知她早已经将你划入黑名单。

你恐怕又要说她太过片面了。不要急着给她下结论。她心里的想法，只有她自己知道，你又何尝能够得知，若要给自己翻案，就请再多培养自己的小习惯吧。细节胜过一切。

◎视觉动物不会得到真爱

不错，视觉动物关注外表很多，可是并不代表她们就得不到真爱。她们之所以如此审视，如此细致，无非是因为她对自己负责，也是对你负责。她如此谨慎，不肯去将就，就是因为她知道什么才是比较适合她的。她愿意一次次地尝试，也不愿意胡乱将就一个。所以，她观察仔细，对于外表很是在意。因为外表已经不仅仅是外表，它已经化为内在的表现形式。如果你确实很适合她，她一定会舍下自己的审视，与你进一步发展的。她也不是什么圣人，她不过是为了找到适合她的那个人。

视觉动物就不会得到真爱吗？显然不是这样的。她们会更准确地找到适合自己的真爱，而不会盲目。她们是这样要求自己的，当然也必定是希望你也这样要求。

所以，她们虽然是视觉动物，但是视觉动物不会得到真爱的说法，是片面的，是太过武断的。

小资情结是女人的天性

每个女人都是贵族，虽然她们连小资生活都没能达成

女人多多少少是有些小资情结的，即使是一点简单的东西，都会努力与小资扯上边。她们总是沉迷于这些稍显奢侈的事物，并不一定最好，可是一定是最有情调的，也是最最赏心悦目的。

所谓小资情调种种，都是极为抽象的。那么，现在就让我们以具体事物来说一说女人的小资情结吧。

女人的小资情结——物质篇

◎咖啡

凡是喝过咖啡的人，一定懂得咖啡与咖啡之间的区别。速溶咖啡还是现煮咖啡，其实都是一种文化情调。

其实，总是以喝速溶咖啡为无奈之举，速溶咖啡的好处在于方便，坏处在于味道不够醇正，不够浓。它多数体现为一种办公室文化，是一些小白领的偏好。不过，那也仅限于这样无奈的时候。

而现煮的咖啡，都是现磨的，这个是比较有小资情调的了，但是成本比较高，首先要有咖啡豆，还有处理咖啡豆的磨豆机，还有咖啡壶，种种都要齐全，着实不容易。也没有那么多时间，供女人来发小资情调。

还有一种情调，叫做咖啡馆的情调。许多国外品牌在中国都成名了，比如星巴克等。去咖啡馆又是另外一种情调了，与朋友一起小聚，然后谈论一些最近发生在身边的事情，未尝不是一件欢乐的事。也可以和喜欢的他一起，喝一点咖啡，轻声说一些你们之间的事。

经常会读到这样的情节：在一个阳光明媚的午后，去咖啡馆喝着咖啡，捧一本书，享受一个下午。

受欢迎指数：★★★★☆

◎红酒

红酒也是一种小资情结，寄托了许多小资们的梦。

对于女人来说，红酒是极为养颜的饮品。一些高档的红酒，价格比较高，当然也只有一些工资待遇较好的白领们才能消耗得起。

喝红酒已经渐渐成为了一种时尚，许多人许多地方都在为红酒而着迷。

想起《杯酒人生》当中就有关于红酒的经典评论，最贴切不过——“喜欢酒，是因为可以让我们遐想，被用来酿酒的葡萄，在生长的时候，经历过的雨露阳光，以及那些亲手摘下葡萄的人们，曾经有过怎样的生活。当你打开一瓶陈年好酒，有没有想到过，酿这瓶酒的人，或许已经不在这个世界上了吧。一瓶酒不单单是一瓶酒而已，它是人生，就好像，每一瓶酒在不同的每一天打开，都会有着不同的滋味。那才是我们真正爱酒的理由。”

酒如人生，人生如酒。品酒的人，或许也是在品尝自己的人生吧。

其实有时候的小资情调，不过是一人或者多人，吃着西餐喝着不明年代的红酒，不过分追求红酒的味道，只为享受那一刻的氛围。

总之，红酒在小资们那里是绝对少不了的。

受欢迎指数：★★★★☆

◎阅读

不仅物质上有小资情调之说，现在就连读书也成了小资的行为。阅读，是最正常不过的事情，看似简单，可是被小资们一策划却也不简单了。

小资的阅读，必须是在阳光下，在洒落着满满阳光的阳台上，泡一杯茶慢慢品味，细致阅读。或者是某个阴天，把自己关在室内，将室外隔绝，雨水在屋外冲刷，听着外面的雨声，自己在室内进行安静认真的阅读，着实是一番享受。

这个时候，阅读早已不是纠结于它本身的一件事了，而是一种身心上的享受。不仅感官上得到了抚慰，心灵上也有了一定慰藉。一举两得，真的是不错的选择。

受欢迎指数：★★★★☆

◎电影

看电影，是多么时尚的事啊。

可以和朋友一起，可是一个人的时候，也是一种别样的体验。一个人，身边都是陌生人群，很少独自。却并不觉得寂寞，细细地品味影片，没有任何人在身边干扰，发表任何的想法之类，不得不说是也算是一件难能可贵的幸福的事。

当然，并不是每场电影都是去影院看的。很多时候，是租了碟在家慢慢欣赏。手边是一杯红酒，或者一杯咖啡。静静地看，到情深处随着男女主角一起落泪。没有旁人的干扰，不会受到别人的嘲笑，在只有自己的小世界里，不得不说是一件很幸福的小事。小资的情调氛围很多都是需要自己细心营造的，也只有自己营造的氛围才会更合自己心意。

受欢迎指数：★★★★★

◎旅行

旅行也是一件极为时尚的事情，越来越多的人崇尚并且热衷起来。

背着包，带着自己的理想，去往未知的地方，许多年轻人都怀揣着这样的梦想。也有人随时准备出发，一直都在旅途当中。

去往远方，恐怕是一干文艺青年引起的潮流。现在许多白领或者是文字工作者愿意放下手边的工作，带着自己的相机往远方走。拍摄下身边的风景，留存下短暂的美好，这样的小资情结往往是与艺术挂了边的。

受欢迎指数：★★★★☆

◎摄影

许许多多的人开始玩起了单反。不满足于普通数码的傻瓜式相机，而是追求更有意境的拍摄效果。这个时候，你会发现，有许多的女性带着单反走在旅途中。

她们或许拍摄技术并不特别优秀，可是她们会用心感受风景，拍下最为喜爱的景致。

她们的家里，或许有一面照片墙。上面挂满的，是她们在生活中、在旅途中拍摄的作品。那些美丽的风景、那些精致的细节、那些动人的瞬间，是她们这么长时间以来坚持的，带着点小资情结，又带着点无法用语言表达的寓意。容易让人着迷。

并不是人人都爱摄影，也并不是人人都能学好摄影。除了职业工作者，摄影成了小资们的消遣。摄影，仍旧在发展的过程当中。

受欢迎指数：★★★☆☆

◎家居

女人最重视的还是家。她们爱把家布置得非常符合自己的心意，又显得无比温馨。

爱看《交换空间》的朋友一定知道，家的布置可以多种多样，而且富有创意。将家布置成咖啡馆或者是酒馆的样子，都是随心所欲的。富有创意的设计，总是贴心的。她爱将那些小资的情调搬到家里来，让家也成为享受的集中营。

温暖的，可爱的，淡色的，抑或缤纷的，总是会在某一处添些特别的设计，比如一个船做的床，非常富有特色。

住在这样的屋子里，一定是很温馨的，符合自己的心意，也可以随意地调节氛围，让简单的家变成丰富的样子。颇有情调的设计，颇有小资氛围。

受欢迎指数：★★★★☆

小资情结原因大分析

A 女人都爱浪漫

女人都爱浪漫。为什么情人节、七夕等各大节日，街头弥漫了花香，处处可见浓郁绽放的玫瑰？还是因为，女人爱浪漫。

因为女人爱浪漫，所以在重大节日，会营造许多的浪漫气氛。当然，不仅仅是在重大节日，就连一些平常的日子，她们也爱搞点浪漫的气氛出来。

有时候，浪漫似乎太过矫情，可是她们又不希望生活太过平庸，于是总是要弄点情调添点气氛，于是就形成了小资。

小资，也并不是每一个人都热衷的，因为并不是每一个人都有那么多的时间，去营造这样类似浪漫的气氛。

B 让寂寞变得美好

一个人的时候，终究是会感觉到一些寂寞的。没有人群在身边热闹，心里虽然不至于是枯萎的，但多多少少是有些寂静的。

没有办法与别人交流想法，没有途径跟别人分享感受，这样的状态近似空乏。为了不让自己呈现这样的寂寞状态，于是她们选择了做一些比较有情调的事。让内心不再空乏，也让自己觉得满足。

让寂寞变得美好，周遭的一切都呈现了自己喜欢的模样。

在这样的氛围里，做着一直以来都很喜欢做的事，多么地幸福。

C 女人爱享受

恐怕没有人是不爱享受的吧。

女人爱享受，女人享受物质，享受生活，享受爱。她们是高品位的，是高格调的。她们不会委屈了自己，她们要让自己懂得如何体验美丽生活。

简单的时候，会给自己一杯速溶咖啡，但是可以当成香浓的现磨咖啡来喝，虽然味道差一点，但是只要有那样的心境，也是可以的。

如果心情好了，在家里给自己倒一杯红酒，坐在沙发上，看《魂断蓝桥》或者《乱世佳人》或者《罗马假日》或者……不受任何外界的干扰。虽然电影已经看过很多遍了，可是她还是一次一次地为影片中的情节感染。她享受着这样的舒适和幸福，其实早已经不是简单的生活了。

第四章　恭喜，她爱你

GONG XI TA AI NI

在朋友面前很给你面子，无论是你的还是她的

他是世界上最好的男人！

是包容，是爱护，是委屈，是求全。这一切，不过因为她爱你。没有办法对朋友说你的任何不好，在朋友面前给足你面子。她照顾你的感受，绝对不会逾越你的地位，她并不是卑微，她是甘愿如此。

她给你面子的表现

症状一：从来不在朋友面前说你的不好

不是你有多完美，也并不是她有多盲目。她如此了解你，又怎么会不知道你有什么缺点。她了解你苦脑的是什么，也知道你害怕的是什么。可是在朋友面前，你是如同山一样的男人，你不会害怕，不会畏惧。偶尔的笨拙，在她眼里也成了可爱。

如此如此，人人艳羡。不是为了她的面子，而是为了你的面子。

如果她只是你的普通朋友，如果你没有发觉她对你的爱意，那么你就太迟钝啦。朋友为她打抱不平了，反而是她默默地按下朋友的手，微笑说："他很好，是我不够好。"如果是你的朋友，她也会努力表现，不会说任何你的坏话，因为她希望你拥有很多很多的朋友，这样的话，即使某一天不开心了，也不会是一个人。

症状二：你的优点多如山

如果你们已经一起生活，那么你一定是个好男人。你会摆平家里所有的电器，你会搞定所有的生活难题。勤劳的你，有时会洗衣做饭；细心的你，甚至会为她揉肩捶背。你体贴，让她有前所未有的安全感。朋友听来，总是能感受到她的快乐和幸福，因为她爱你。

如果你们没有在一起生活，甚至没有在一起。那么你的优点也并不会少，因为距离产生美。她向自己的朋友说起你，一定带着很多的赞誉，朋友一目了然她有多么爱你。她向你的朋友说起你，也一定含蓄地夸奖着，你的朋友也一定会更为信赖你。

症状三：照顾你的面子比照顾自己的情绪更重要

你总是会说到一些令她不开心的话题，你的面子总是比她的情绪更重要。她会调整情绪，以免朋友发现你令她有些不愉快。她收敛眉间的一点愁绪，把微笑挂在嘴角，听你说一些令她不甚快乐的话题。实在没有办法表示支持的时候，她会抿一抹微笑，假装并不在意。

或许私下里，她会向你抱怨，会撒娇，会生气，可是和朋友在一起的时候，她一定是默不作声的，因为她知道如果连她都表示反对，那么你的信服力会降低很多。所以，她选择微笑，沉默。这个时候，照顾你的面子比照顾自己的情绪重要很多。

症状四：犯了错误极力帮忙解围

你不小心做错了事，出来解围的永远是她。“不不不，你们误会了，他平时不是这样子的，他只是偶尔犯了点小错而已。当时……”看她忙碌辩解的身影，你是否有些许的感动呢？或许不止一点点吧。在你的朋友和自己的朋友面前，她一定会为你说话。之后，朋友们才了解，你只是偶尔犯了点小错误而已，并不是不可原谅的，相反还很能让人理解。

当然，如果你没有看到她努力的身影，你的朋友们也会让你看到她努力的身影的。要知道，有她这么好的女人爱着你，是多么幸运的一件事啊！

症状五：在朋友面前满足你大男子主义

中国传统思想总是有所残留，你多多少少会带一点大男子主义，特别是在朋友面前。偶尔你不希望她插话的时候，她绝对不会插话，她会显得很乖巧，如同封建女子一般。她并不是封建女性，不止一次提醒过你，她是新时代女性，有着新思想，她并不是没有主见。她这样地服从，不过是知道，你在朋友面前需要面子。她不过是尊重你偶尔的大男子主义，她，也不过是爱你而已。

症候群特点总汇

1. 有时候，她们爱你胜过爱自己。
2. 她们通常比较顾全大局，是颇为善解人意的女人。
3. 她们或许不曾炫耀自己，但一定大大夸耀过你许多次。
4. 她们的爱情有着些许牺牲的意味，但是她们甘愿。
5. 这样的女人，值得爱，值得珍惜。

Hey，请不要会错意哦！——男人的思想“地雷区”

在朋友面前给你面子就代表她对你没有任何意见

在朋友面前她对你大大称赞，就是对你没有任何意见？哈，如果你这样认为，那就大错特错咯！在朋友面前是一回事，私下里又是另外一回事。她了解你的缺点，自然不可能完全包容。她是有主见的新时代女性，她在朋友们面前委曲求全，并不代表她没有任何意见，她也会思考。

当然，对你提出一点小意见，不过是因为她爱你，希望你可以成为更棒的人。你不会是十全十美的人吧？那么就在离开朋友的时候，多听听她的想法吧。

会顾全大局就表示她不会撒娇生气

那些她不喜欢的话题，总是会触到她敏感的神经。或许你们曾经就某件事情争论过很多次，偏偏你要将这件事情翻出来在朋友面前说。为了顾及你的面子，她不好在众人面前发作。但是当时勉强的微笑并不代表她不会在私底下对你生气撒娇。

女人总是有些小脾气的，她们温柔的时候能像水一样，她们生气的时候却也不太平。暴风雨虽是小小的夸张，可是她们的发作在你的心底留下的影响并不比暴风雨小多少。

如果她们只是撒娇，那么你的错误还不是很严重。但如若你惹得她大发雷霆，那么日子就不那么太平了。怎么，你觉得可怕了？那只能说明，你还不够爱她。

原来她把面子看得比你重要

啊，你又错了。她这么做都是为了谁？还不是为了你？

面子怎么会有你重要吗？你可是她心头的朱砂痣啊，怎么除都除不去的。要知道她为你牺牲很多啊，不要再说这样的话让她伤心啦。不然等到她失望离开，你后悔都来不及啦。

原来朋友竟比自己更可靠

她从不当你的面夸你，反而是跟朋友夸耀你的好，甚至对朋友说了许多你的琐事。这些你之前都没听她提过，可是却从朋友的口中得知了。然后你的反应不是开心，反而是嫉妒和猜疑？那该说你什么好呢？迟钝，还是……

有些话，她永远不会跟你提，因为她也有许多的骄傲。有些事情她也不需要跟你说，因为只要她明白就好。有些东西她不想对你说，因为她害怕你骄傲。

恋爱攻略——送给爱她的你

挑个时间好好感谢她为你所做的一切

她甘愿为你做这一切，或许没有想过要什么物质上的回报。虽然没有想过，但如若你给了她一个惊喜，她会否很感动呢？答案显而易见。

所以，挑好时间，当面好好感谢她。请她吃顿饭，不需要太奢华，可以是朴实中餐，也可以是简易西餐，不拘。送一点小礼物，不需要太贵重，可以是她喜欢的小玩偶，也可以仅仅是她喜欢的一本书。谈论一些她喜欢的话题，让她开心地笑。如果你不擅言辞，那么可以稍稍带过一点你的感谢之意。相信她能够懂得，因为她爱你，她往往能够懂得你想要表达什么。

吃过饭之后，可以去看场电影。当然，散步亦可。凡事以她为主，总是要让她开心，这样她才会觉得为你所做的一切都是值得的。

以同样的真诚回报她

究竟什么是同样的真诚，竟也说不上来。但是，你一定是同样爱她。在朋友面前，像她照顾自己一样照顾她，不会让她没有面子。让朋友知道她的好，让你们的感情在互相夸奖中升华。

朋友提到她，也一定是个优秀的女人，你当然也会更有面子啦。这是一笔只赚不赔的账，聪明的你，一定比我更懂得其中道理。

让自己更加优秀

其实，最重要的不是她对朋友夸耀吧，最重要还应该是你要变得更加优秀。都说内因才是决定因素，只有你更加优秀，让自己更符合她的理想，你才能保留住她对你的好评，才能保留住她对你的爱。

当然，这就要靠你自己努力啦。

警惕没有爱上她的你

如果还没意识她对你的爱意，那么你就太迟钝啦！如果注意到了，可是仍旧没有任何反应，那么必须要给你点警告！如果你再不给点回馈，那说不定她就在哪一天离开啦。要知道，这样善解人意顾全大局的女人，可是很抢手的啊！

如果她确实不是你的那杯茶，那么就不要制造任何暧昧的氛围，不要给她任何希望，因为我们都希望她能够幸福，不希望她浪费青春。因为这样好的女人，一定值得更为适合她也更懂得她的人。

也请给她祝福，即使你不爱她，但总算是她难以忘怀的美好回忆吧。

➡ 很关注你的 blog，任何一个都会去看

她知道你每一个 BLOG 地址，甚至知道你已经忘掉的那个。

不是跟踪狂，也不是偷窥狂，她只是爱你而已。她关注你的 blog，细细品读你的每一篇文字，因为她想要知道你最近在做什么、在想什么，她想即使无法走入你的生活，至少能够了解。看，你多么地幸运，有这样一个女孩在爱着你。

关注你 BLOG 的女孩类型

A 默默关注型

有这样一些女人，来到你的博客，不说任何话，不留一丝痕迹，只是默默地关注。就像是一部无声电影，所有的快乐悲伤都不是用言语表达出来的，只需一个眼神一个手势便能让观众深刻体会。她把你所有的文字细细读，从头至尾，即便你从未写过任何与她相关的东西。

她这并非自虐，或许只是因为她不擅言辞。也或许，她只是想默默关注，不想被你看见。或许，她只是隐隐地感到害怕。她从文中读到关于你的琐事，是这样满足，便不再需要其他表示。

流行指数 ★★☆☆☆

族群性格小贴士

通常存在于一些较为自卑的女性身上

往往不希望对方知道自己的关注

对于你的生活细节了解甚为透彻

关注已经养成习惯，很难更改

通常让人觉得怜惜，很有保护欲

B“云淡风轻”型

也会有这样一些女人，她们来到你的博客，偶尔会留下点痕迹。让你知道她来过，却又让你觉得她只是偶然来到这里。她看似云淡风轻，似乎并不在意，可事实上她只是缺乏安全感。

留下只言片语，似乎只是普通的评论。有时候是关于你的，有时候甚至是关于自己的。她制造出不在意的假象，却在内心里激烈挣扎，猜测你究竟是否看到了她。她不知道如何插话，她怕打破你平静的世界，可是她又不想一直让你的世界永远只有你自己的色彩，而没有她的点缀。她不甘心默默守候，又不愿意主动追求，这样迂回的方式，又有多少人可以懂得。

流行指数 ★★★☆☆

族群性格小贴士

通常存在于一些缺乏安全感的女性身上

基本上是希望你能够注意到她们的

虽然看似云淡风轻，实则小心翼翼

这样的女性需要能够给自己安全感的人

往往需要属于自己的家，所以肯定会成为房奴

C 活泼闹腾型

还会有这样一些女人，blog 里处处有她的影子。那么很显然，她在拉近你们之间的关系。她看你的每一篇博文，留下自己的感想，于是几乎每一处都有她的痕迹。语气或者是玩笑，或者是认真，你总是会发现她无时无刻不在为你着想。她理解你的想法，为你出谋划策。烦恼的时候劝慰你，开怀的时候同你一起微笑。她就是要做你的绝对拥护者，为你欢喜为你愁。

当然，有时候，她也会说点自己的事。叽叽喳喳，如同麻雀。或许她是懒得写博客，在你这里抒发一下。也或许她也写博客，可是怕你看不到。她希望你知道她的心情，于是主动告诉你，主动让你知晓。她生

怕你不晓得她的存在，生怕自己错失了你一个暗示的眼神或者语言。

流行指数 ★★☆☆☆

族群性格小贴士

这样的女性通常较为主动

常常让人觉得有些男孩子气

闹腾到极点，人称“人来疯”

这样的女性更让人觉得容易亲近

有时候难免会被当成“哥们”，那就比较悲剧了

Hey，请不要会错意哦！——男人的思想“地雷区”

◎关注你的 blog 就等于跟踪狂

关注你的 blog，关注你的生活，这样像跟踪狂？不，你完全错误了。

你有见过这么可爱的跟踪狂吗？她不过是想要知道你在想什么，想要知道你拥有怎样的生活而已。生命里有这样一个人关注着你，你不觉得幸运吗？

《重庆森林》的情节不会再次上演，那样的境界是需要耐力的。

虽然说，谁也不喜欢一直被某个人注视着的感觉，但是你既然写了 blog 就要做好被“围观”的准备。不过，受关注也是一件很幸运的事情哪，起码你的人生没有白白走过，起码还有另外一个人跟你一同体会过那样的经历。

更何况，你已经把自己的心情记录了下来，放置在这个大庭广众的境地之中。不论是怀着怎样的心情，或许是出于一种心情的释放，或者这本来就是你发自内心想要去分享的意愿。爱面子似乎已经成为了男人的一种习惯，明明是赤裸裸的想法，却在一旁装作没人能够理解自己一样的高姿态。大概也是这样的情结，促使他们不由自主地去抵触那些窥探到自己真实一面的人。

如果说在 blog 里发表你的心情和生活点滴是属于你的自由，那么

关注着你的她又何尝不是她的自由，在这样的公开场合，又何来跟踪一说。这么说来，把别人当成跟踪狂的你，倒是显得心胸狭隘了。

◎关注你的 blog 就等于没有自我

害怕她因为过于关注你而没有了自我？

这个担忧就完全不必了，没有谁比她们更有自我。她们懂得什么时候出手，什么时候放手。她们已经把关注你的 blog 放在了自己的日程当中，当作是一个活动项目，就像你记载 blog 一样。

不要忘记了，她们可是新时代的女性，或许比你都更懂得自尊自爱。懂得爱自己的人，还会懂得爱别人。不是谁都会为了爱情抛弃尊严的，她不过是在阅读一个人的日记而已，并且把它养成了习惯。如此简单的道理，你怎么会不懂？

是时候放下你那自恋的情结了，难道过分关注你就代表迷失了自我吗？是不是把自己想得太完美了一些，不要把她当成那种没头脑的单细胞动物，你还不值得她为了你神魂颠倒。别人关注你的 blog，自然是对你感兴趣，但你又怎么能主观地猜测别人单纯的想法。这样的猜忌也许会让她对你的印象大打折扣，这不应该是一个男性应该做出的事情吧？为什么不把她当成一个可爱的读者去对待呢，她们不过是在欣赏你所记录下来的色彩斑斓而已。

◎关注你的 blog 就是丧失个性

在如今这个时尚的当代，你怎么会质疑她的个性呢？

她关注你的 blog，就代表她没有个性？喜欢你，就是没有个性？如果你要这样断言，那么只能代表你自己也是没有个性的。

个性的她，关注美好的未来，关注自己的人生，关注你的世界。个性的她，只是做了一件与别人一样的事情，那就是喜欢一个人。喜欢一个人的方式有很多种，她不过是选择了其中一种。在博客成堆泛滥的今天，你既然写，那么她自然会看。当然，写博客也并非失却个性，它不过就像是日记本。写日记并不代表没有个性，那么关注你的日记也并不是没有个性。

对于这样的她，你该怎么办?

◎哪怕是一句无关紧要的话，请给她一个回馈

要知道女人都是敏感的，如果她在你的blog里留下了点什么，那么无论如何请给她一个回馈，哪怕只是个语气词，"呵呵"这样，那么至少证明了你看到过她的留言，看到过她的身影。

暗恋原本就是一件很费神的事，因为她一方面想让你知道，可是另一方面又不愿意让你知道。犹豫徘徊间，不自觉地就浪费了许多的时间。如果给她一个回馈，或许她会快乐好几天。如果你不喜欢她，那么在不暧昧的基础上赚得满满的人缘，这又何乐而不为呢?

女人就像水一样，需要细心地呵护。你对她的存在如是置之不理，那比敷衍了事地回复对于她的打击更是晴天霹雳。或许只是简单一句寒颤，她会为此高兴很久，她们就是这么单纯的希望得到你的目光。你又怎能伤害她们脆弱的心？又怎么能对这样可爱的读者不理不睬？所以，不论你对她怀有怎样的感情，都请细心地对待她，千万不要把她们搁置一边。她们害怕的就是这种被冷落的滋味。

◎拉近距离，只需一点小暗示

你也爱着她？那么正好，给点小暗示就可以了。

你们的交流平台是blog，你们的爱情也可以从blog开始。她一直以来的关注，或许可以成为你的动力。你还在犹豫什么？不好意思全盘托出吗？写一点关于她的东西，稍微一点暗示她就会明白啦!

不要以为她会像蜗牛一样迟钝，这个时期的她是最为敏感的。每日细细推敲着你的每一个文字的她，又怎么会不明白你的眉目传情。哪怕是一点点的粗制细节，她那敏锐的目光都能抓住它，把它想象出千丝万缕的童话故事。

不要再迟疑了，今天就把你的心情告诉她，总是期待着明天，只会让你平添烦恼，甚至失去你们的缘分。明天再做的人，都是笨蛋。

聪明如你，一定知道她喜欢什么。而聪明的她，也一定能明白你的心意。

很注意出现在你身边的异性

一个女人，愿意为你吃醋，偶尔有点猜忌，那么恭喜你，她爱你。

爱吃醋，爱猜忌，常常被看成是女人的通病。可是，如果她不为你吃醋，不曾对你猜忌，也不曾有过嫉妒，那么只能说，她并不爱你。

女人吃醋的几大表现

对于吃醋最早的概念在曾经热播一时的《还珠格格》，天不怕地不怕的小燕子吃起醋来，竟也像个多愁的小女生，眼泪啪嗒啪嗒掉碗里都不知道。虽然说琼瑶阿姨笔下的人物并不能代表所有女性，可是事实上几乎所有的女人都会为自己所爱的男人吃醋。

表现一：试探

聪明的女人，不会明白地问你那个和你相谈甚欢的女人是谁的。她清楚地知道，男人对于一切试探的行为都有或多或少的反感，毕竟谁也不愿意被干涉了自由。可是，如果不问，她还是会有些不舒服的。害怕失去你，不过是因为太爱你。

她会在谈论普通话题的时候，假装无意地说一句，比如："我想去吃火锅，就是你今天站门口和别人说话那家。"如果你还不能够领会，那么她会在讨论完这个话题之后，假装突然醒悟："对了，说到这个，今天和你说话的那人是谁啊？之前好像没有见过呢。"这样的试探，是否更容易让你接受呢？

当然，如果她只是一个暗恋你的女人，那么她没有理直气壮的资本，只好开玩笑打哈哈，可是同样也是试探。她会拍下你的肩："啊，那美女是谁啊？好漂亮，我要认识她。"可能你会诧异为什么她对另一个女人如此感兴趣，似乎对你和她的关系没有什么关心，可是事实上她真正关心的人是你。你老老实实地告诉了她，只不过是让她在自己的记忆本上添了一笔关于你的消息。这就叫做正中下怀，她也乐得把关于哪个女人的消息盘问个遍，若是对自己没有威胁那就算了，若是对自己大有威胁，那可就不好办了呢。

女人试探的方法很多，或许你不知道在什么时候就上了她的套了。

表现二：盘问

自然是不排除有些直率的女人，不爱拐着弯子打探，偏偏爱用法西斯的手段盘问。打死不开口？她们肯定老早就做好了打算，你打持久战未必战得过她们。如果出现了让她怀疑的女人，还是赶紧告诉她真相吧，给她吃颗定心丸，免得她总是神经过敏，甚至难以入眠。

如果她还未与你确定关系，那么也不要以为她不会对你进行盘问，虽然她们底气不够足。盘问起来绝对有死缠烂打之嫌疑，你若怀疑起来，她便开始打哈哈："给你把把关嘛，免得你拿不定主意。"以玩笑的语气将你瞒过去，因为她希望你知道，又不希望你看穿她。在你被瞒过去之后，如果你突然回头，或许会发现她在偷偷地吐舌头。如果有点觉悟，就不要让她等太久吧，好女人很抢手哪！

表现三：默默追踪

也有一些女人，她们选择的手段不是类似小偷的试探，也不是类似警察的盘问。她们是侦探，拥有强大的雷达系统，敏感地了解你身边女人的动向。她不动声色，虽然心里的醋坛子老早翻掉，醋味早已弥漫。她并不是有心计，她只是比较间接。比起从你口中得到答案，她更希望能自己找寻。因为有些不需要的试探和盘问，反而会使两人之间的信任度降低。

她或许会与自己所猜忌的女人处好关系，然后默默观察，若真是普通朋友，那么或许还可赚得一个闺中密友，若真是有点暧昧，那么她或许会采取一些小手段，让这段不该存在的暧昧消失。

当然，以上情况适用于情侣。如果她爱你只是她一个人的事，那么她唯有默默看着你和另一个她的感情走向，没有任何话语。偶尔走过你们的身边，你或许都没有看她，因为你甚至都不曾与她相熟。她走过你们的身边，听到你们的只言片语，她无法驻留过久，有时候会假装鞋带散落，蹲下的时候正好听到你对她说着什么重要的事情。起码，她能够了解你与她的相处方式是如何的，虽然或许她不曾打算与你发生一段故事，但是她还是想知道你爱的人会是什么样子，有没有可能是她这样的。她只是等候盼望，或许连稍许的主动都不曾有过。她潜伏在你四周，让你感觉不到她的存在，可是又知道这样一个人的存在。这样的默默，能否有圆满的结局，真的是一件说不准的事情。

表现四：怄气和哭泣

还记得林妹妹吃醋时候的表现吗？与宝哥哥怄气，吃宝姐姐的醋，整日以泪洗面。或许你要说，这个世界上林妹妹其实并不多。可是，不要忘记了敏感的女人总是占多数的。若是愿意与你生气，那还不至于太严重。但如果只是独自哭泣，那就真的很是伤心了。

所以，在她生气和哭泣之前，快点告诉她真相吧。

以上适用范围：所有女人

她如此在意，你该怎么办？

◎郑重地告诉她实情，让她安心

最为安全的时候，还是要告诉她实情，不能让她随意猜疑。她对你身边出现的女人那么在意，必定分散掉一点对你的注意力。所以，为了让她更爱你，让她把更多的视线投注在你身上，请速速与她说明吧，也好让她安心。

◎制造合适时机，表达你的爱意

女人猜疑，或许是因为你爱得还不够，也或者你表达爱意的方式不对。

找一个合适的机会，好好地向她表达你的爱意。带她去她喜欢的游乐场玩，陪她玩所有的刺激冒险游戏，玩的时候记得紧握住她的手。陪她逛街，帮她挑选应季的衣物。陪她 HAPPY，直到她能够深深感受到你的爱意为止。总之，请表达清楚你的爱吧，不然你让她怎么安心。

◎摆明你的原则，让她有安全感

其实，你或许是个很有原则的人，绝对不会发生暧昧，仅限同事或者普通朋友关系。

可是，你并没有明确告诉她，以至于她不能够了解。

她多多少少是个缺乏安全感的人，患得患失是正常的。如果你怕她得神经衰弱的话，那么就请快点摆明你的原则吧。没有什么比互相信任更重要的了，请她信任你，当然你也要信任她。

◎如果她只是暗恋

如果她只是暗恋，即使你不爱她，也请你告诉她一些她想知道的事情。毕竟，爱一个人也是着实不容易的事，她爱你，是你们之间的缘分。那么，请告诉她一些她想知道的事，可以装作无意地对她说，她一定不会觉得诧异，反而觉得高兴。她是清醒的聪明的女人，一定知道进退。请别用怜悯的姿态，因为她有她的骄傲。

如果她只是暗恋，即使你不爱她，也请坚持自己的原则。不要因为偶尔的贪玩，伤害到躲在角落的人。虽然一切都是她的甘愿，可是这并不代表她不会伤心。要么让她开心，要么让她死心，请千万千万不要让她伤心。

介绍你给她的闺蜜、父母认识

因为爱你，你也成了她最为亲近最为信任的人

你认识她的闺蜜？甚至认识她的好友？她曾把你郑重地介绍给他们认识？那么，不需怀疑了，她是爱你的。因为爱你，所以对你毫无保

留。因为爱你，所以想让你认识她最为亲近最为信任的人。因为爱你，她想让你更多地了解她。

圈子里的故事

◎ 简介

亲情、友情、爱情，形成她的小圈子，从此，她的生命有了完整。

最为信赖的人——父母

信赖父母，是每个孩子的天性吧。作为女孩，更多的是依赖。父母给予无私的爱，她永远都会记在心上。她总是心细如尘，喜欢把事情记录在日记上或者心底，偶尔将旧事翻出，得到的是满满的回忆，或者欢喜，或者忧伤。徒增的是那些感慨，感慨时光太快，感慨往事如尘，感慨大爱无言。于是，她铺展往事的过程中，只一次次增加对父母的爱。对于他们的信赖，随着时光只会愈深，连同那些年少青春时期的冲突都慢慢消磨去，只余了感情的余温。

《常回家看看》是她的真实写照，外面的功名利禄终究抵不过陪伴父母的一刻幸福。时光短暂，叙述的事情总是很多，父母对她的爱，她对父母的爱，形成了最为牢固的关系。若是被问到这个世界上最为重要的人，她一定会说“爸爸妈妈”。只有此刻的珍惜，才不会造成以后的遗憾，她深深懂得这个道理。

最为爱护的人——闺蜜

受了委屈及时赶到身边，即使无法安慰，也会一直陪伴。得了荣誉共同庆祝，即使未能体会所有快乐，至少能共同分享。这就是传说中的死党、闺蜜。

要说到最为爱护的人，一定是她的闺蜜。如同兄弟姐妹一般的爱护。现在独生子女较多，父母可能最爱你，可是往往不能够最理解你。她也是明白这个道理的，于是知己就这样产生了。姐妹一般地相亲相爱，爱护有加。姐妹受欺负，她一定会挺身而出，一定会保护她。因为，她有着最为可爱的保护欲。

最想依靠的人——你

常常是将亲情、友情、爱情放在一处，将他们对比。当然，个个都很重要。缺少了一个，那么生命都是不完整的。可是，与前两者不同的是，你是她最想要依靠的人。

她会在父母面前装坚强，因为她害怕父母在操心了这么多年之后仍旧要为她担心；会在闺蜜面前变得坚强，因为她需要给姐妹做强有力的支柱，她不得不坚强；却只会在你面前表现出不坚强的一面，会流泪会发泄，会撒娇会使坏，她并不总是那么乖巧的孩子，也并不总是那么强有力的支柱，她想要找到一个可以给予她力量的人。这个人，只能是你，只能是她爱着的你。

细述

种种表现，她爱你。

她的圈子有你的位置。

并不是人人都有这样的荣幸。公主的眼光其实很挑剔，入她眼或许并不容易。然而千万人中，偏偏遇见了你。她亦不知是否是场美丽的相遇，只是感觉指引，想要在自己的圈子中为你安排一个位置。

这样的感觉日益强烈，终于有一天她认定了你，就像是安营扎寨，从此在她心里生了根。

随着你们交往的深入，即使没有确立关系，她也往往是认定了你。像是受了某种蛊惑，也似是染上了毒，你就是那个蛊惑，你就是那剂毒药。并不是不知道你有多难靠近，也并不是不自量力，真的只是命运指引，缘分牵扯。她注定会愿意在她的圈子里为你安排一个位置。

一入圈子深似海。

应该是在“深”字前加个“爱”字，“一入圈子爱深似海”。

她带你见她的闺蜜，因为她希望你能够更深入地了解她。当然也希望闺蜜能够与你好好相处，这样爱情与友情才不会出现冲突。也希望闺蜜能够给你肯定，让她对这份感情更有信心且更为执著。或许闺蜜会给她忠告，她并不是没放在心上，但是既然你已经驻入，那她愿意选择相信和坚持。

她如果带你见她的父母，那么她真是爱你至深。父母是她最信赖的人，没有比带你见她父母更能证明她的爱的了。父母的肯定，是一剂良药。对于你们感情的发展，起着促进作用。如果父母否定，当然她也不会盲目地就放弃。她会努力观察，她会努力发现你的闪光点，发现你值得信赖的地方。

她的爱，大有深意，请努力优秀起来吧，让她在父母和闺蜜面前也好有个交代。

对你可以不必假装坚强。

即便你并未给过她任何承诺，只要她心内认定了你，仍旧会想要对你依赖。她偶尔会给你打电话，电话里的声音或许带着无奈甚至是哭腔。她不会假装坚强，她会收起全身的刺，给你一个温暖的怀抱。她爱你，这是她的完整表达。无法完全诠释出她对你依赖到何种程度，因为这都是因人而异。但是，她一定会在你面前表现出软弱的一面，因为她是多么希望你能够给予她安慰。因为她假装坚强，已经努力太久。

请给她一个依靠吧，要知道她是多么地辛苦。她是如此信赖你，请给她信赖的理由。与她一起分担，与她一起努力，她也必定会给你带来惊喜。因为，她深爱着你。

圈子外的故事

◎追求

她的优秀肯定会引来追求者，他们想进入她的圈子，成为她可以依靠的人。他们或者争得热闹，或者遵循先来后到。只是，他们的出现只为了给你警惕。你是如此幸运，能够成为她放入心底的那唯一的依靠者。她在拒绝追求者时，不时地想起你，不时地想要提醒你。拿起电话，又放下。犹豫的心情，如同搅乱的粥，黏糊的状态连她自己都不要碰触。

为了不要让她继续这样糟糕的状态，就请快些答复她吧。

◎拒绝

追求与拒绝总是相连的。

你进入圈子之后，并不是没有追求者出现，你知道她有多优秀。可是她统统拒绝了，因为她知道只有你能够成为她所依靠的人，是山一般的存在。

她不会主动去找寻另外的依靠，即使你累了，她也会自己调节。只希望你能在关键时刻，出现在她身边，给予她最需要的。

那些被她拒绝的人，永远进入不了她的圈子。还是那一句，你是多么地幸运。

圈内与圈外的融洽

◎首先，圈内必须绝对和谐

亲情、友情、爱情，三者不可有冲突，否则矛盾加深的时候，哪一方面都不会牢靠。所以，你要好好努力，努力让自己变得更加优秀，不让矛盾发生。让她的家人和朋友都对你满意，让她能够放心把你介绍给她最爱的人。你还需要调整好自己，在她需要的时候及时提供肩膀给她。这样，你们的感情才能够加深，你们的爱情才能够持久，她的保护壳才能完好无损。只有内在和谐了，她的壳完好无损了，你们的爱情才可能完整，生活才能够和谐，有了这个完整的存在和支持，她才会带着满足的笑容，奋力地走下去，幸福地生活下去。

◎其次，圈内圈外要保持联系

并不是要永远断绝联络，没有什么比人脉更重要。帮助她找到自己的定位，并且很好地拒绝外界的诱惑，这是你的使命，也是你的荣耀。永远不要让她只活在圈子里，要让她走出去看看外面的世界。外面的世界也是无比的精彩，当然是要牵着你的手，一起往前走。

你们的未来还是未知，尚且处于发芽状态。但是，如果能够完全信赖对方，那么一切问题都可以解决。不要做与世隔绝的人，毕竟有了一个壳，并不能保证它的安全，你无法得知它何时会被敲碎。世界上没有叫做世外桃源的地方，请帮助她走出自己的心房，走到外面来。让两个世界间架起一座坚固的桥梁。我知道，其实，你也很爱她。

会发很多“没有营养”的短信给你

她希望你能够看懂她“没有营养”的短信里所包含的含义。

过节必定收到她的信息，月末也会收到她的信息，平日也也会有一些“没有营养”的短信会飘到你的手机里。不是她短信发不掉，不是她平日里空虚无聊，只是因为她爱你，她希望你能够看懂她“没有营养”的短信里所包含的含义。

短信类型及含义

◎节日祝福

节日祝福似乎发起来总是最为理直气壮的，总是以群发为名义，看似总没有特殊含义，谁都能够收到她的祝福。可是，你又知道不知道她在发送之前是鼓了多大的勇气呢？翻着通讯录，在你的名字上停留住，没有办法再移开。即便是最理直气壮的，仍旧会有些微的犹豫。害怕你看穿她的心事，害怕你把她当作一个特殊的人敬而远之，可是又担心发现不了她的心意。这样犹豫的心态，多多少少会影响到后面的进程。稍一不留心，发现自己已经按了发送键，到底是收不回来了。

其实，往往收到的回复都是“同乐”“你也一样”等，或者没有任何回复。她不禁淡淡一笑，那样的笑容里多少有些苦涩的成分。

◎月末骚扰

常常是到了月末，许多人会出现包月短信发不掉的情况。可是，你不知道她其实早就存了这想法。每到月末，总要找足了借口，还自说自话说："我每一个人都发。"然而事实上，她还是跳过了许多的人，来到你的名字时，又是犹豫半天，按了发送。紧张地等候回复，却发现你回了："呵呵。"那样的心情，你可又曾了解过。心头倏地一松，脑子里却成了一大片空白。她不比任何一个人少爱你，却得来你一个类似敷衍的语气词。不是她不够用心，而是你不曾在意。月末骚扰，不过是对自己一个月以来骚动的心的总结罢了。

◎一些笑话

她或许真的存有一些笑话，每每想到你便会发给你看，想与你分享。可是更多的时候，不过是为了和你说上话而已。向朋友讨要可爱的笑话，期间遭到了朋友的笑话，因为她的方式过于迂回。然后发给你，等你的回应。终于回应了，或者是一句简单评价，比如"很有意思"，或者加一句寒暄"最近忙什么"。于是，她达到了目的，把自己最近的日程汇报给你听，不管你是否真的关心。她在意只是，你终于了解到了她的近况，终于知道了她最近的动向，终于多少体会到了她的心情。或许你们会聊一会，或许很快就结束了。不管怎样，她和你"说"上话了，她的心情会随之变好。真是简单纯粹的快乐啊。

◎话题询问

她偶尔心血来潮（我们把这理解成为她想你了），挑了话题询问。比如"你看过……（动画片名、书名、电影名、电视名等）吗?"于是开始对谈，她想要揣测你的喜好，想要拉近你们之间的距离。你究竟能否感知到呢？或许你多多少少是知道的，只是你不屑于搭理，也或者你是敷衍。你把手机放置在了一边，不说一句话，只看她发了一条，见你没回应又发了一条。你或许回了简单的两三个字"看过"或者"没看过"，没有思考过她会有怎样的感受。她望着手机良久无言，心底生出的是绝望。

◎空白

有没有收到她的空白短信呢？如果你收到了，难道还不明白吗？那不是她按错了，不是她不小心。你的姓名未必在通讯录的第一个，所以按错的可能性非常小。空白表示的正好是相反的意思，即满满的思念。如果你收到了这样的信息，一定要保存好了，因为她一定是想了很久很久，实在不知如何表达自己的心情，只好在空白的页面状况下按下发送。你又如何知道她在那样的情况下所遭受的煎熬，就像是等待成绩的小学生，紧张而又恐慌。你或者真的不知，或者装傻，回答："怎么短信是空的，你刚刚发了什么？"她心中的大石虽然落了地，可是却多了一点失落，这不过如同死缓，煎熬的日子又要加长。

如何应对——做一个成熟的男人

◎如果你爱她

如果你爱她，却又偏偏如此迟钝，那你需要的是细心体会。

如果你爱她，那就应该更加努力地去了解她，尝试着去了解她的想法，了解她发出这些"没有营养"的信息时的感受。

如果你爱她，请给她一个肯定的回答。或许你们之间还有很长的路要走，或许你们的磨合期会很长，或许你们并不知道你们将要迎接的是什么。可是无论如何，请给她一个肯定的答复。这样的话，她也不需要整日忐忑的揣测。

如果你爱她，请不要留她一个人在黑暗中摸索。要知道，她也是人，她也会害怕，谁也无法保证她不会退缩。

如果你爱她，请抓住她。在她退缩前，抓住她。以后的幸福生活，靠你们共同创造。

如果你爱她，万一她退缩了离开了，请努力找回她。因为，她或许在离开的途中仍旧在犹豫，你们仍旧有幸福的可能。

如果你爱她，而她已经离开了，那么就不要再继续寻找她。因为，她必定是伤透了心才离开的。

◎如果你不爱她

如果你不爱她，也请给她一个机会。毕竟你未必真正了解她，她或许真的能给你的生活带来惊喜和奇迹。

如果你不爱她，也无法给她机会，那么请尽到普通朋友应尽的义务。不要敷衍她，因为你永远想象不到她是鼓了多大的勇气才发出这些信息的。

如果你不爱她，无法给她幸福，那么不要给她希望，不要企图保持暧昧的关系。还是那句话，她这样好的女子，值得更为珍惜她的人，也一定能找到更为适合她的人。

如果你不爱她，请祝福她。

千万不要踏足的禁区

◎ 敷衍

她是个有感情的人，受不了敷衍。世界上最不尊重人的态度不是讨厌，而是敷衍。敷衍一个人，表示你对她根本就不屑，甚至没有把她当作是人在尊重。敷衍一个人，多多少少也能看出你的礼貌没有学好。没有礼貌是一件很严重的教养问题，是做人的问题，而不是简单的爱情问题了。更何况，她是女性，作为一个绅士，她理应从你那里得到应有的尊重，而不是敷衍。如果你尊重她，请认认真真地回复她，尽一个普通朋友的责任。毕竟，你也不希望她今后指责你说，她曾经喜欢的你居然是个连起码的礼貌都不懂得的人。不要敷衍她了，因为如果你敷衍她，以她的敏感，只会感到伤心。

◎ 暧昧

暧昧是最让人讨厌的游戏，这个游戏或许会使她不知所措，而你却乐在其中。这不是公平的游戏，因为你不爱，而她爱着，从这一点上来看她便处于不佳的位置。或许玩暧昧对于你来说是很有意思的一件事，可是对于她来说却很痛苦。你玩暧昧，从某个程度上来说，是耽误了她。她是个好女孩，经不起你的折腾。她只是暂时脱离不出这样的感情旋涡，逃脱不了那种羁绊。你要相信，她终会幸福的，不会永远困守，所以请不要玩暧昧游戏。你或许玩得起，可是她玩不起，不要让她讨厌你。而且，她值得更好的人去爱。

◎厌恶

厌恶，是多么让人心痛的行为啊。她爱你，却换来你的厌恶，那么该多么令人难受啊。你厌恶她，所以她不能出现在你面前。你厌恶她，所以她不敢看你，她害怕你那种嫌恶的眼神。你厌恶她，所以她不敢向你示好，因为她知道你会怎样对待她的一片心意。你厌恶她，所以她的所有感官都是伤感的，呈现出某种颓败。她爱你，不想看到你露出不开心。但是，因为她爱你，请不要讨厌她。因为她也是一个好女孩，她也会伤心，也有感情。其实，你应该心怀感恩，毕竟有人爱你，也是对你本身的一种肯定。

◎忽略

世界上与爱相反的情感不是恨，而是无视。忽略一个人，那个人承受的东西，将是非常沉重的。被无视的感觉，并不是每个人都能够了解的。因为真正会被无视的情况也是很少的，因为一般人都会给予回应。当她爱着你的时候，她渴望得到回应，一般人都是无法忍受无视的。被无视，那是一种心灵的煎熬，而不仅仅是厌恶那么简单了。厌恶好歹也有情绪上的波动和回馈。忽略无视是视她为不存在的，让她感觉自己很微小，让她产生强烈自卑感的。可是她是真实存在的，她很爱你，请不要伤一个好女人的心。请你回复她，认真地回复，这也是你做人的根本——真诚。

为你学着下厨

如果一个女人会为了一个男人学做饭，那么，她一定很爱这个男人。

俗话说得好："抓住一个男人的心，首先要抓住他的胃。"古往今来，许多的爱情都是从"吃"开始的。当然，并不是因为男人贪吃。原因很简单，大多数男人都喜欢贤惠的女人，而会煮饭的女人从很大程度上来说是非常贤惠的。如果一个女人会为了一个男人学做饭，那么，她一定很爱这个男人。

带你来看她的学习过程

◎学习之前

许多女人在遇见这样的男人之前，很多都不相信自己会为了某个男人学做饭。其实，道理很简单。一个人生活好打理，两个人生活就必须好好经营，哪能天天吃快餐。

而往往许多女人在遇见那个男人的时候，会嚷着学做饭。她希望你快乐地享受午饭，做健康的蔬菜，而不希望你吃快餐弄坏自己的胃。当然，虽然现在许多男人会做饭，但是女人们的想法还是未曾改变。除了对于健康的考虑，她们更多的还是想要拴住你的胃，拴住你的心。

◎学习当中

炒菜。

炒菜需要的是掌握时机。什么时候放盐，什么时候加水，什么时候小火，什么时候大火，完全靠把握时机。炒菜原理很简单，可是细节如何把握，便是需要好好掌握的。

其实，恋爱又何尝不是这样。对于你，她永远要研究如何深入。炒菜需要掌握时机，恋爱同样也需要。

她在学炒菜，其实也是在学习如何接近你。什么时候加点调味料，什么时候升升温，统统都是学问，她一帧一帧学习，一步一步掌握，只盼望你能够看到她，或者能够一直看着她。时机把握好了，很多事情都能简单许多。她总是从莽撞的不懂得技巧，到深谙其道。她不过是想要靠近你，再靠近你。这些技巧，不过都是她经验的积累，这些时机的把握，不过因了对你的爱。

煲汤。

生活是一味浓汤，需要慢慢熬，慢慢煮。爱情也是一味汤，也需要慢慢熬。需要耐心的，不仅仅是煮汤而已。更需要耐心经营的，是她与你之间的爱情。煲汤或许需要技巧，可是更多的还是时间。

时间能够淡化一些，当然也会深化另一些。煲汤，待到煮沸，待到味浓，是多么煎熬的过程啊。

其间，她要学会看你的脸色，要学会品尝各种滋味，要学会忍耐，要学会坚持。其实，煲汤的学问很多都可以运用到爱情中来。汤的味道浓了，爱情便也愈加深了。她的爱情如同汤一般浓，因为她精心熬制，独一无二。没有办法代替，再也找不到相同的味道，因为那是属于她的味道。她经过时间熬出来的，当然不会有相同的一份。

综上所述：厨艺和爱情一样，都需要技巧和耐心。

◎学习之后

为你展现厨艺，是她一直以来的愿望，没有谁能够打消她这样的想法。她努力学习了如此之久，不就是为了在你面前展示么？

如果不给她一次机会，恐怕她是不会甘心的吧。为了你，努力学习煮饭。平时用来写字敲键盘的洁净手指，在做家务过程中渐渐不那么光滑了。可是，她并没有在意，一切也都只以你为准则。只有让你尝到了美味的饭菜，她才能甘心，才会觉得一切都是值得的。

如同小学生等待老师给予表扬，她等待的不过是一句赞赏。哪怕没有谢谢，她希望有个肯定。她没有太大要求，每个女人都有做贤妻良母的潜质。她没有办法舍弃这种天性，因为这是生来就有的，人称“母爱泛滥”。虽然你并不是她的孩子，可是她对你的爱，并不比对自己孩子少几分。

心情的演变过程

◎发现

她对你，不是心血来潮，因为她从来没有为了哪个男人学着下厨，你是第一个，当然，也希望是最后一个。她开始偶尔地询问你喜欢的菜式，喜欢的口味，她想要烧出符合你口味的菜。苏式菜，还是四川菜，哪个是你更喜欢的，她都细细考虑，甚至通过各种途径打听。她也不过是因为想要更多的了解你，因为她爱你。

是否会有好感上升呢？总是觉得其貌不扬，或者外表笨拙，事实上竟烧得一手好菜。邀你吃饭，目的就在于此。怎么？还不满意？那么，她会为了你增进厨艺，做出你喜欢的菜。

她那么在乎你，有没有一点感动呢？你还未发现吗？那么就请用心观察吧。她的厨艺只会日趋增益，因为你的存在。如果你还未发现她的努力，那么请擦亮眼睛，拭目以待吧。

◎好感

如果说发现是一个好的基础的话，那么好感便是一个好兆头。

意外地发现，平日里大大咧咧的她居然会是贤妻良母的典范，不是没有惊喜的。好感就是这样来的，不管她外表如何，你总是会相信她的内在有温柔的存在。

真是欣喜，她又成功了一大步，对于你的把握更多了一分。为了你的夸奖，她会做得更好。你对她的好感不知不觉地上升着，只有在有了这层好感的前提下，你才会与她继续发展下去。

当然，她是乐于看见这好感度增加的。没有什么是比这更令她开心的了，她像是设了一个温柔陷阱，只等你乖乖钻进来。或许说得过于夸张了，可是她的心情你是无法明白的。因为爱一个人久了，已经深入其中，无法自拔了。

◎喜欢

喜欢是浅浅的爱。这句话是谁说的呢？多么有道理啊。

她要求的并不多，并没有指望你一开始就付出同等的爱。她只希望，你能够看到她，能够接受她，当然最好是能够也爱她。她愿意为你下厨，即使做了再多的手的保养，做了再多的美甲，她仍旧愿意为你下厨。那么，她必定深爱你，并且愿意为你做更多的事情。她爱你，这不是她自己能够决定的，这是命运牵引。有这样的女人愿意为你付出，是多么难能可贵呢。

于是，你慢慢深入其中，被惯坏了胃，也惯坏了自己的性格。她开始为你出谋划策，为你打点一些事情。于是你发现有些离不开她。虽算不得修得正果，但好歹是有所成效了。

◎升温

这就离修得正果不远了呢。

她的付出不是白费的，你并没有远离她的理想。

被惯坏的胃没有人可以满足，除了她；被惯坏的性格没有人可以忍受，除了她。于是，你发现你被收服了，你被贿赂了，你乖乖地入了她的温柔陷阱。多么美妙的机缘，没有人强迫，不过是看到她煮饭的背影便好想给予拥抱，因为你认为那是世界上最美丽的背影。忙碌着，却仍旧散出美丽的光芒。

于是，对于她的感情渐渐升温，她终于可以微笑，然后为你更加努力地学做饭做菜。

男人的理解误区

误区一：千金不会做饭

小说里总是说，千金都是饭来张口衣来伸手的，有人伺候着，有人照料着。于是，自然而然地想到了《公主日记》，甚至连正常的自理都无法完成的公主，更不用说做饭了，或许更多的人想，如果不是因为碰见了男主角，或许她根本没有办法度过那几日。

可是，现如今的千金并不如电视电影和书中说的那样娇贵，她们或许真的有上亿的遗产可以继承，可是她们仍旧会为了心爱的男人做一些从来不曾做过的事情。她们是新时代的女性，她们不是古时候的官太太，她们或许物质条件是比较好的，可是她们还是会努力追求一些她们想要的人或者事物。正巧，煮饭是一项业余的事，却又体现出了某些专业水平。她愿意将袖子高高卷起，在厨房间里摆弄。

她爱你，她想要建立一个以后可以持续永久生活的幸福家庭，没有什么比这个更为重要的了。所以，她们会学着做饭，会做你想不到的事情。所以，千金不会做饭的事，是根本信不得的。

误区二：哥们不会下厨

现在就连许多男人都开始下厨，因为女性也进入外出工作的时代，男人便也要分担一些家务。既然如此，你又何以断定男孩子气的她不会下厨呢？

往往是一些男孩子气的女性比较会做饭，因为外表男孩子气，并不代表内心也是如此。你把她当哥们，这本身便是一件极为伤人的事，如果认为她不会做家务不会做饭，那么她或许会更加伤心吧。

剪着男孩子头，让你误以为她与你是一样的，她伤心却是没有办法。外表嘻嘻哈哈，与你称兄道弟，你又何尝知道她窝在被窝里哭了有多久。她为了你做了饭菜，你却在别的餐桌上与新交的女友欢声笑语，此情此景，总不免有些凄凉。为了避免这样的事情发生，还是努力发现她的闪光点吧，或许你会发现她有着惊人的一面。原来，她也会是很贤淑的。

误区三：职业女性不会做饭

有这样的错觉是正常的。职业女性常常是蓄满了能量，给自己做职业规划，并且将日程排满。在你的想象中，她中午常常是盘了头发吃工作餐，晚上会有许多的饭局，根本没有工夫来学做饭。

可是，你记得潘石屹的妻子张欣吗？她甚至比自己的丈夫学历更高，也更有成就，在福布斯上的排名比丈夫更靠前，可是她甘愿退居幕后。因为对于一个女人而言，最重要的往往不是事业，而是家庭。不要被她女强人的外表给迷惑了，她或许很精明，或许能说会道，可是她在回到自己的家里，还是会忍不住显示自己柔弱的一面。没有比这更真实的她，总是要有所依靠的。这样的她，在遇见了你，未必不想为你安定下来。她并不喜欢在外“打打杀杀”的生活，她不过是没有办法，必须努力往前行。多少这样的例子，为了自己爱的人甘愿退出职场。因为她也是女人，也要生儿育女，也要建立幸福的家庭，这样，她的人生才算得完整。

所以，不要以为职业女性就不会做饭。她在事业上成就如此，在厨房里战绩自然也会是显赫的。若不信，请自己去探索一下吧。

综上所述：不要被女人的外表给迷惑了。她或者妖娆，或者乖巧，或者聪慧，或者笨拙，或者精明，或者迷糊，或者勤劳，或者懒散。无论哪种，只要碰见了自己所爱，总是会想要做一个好妻子，因为她有这样的本性。她自然也会成为好妻子和好妈妈，这是她的天性，无法更改的事实，无法斩断的禀赋。所以，不要让她辛苦太久，如果你尝到了她的菜，请给她一句夸奖吧，给她一个回馈，因她是如此爱你。

约会很准时

她从不迟到，那么，她爱你！

记得《流星花园》里，道明寺与杉菜约在广场，杉菜却当成了玩笑，并不以为真，于是直接导致道明寺在雨中等了足足四个钟头，冻得瑟缩，却仍旧不离开。这是怎样的境界呢？然而电视仍旧是电视，生活终究是生活。约会对于情侣们来说，真的是非常重要的事。

你可否仔细回忆一下，她约会有没有迟到过呢？是不是一直很准时呢？如果真是如此的话，那么，恭喜你，她深爱着你。

她准时的原因

◎怕你等太久

因为她爱你，所以不忍心让你在约会地点等太久，她往往都会早去，偶尔是准时到达的。因为她爱你，她怕你一个人在约会的地方会感到无聊，因为她知道你缺乏耐性的，讨厌等待的感觉。于是，她总是早早地来到约会地点，心里一直在揣测种种。比如，你会穿什么衣服，你会比较想要吃什么，你想要进行的活动又是什么。这些，不过都是她对你的揣测，因为她也会无聊。不过，相比于让你等待，她宁可自己等待。

◎不忍心让你等待

不忍心让你等待，因为她知道等待一个人的滋味有多难受，有多煎熬。因为她等了你那么久，你迟到的时候早一些是一刻钟，晚一点就是半小时一小时。她百无聊赖地等待，看着周围人群，细细搜寻你的身影。这个过程，她并没有自我沉浸，她甚至会为你担心，害怕你出一点事故。直到你出现，她心中的大石头才落地。她深深地明白等待一个人是非常痛苦的事，不能够踏实，时刻焦虑着，她不希望你也经受这样的煎熬，她希望你能够一来就看到她的笑脸。那是多么幸福的一件事。

◎不愿意让你失望

不愿意让你失望，因为她每一次来到约会地点，总会在人群里寻找你的身影。往往是环视了一周，仍旧没有看到你的身影。那时候的失望心情，总是非常明显的。她打了一圈电话，你还是没有回答，或许是赶在路上，于是她开始望穿秋水。总是这样的，她开始时候的雀跃一点点被消磨。她不愿意让你等待，因为她不愿意让你也露出这样失望的表情，她更愿意让自己主动出现在你的视线当中，她是如此爱你啊。

◎不愿意看到你沮丧的脸

先来的人，总是会带一点怨言的，多多少少。一次两次还属正常，如果次数多了，那么这样的情绪将会日益彰显。她懂得如何隐藏这沮丧的情绪，不会表露出来，毕竟已经等到了你。可是，你或许不会这样，沮丧就是沮丧，所有的失望会显露在脸上。她不希望看到你这样的脸庞，不希望得到这样的回应。她更愿意看到你的美丽笑脸，即使带着一点赶路的疲惫，至少好过对于她的怨言。

◎不想失去你的爱

如果总是迟到，那么势必造成两人之间的矛盾加深一层。那么，她好不容易建立起来的关系，将会在这关头功亏一篑。为了不失去这段关系，为了不失去你的爱，她绝对要坚持不迟到，不造成不好的印象。她非常在乎你与她之间的感情，不敢出一点差错。如果一旦行差步错，她不知道迎接自己的是怎样的灾难。没错，失去你，对于她而言，就是灾难。对于她好不容易争取来的缘分，她必定努力维持。所以，她绝对不会迟到。

男人的思想误区

误区一：她绝对不会有怨言

从来不迟到，甚至还常常早到，就绝对不会有怨言？是谁提出这个逻辑的呢？完全说不通。

她或许从来没有在表面显露出来，没有在口中埋怨过，也没有通过其他途径来表现自己的不满。可是，这并不代表着她不会有怨言。你又怎么知道她没在自己的日记本里写“今天他又迟到了”这样的话呢？她有许多的怨言，没有吐露出来，只默默地藏在心里。坚定地守着自己的秘密，因为她害怕关系的破裂，她至为珍惜的这段感情。

误区二：她是心甘情愿的

要知道，她这样做都是为了谁。如果你说“她是心甘情愿的”这样的话，那么你就大错了，也深深地伤了她的心。没有谁会心甘情愿地做这些吃力不讨好的事，她是新时代的女性啊，为了你考虑的同时，也得考虑自己的自尊和面子。她总是愿意相信你下次会早一点来的说法，一次又一次地准时。然而，你总是一次又一次地失信，一次又一次让她等待。给予忠告：不会有人愿意一直等在原地。

误区三：她的说法是真的

“我也刚到”或者“我好不容易赶过来，还以为迟到了”等，如果你将这些说法当成是真的，那究竟是该说你幼稚呢，还是该说你装傻？如果只有一两次，那么或许还有可能是真的，可是一旦时间久了，你不难发现她永远是那么几句，那是因为她没有理由，她就是早来或者准时来的，她没办法编造。如果你以为她所说的借口都是真的，那么真是不枉费她编造谎言欺骗你，起码你能永远做阿 Q，而不用在迟到的时候承受一些心理负担。看着她面部的波澜不惊，你是不是该撕下她的面具，看看究竟在耍什么花样呢？如果可以，真想让你见见她等待的身影。

策略——给那些懂得的男人

◎道歉，真诚地

如果你让她等得久了，那么无论如何，请给个真诚的道歉。毕竟，让女性等待便是极为不礼貌的事情，更何况是约会呢？所以，请无论你是否准时到的，无论你是为何迟到的，请真诚地向她道个歉吧，这样她心里也会好受一些，你也会比较开心一点，而不用承受过大的心理负担。听着她说“没关系”，看着她真心微笑的脸，你是否也感觉石头落地了呢？

◎补偿，偶尔地

不需要每一次都补偿，因为次数多了反倒像是敷衍。偶尔的给她一点补偿，她会感到惊喜和开心，也会觉得自己的等待并没有白费，是值得的。

给予的补偿，也不需要太厚重，更不需要像是道歉一般过于正式。有时候一块小蛋糕或许就能满足她。给她一点信心，让她能够努力为这段感情坚持下去。其实，没有什么比找到懂得自己的人更为贴心的了，也没有什么比这个更动人的了。她从你那里得到一本书、一个茶杯或者你心仪已久的一套化妆品，偶尔的贵重会让整个氛围升值，但是不需要每次都贵重，只要买她喜欢的，一切都好解决。很多时候，她不会在意价格，她会在意你是否了解她喜欢的事物，是否真的懂得她。

◎约会，准时地

最为实际的，还是要如同她一样，约会准时一点。其实有一点很浪漫，两人同时来到约会地点，互寻身影，然后发现对方相视而笑。没有什么比这个更能体贴女人的心了。她不会愿意一直焦急地等待，因为她并不希望成为“望夫石”，她希望能够得到哪怕一点点的回报。

道歉是必要的，补偿固然重要，可是最重要的还是要准时地约会。以她的准绳来要求自己，你要想，她也是这么做的呢，她付出了如此之多啊。不要相信她口中的“不要紧”“没关系”，她也不是圣人，她也会生气，她也会伤心。为了形成一个平等的关系，所以，请准时约会。

地雷区——千万不要踩

◎迟到还理直气壮

迟到怎么还理直气壮呢？她准时到达，甚至老早就到了。她苦苦地等待，生怕错过你的身影，你怎么忍心那样理直气壮呢？

她对于你的担忧，并不是没有道理的。请多听听她的心声吧，凭什么你就理直气壮了呢？如果不能准时，那就干脆不要定约会。女人对于这类理直气壮的男人，是不会有好感的，即使从前有，那多半也在这些次的等待中消磨了。

◎迟到后还生气

试问，你有什么资格生气，又有什么立场生气。对于她怎样的不满，都请咽回肚里。请握下她的手，试一下她的手是否冰凉。她没有那么善忘。不会忘记你迟到，她对你所指责的事情并不在乎，她不屑。她只知道，你迟到了，反而向她发火。她也是处于火头上，请体谅一下她的苦衷吧。何苦来，拉着她吵架呢？约会的目的难道在此吗？

可以容忍你五至六次的迟到，可是不能容忍你每一次的迟到。你凭什么每一次都迟到呢？又是凭什么没有一点更改的意思呢？请认真思考这个问题吧，毕竟她是有着生命的，而不是无生命体。

综上所述：她常常是准时，甚至早到，因为她爱你。她不忍心你早早地等待，一如她等待。请无论如何给她一点相同的回报吧。

开始减肥，即使你没有说过

她希望她是你身边最漂亮的那个人，希望你爱她像她爱你一样。

总是有那么些女人，天天嚷着要减肥，即使她们并不肥胖，甚至非常瘦。可是，她们仍旧这么嚷着，甚至付诸实际。为了减肥，尝试了各种手段。即使你并没有说过她胖，或者做过让她减肥这个要求。可是，她还是会去做，只是因为她爱你，无可救药的爱着你。

女人们的减肥初衷

◎为了更加美丽

除了唐朝是以肥为美，女子基本上历代以来都是流行瘦瘦的样子。有的甚至瘦得几乎只剩了骨头，究竟为何如此呢？明明已经处于亚健康了。试想下林妹妹的娇弱体态，除却那一身的病，谁不希望拥有婀娜的身姿呢？宝钗的丰腴固然不错，宝玉也曾想过如果这丰腴能够给林妹妹会很好，可是宝玉爱着的还是林妹妹的婀娜，以及那一身的才情。

所以，有史以来，都是以瘦为美。为什么要变得更加美丽呢？因为她认为你喜欢身材火辣的女人，因为你与她一起逛街，眼睛仍旧会往四周瞄。她希望你能够给予她更多的关注，即使你从未说过她身材不好，也从未向她提出过让她减肥的要求，可是为了让你更爱她，她愿意努力瘦身。不是谁都有减肥的勇气的，很多人永远只做口头功夫，嚷得天下人皆知了，自己还没有任何行动。如果她为你减肥了，那么只能证明一点，她真的很爱你。

◎为了让你有面子

你的朋友带着的总是身材火辣的美女，前凸后翘。相比下来，自己倒显得有些登不上台面。为了给你挣点面子，她不得不努力，她不希望你在朋友那里没有面子。不能因为自己而使得你成为朋友口中的笑话，于是她加入了减肥的行列。虽然你没有说过类似的话，可是她内心里会有挣扎，特别是那些女人将挑衅的眼神丢过来的时候。

◎为了追赶时尚

瘦身已经成为无可逆转的时尚，不管你信不信。当然，她追赶时尚自然也并不全是为了自己，她还是为了你。她不希望你永远用相同的眼光看着她，她希望自己偶尔能够带点新鲜给你，好让你向她投注一些惊喜的眼神。她跟着姐妹淘学瘦身，回来之后向你展示，如果并不明显，那么她会坚持，直到你露出惊喜的眼神。

为了你做了这些事情，不是因为她无聊，她是爱着你才会甘愿如此，你始终要相信这一点。

女人的减肥方法

◎跑步

跑步应该算是最原始的方法吧。消耗脂肪，增强肺活量。只不过这样的减肥方式往往成效不大，通常要一个月见效。只是这样的减肥方式，还有一个好处就是可以磨练毅力。当然，真的并不是每一个都能够坚持下来，大部分女性还是不能够坚持，因为对于现代都市女性而言，常年的熬夜生活已经造成了严重的睡眠匮乏，所以，很少有坚持跑步锻炼身体的了，大部分女性都会躲在家里睡懒觉。

当然，说大部分会放弃，并不是表示没有这样坚持的。还是会有的，因为这部分女性比较相信跑步的方式能够锻炼人，并且当它成为习惯之后，就很难改变了。特别是跑步机的推广，跑步也不需要到户外了，相比较而言比较简单了。但是，还是需要毅力的，是努力的象征。所以，对于这些坚持下来的女性，不得不怀抱崇拜的心态，因为她们是努力的象征。当然，你如果不为此感动，那么就太对不起她的坚持和努力了。虽然你并没有这样要求过她，但如果你能够给予她鼓励，想必她也会非常开心的。

流行指数：★★★☆☆

◎减肥茶

常常是听到电视上一些夸张的减肥茶广告，在公交车上，在家里，在大厦荧屏上，几乎无处不在，简直深入人心了。不要以为没有人去买，做尝试的人有很多。曾经有人说过，喝这些减肥茶就是在给自己的肠胃做化疗。听者无不汗毛直竖，感觉恐怖至极。可是，还是会有人去尝试，不要不相信，即使她知道效果显著的缘故是依靠一些化学手段，并且会带来一些不好的影响。有人说，喝减肥茶的效果是立竿见影的。尝试的人不在少数，因为她们希望立即就能看到效果，更希望你能立即看到效果。

对于折磨自己身体的牺牲，你难道不感动吗？或许在你看来真的是很傻的行为，可是她为了你愿意做这样的尝试，难道你不应该为之鼓掌吗？

流行指数：★★★☆☆

◎跳舞

记得还是《都是天使惹的祸》里的一段了，那时候的李小璐非常青涩，令人非常喜欢。那段是讲她去领舞，别人都瘦，只有她胖了。为什么呢？因为她跳完之后，能吃平时食量的两倍多。不知道是不是特殊情况，跳舞是否能减肥呢？据很多练习的人说，是很有效果的。但是也不能排除电视当中情况的出现。冒着这样的风险尝试，确实也是可爱又可敬的行为。

跳舞消耗的能量很大，同时也练习了身体的柔软度，所以还是很有好处的一种减肥方式，同样需要的是坚持，如果一旦废弃，将会无限反弹，这样事情就会非常糟糕了。对于这样一边跳舞一边瘦身的方式，你是否比较容易接受呢？看着她跳舞，不单单是赏心悦目吧，是否有一点说不出的情绪呢？感动还是其他，还是得自己琢磨吧。

流行指数：★★★☆☆

◎瑜伽

练习瑜伽越来越成为一种时尚，一张瑜伽毯，一本关于瑜伽的书，一张关于瑜伽的碟，然后跟着练习。不去健身中心的大有人在，他们给自己定下了时间和规矩，每天什么时候练习，什么时候学新的动作。别看瑜伽动作简单，其实它对于身体的柔韧性和灵活性要求特别高，经常是没做几个动作就有满身的汗了。对于这样一种健康的减肥方式，想必你是大大支持的吧？

不过，还是一句话，没有毅力什么事都是办不成的。你深深为她的毅力所折服吗？一切都只为了你啊，你又怎么可以不了解呢？

流行指数：★★★★☆

男人，你能给她的建议——给你的参考书

◎告诉她你的真实想法

看着她那么辛苦，如果你有些心疼的话，那么还是劝她不要再减肥了。并且你应该主动表示，减肥与否都不会影响对她的感情。与她沟通，不是说企图让她放弃减肥这个项目。如果她一定要坚持，那么不管自己有多么心疼，请给予支持，毕竟这是她的选择，她对自己的身体做的选择，也是对你做的选择。不要以惊讶的态度看待这件事情，对于她而言其实也就如同写日记一般，只是体力上消耗得更多而已。请支持她，因为她好不容易才下定的决定，一定需要支持。当然，如果她坚持不下去了，也请不要酸她，因为她也很辛苦，一定是坚持不下去才做出了这个决定。无论是怎样的决定，请不要过于插手，尊重她的选择。

◎劝她选择正确的减肥方式

减肥茶的效果固然立竿见影，但是对于伤害身体容易带来副作用的方式，还是少尝试比较好。终究是为了你才会减肥，你必定是要承担一部分责任的，不能从完全旁观者的角度看这件事，你必须当作自己的事情来关心，她或许是很执著的人，但是请无论如何让她放弃不适合的减肥方式。

◎给予肯定

无论她是否真的瘦下来了，请给她一个肯定的回答，这样她才会感到一切付出都是值得的，不会感觉到是白费力气。她辛苦为你减肥，一定是想得到一点肯定的。就是希望从你的眼睛里看到惊喜，那么请无论如何给她一点肯定。她的辛勤，也会有所值得。

综上所述：女人减肥，多数时候是为了男人考虑，即使男人没有提过要求。很多时候，需要男人的支持，需要男人的肯定，来帮助她们完成减肥大业。不是因为这有多重要，而是她们需要一点精神支持。她或者不够自信，或者追赶潮流，总而言之都是为了你。请你体谅她们辛苦的心情，不要泼冷水，她也是着实不易的。

这也是没有办法的事情，谁让她爱你呢？

喜欢做心理、星座测试，你是铁打的男主角

爱你，就需要全世界都承认你！

现在非常流行心理测试和星座测试，为什么呢？难道是迷信吗？而且，每次测试当中的男主角，必定是你。她爱把自己和你对号入座，然后测试你们的缘分以及运程。不，绝对不是迷信。她不过是太爱你了。

她们认为心理、星座测试，是美妙缘分的开始

步骤一：测试给予鼓励——缘分悄悄开始

心理、星座测试千千万，随便点开网页也能看见。你知道吗？心理测试可能成为她的精神支柱，因为她想要得知你们的缘分究竟有多少。记得那句广告词吗？“想测试你们之间的缘分有多深吗？”你在听闻的时候，是否会觉得这样去测的人很傻呢？可是事实上，她会去做，就是这样。男主角是你，女主角是她。你的性格大分析，她的性格大分析，然后综合是否有缘分。

千千万万道测试题，她就这样熟记了，她凭着那样一点点的慰藉，靠近你。或许曾经你们未曾有交集，你不知道，缘分就这样悄悄开始了。在没有任何人说话的时候，在没有任何预兆的时候，缘分便慢慢踏

上了旅途。

你是否对你们缘分的开始感到惊讶？不用感到惊讶，殊不知她早已有所计划，做了精心准备和安排。对于你的反应，她越来越多的是从心理测试上和星座书上找答案和解释。即使实际情况并非如此，测试出的答案也往往能够给予她鼓励。让她勇往直前，进一步拉近你们之间的距离。

你们的缘分在你尚未知晓的时候便展开了，你不知道未来会有怎样美丽的遭遇，那么请接下去看吧。

步骤二：测试给予安慰——缘分初露端倪

你们相识了，你往往是随遇而安的那一个，女人的细心让她不得不努力经营。如果你并不爱她，那么她不得不抛弃所谓的矜持，给你短信、电话，聊天记录细心留存，因为她舍不得删掉哪怕是你的只言片语。她或许得不到朋友的支持，或许得不到父母的安慰，最糟糕的或许是得不到你的回应。她对着自己的手机发呆，别无他法，她从心理测试和星座解析中寻求安慰，测试中说应该努力坚持，于是她坚持了；测试中说应该大胆主动一点，于是她又再次按下你的号码，给你发了信息；解析中说幸运色是红色，于是她隔天便穿了红色衣服，希望引起你的丁点注意；解析中说这一天你们两人的星座有交集，那么她会守候整天，哪怕最后制造机会。

她俨然成为了星座和测试公主，活在这样的世界里，也并不是不好。起码，她得到了安慰。心理测试说你最近不很顺心，她会给你带来安慰；星座解析说你最近心情大好，她会给你增添欢笑。总之，她总是为你考虑。于是，在这算得是糖衣炮弹的努力之下，你或许真的就被攻陷了。沦陷的不是你的顽固意志，而是那关了许久的心。缘分，终于初露端倪。

步骤三：测试给予提示——缘分等待成熟

不知不觉间，心渐渐沦陷了么？熟识后的她，仍旧不会放弃在生活中扮演星座公主，也不会间断做心理测试。看，她就是这样爱你。她对自己有着诸多的不自信，对于你的渐渐信任又感到些微惊喜。此刻的她，如同怀揣着一只兔子，心扑通扑通地，又是害羞，又是担忧。她关心你，甚至比关心自己更多。

有时候，你们会陷入僵局，这个总是难免的。于是，她会努力地从星座和心理测试中找提示，你就是那万恶的男主角，让她不断头疼不断伤心的男主角。未来会怎样，还是不太明朗。不过是卜卦一般，她相信能够靠着这点微弱的提示，能够重新找回自信，找回与你共处的基点。若你仍是无法了解她的这番苦心，是否过于辜负了呢。

是否还记得经典日剧《一吻定情》呢，琴子最终以真诚打动了入江直树，最后的拥抱深入人心。琴子叩开直树的心门，花费了多少的努力，一次一次地受伤，一再地坚持。

虽然生活中的她，并不如琴子一般近似傻子般努力，你也并没有直树那样的冷漠。可是，她仍旧是在努力着的。你看到了么？缘分等待着成熟，只等你们共同采撷。还等什么呢？你不是也渐渐爱上她了么？

步骤四：测试增添甜蜜——缘分已然成熟

啊，终于接受她了么？给予她拥抱了么？嗯，做到了？那么很好。

可是，不要以为她已经脱离了心理星座测试。她的不安定感让她一次次地求助于这些测试，当然不管测试结果是否好坏，它总是能够增加她对你的深入了解，更能增添一份甜蜜。

陷入恋爱的你们，开始有争吵，开始有不和。她会寻找答案，细心地解决你们之间的问题，那么这些测试并不是无用的，她起码从中找到了一些她想要的东西。即使测试出错，那又如何呢？至少她努力去改善了，不是吗？只要努力，就一定会有所回报。你们的气氛一次次缓和，难道只是靠你哄吗？当然，她或许是要有人疼有人哄的，可是更多的时候，她仍旧是努力的一方，她从来都没有放弃过对你的坚持。

当然，如果是甜蜜时期，那就更好啦。每一次的旅行都是美丽的，测试上说圣诞的时候适合看电影，于是你们跑去了电影院，看了一场影片。影片或甜蜜，或奇幻，这都不重要。重要的是，你们一起度过这段美好的时光，测试上没有说错，它确实起了增添你们的甜蜜的作用。你们的爱情随着这样一次次的甜蜜注入，相信会一直升温，直至恒温。此时，缘分已然成熟了。

步骤五：测试给予指导——缘分需要恒温

总是会达到沸点，难道就这样让它冷却吗？不行啊，好不容易经营起来的呢。她纠结于此，测试及时出现，她从中得到了许多的“专业指导”呢。

什么时候该让爱情稍作休息，什么时候该让爱情努力奔跑。她总是从测试中得到答案，或许未必满分，可是至少她得到了关于某方面的启示。比如，你似乎有些厌倦了每日完全一致的相处模式，测试说给你一点惊喜如去一个从未去过的地方，于是，她带你去了她的小学校园，一方面让你更多地了解她，一方面爱情也不会干枯。

保持恒温是一件很困难的事，爱情是一门学问，她必须向旁观者请教。往往这些纸上谈兵，在关键时刻都能够被利用。她的不安定感，在你们每一次的争吵之后都会出现。你这个万恶的男主角，几乎没有让她不操心的时候。她竟是如此爱你。

就让这些测试给予她指导吧，让她想着法子讨好你吧。缘分恒温，就需要努力。看着她这么辛苦，所以也请你努力一点吧。

男人，千万不要去踩地雷区！

◎不爱她 还给她希望

测试中许多解释，往往会带来希望，如果你偏是喜欢暧昧之人，那么她遇上你就是遇上了劫难。

星座里的匹配指数往往是她用以衡量你们之间缘分的标尺，她会寸寸计算，寸寸把握。

请不要给她希望吧。如果不爱她，请干脆地拒绝。不要给她希望，不要暧昧。因为这样努力经营的女子，必定适合更为珍惜她的人。

◎缘分升温 放弃努力

看着她那么努力，怎么忍心放弃自己的努力。感情是两个人经营的，她或许生涩，根本没有任何经验，她所有的想法都是从书中所得。你们的爱情有多少美好，自己努力回忆，是否大半是她的功劳呢？

还是好好努力吧，即使她从未开口说爱你，至少她所有的行为都表示了她深爱你。缘分升温了，渐趋成熟了，便失去了努力的动力？看看她吧，是否仍旧如同小蜜蜂般搬运着从心理测试里得来的答案呢？不要让她这么辛苦了，赶快告诉她你的想法吧。你难道不心疼么？

◎降温就降温 失去也不可惜

如果你真的抱有这样的想法，那么我只能深深地怜惜她。你对于这段缘分如此地不珍惜，是否不值得她如此的良苦用心呢？

她为了经营这段感情，花费了多少精力。从一开始的探索，到后来的主动，她放弃了自尊，放弃了矜持，她的牺牲那么多，你一句放弃便将她所有的努力当成了笑话。真的，如果你真的如此，那真是无法与她匹配。

她还有很多美丽的缘分可以遇见，不需要拘泥于一个不珍惜她的人。走了一个“王子”，还会有许多“骑士”的到来。

所以，要么请认真地为她努力，要么请你离开。她不是旧时代的女性，她虽然忐忑，虽然有些许不安，可是她还是会权衡。或许，她会选择主动离开。到时莫要后悔，恐怕是要追悔莫及了。

一切一切的努力都灰飞烟灭了，你便也不会是她的男主角了。

第五章　放手吧，她不爱你

FANG SHOU BA TA BU AI NI

不修边幅地出现在你的面前，妻子除外

女为悦己者容，反过来就是不喜欢你就不打扮

你不想在衣着打扮上挑她的刺儿，但是你总有说不出的感觉。你想让她换件衣服，理理头发。你甚至希望约会的时候多等她半个小时，这样她出现的时候能给你个惊喜。

可是，她永远都不修边幅地出现在你面前。好吧，她一定不爱你！

她想要的赞美似乎在远方。

你称赞她买的新衣服，她顺口说，早买的了，现在都打到 6 折了。这件衣服在它原价的时候你不曾看到，等你看到的时候它已经 6 折了。你感觉打折的不仅是衣服，自己也被打了 6 折。

漂亮的女人赏心悦目。不仅别人看着舒服，自己走在路上也快乐。现在衣服，很少是穿给自己看的。女人买衣服都喜欢带个伴儿，出个主意。好不好看，通常自己拿不准。就算是时尚达人，也不会一意孤行。

穿衣打扮，当然要向时尚前沿看齐。然而你们看到的时尚前沿远没有大师们看的超前。你们的时尚前沿，是大众的时尚前沿。

换句话说，女人穿衣打扮是给大多数人看的。

人在性成熟后，会很自然地更多地注意异性。无论男性还是女性，不仅更注意异性，相对来说，会更在意异性的反应。这不是所谓的重色轻友，这是人的一种本能。就像发情期的孔雀，会向异性展示自己。

也就是说，女人穿衣打扮是给大多数人中自己最感兴趣的人看的。

你以为她在向你展示自己，却发现只不过是出门前随手拿了这件衣服。

随手拿的是现在打了折的衣服，随便见的人是坐在对面的你。

你的魅力显然没有比那个有幸看她穿新衣服的人魅力大。他是原

价，你是六折。

她改了一贯的风格，走了完全不一样的路线。你不太喜欢这样的变化，她争辩道，那个谁谁谁比你有审美多了，他也喜欢这样的感觉。

她突然剪了头发，也没有提前告诉你。你埋怨的说她做事不经大脑，也不和自己商量一下，万一自己后悔了，连个痛骂的对象都没有。你这句温暖如春的话却引出她一块冰坨。

"怎么会后悔？这是我跟那个谁谁谁商量的，他比你有审美多了。"

你心里好不畅快，想都不想，脱口而出。"比我有审美的多了去了，你干什么偏偏听他的吗！"

此话一出，又是一场战争。这句话实在不好接。"偏偏听他的"说出了你的疑问，要解释这个疑问，只能越描越黑。

谁会听谁的话？女儿听父亲的，学生听老师的，属下听上司的，要不就是情侣间的，你听我的，我听你的。他和你，属于哪种关系，你至于那么听他的？

她也许会说，本身她自己就是喜欢这种感觉，你没仔细听她说的吗？他"也"喜欢这样的感觉。她没听谁的话，她最听自己的话。

你喜欢淑女的长裙，她穿极短的热裤；你喜欢飘柔的长发，她剪了波波头；你喜欢朴素的淡妆，她迷上了烟熏妆。别人看你们走在一起，还以为你换了女朋友，变了口味。她就好像突然陷入了叛逆期一样，不管你用什么方法教导引诱，她就是不上你的道。你看着她越走越远，心里苦不堪言。

她不是不修边幅，她很在乎自己的形象。只是这一切，与你无关。

也许你这个"悦己者"不如另一个"悦己者"更让她动容。

你在她眼里仿佛就像透明的

虽然你认为这是不见外的表现。但是当她不再在你面前维护自己的形象，对你的意见充耳不闻的时候，你还是有一种提醒她要注意的冲动。

她已经很久没去理发店了，头发已经长的蓬乱且没型。你曾经劝说她去理发店转一转，但她总说浪费钱浪费时间。你虽然看着她越来越

"欧巴桑"的打扮感到十分愁人，但同时也觉得这个女朋友不错，将来一定会过日子。但是突然有一天，她办了一张美容院的卡，也开始做头发的定期保养。她说，女人要抓紧时间对自己好。

你虽然小小震惊，但是看她一天比一天容光焕发，有了脱胎换骨之势，心里仍然替她高兴。

直到有一天你得知她的公司调来了一位魅力四射的有为青年，你才恍然大悟她的用心良苦。

你气的恨不得掰断她的美容卡，银行卡，信用卡。

你不恨她在帅哥面前打扮自己，你可以理解。但是你不能容忍她对你的熟视无睹，你不甘心她对你没有了以往的羞涩，你不明白为什么你的态度你的意见得不到他的反馈。

你好像被她关进了玻璃瓶里，怎么叫喊她都听不到。最重要的，玻璃瓶里的你，还是透明的。

你说你喜欢什么发型，什么衣服，什么打扮。她没有反驳，却没有做一点参考。你有点失望，却也不知道说什么。

俏郎君里，芭芭拉史翠珊得知罗帛列夫要前来借宿的时候，像忠实的信徒得到了指引。她停止了手中的所有事情，她去做头发，做指甲。当然，还去买了晚餐和酒，满心期待着一个浪漫的夜晚。当他要走的时候，她慌了手脚，一时间说不出挽留的话，蹦出口的是"为什么要走，我有牛排!"

关键怎么能是牛排？关键是我的头发，是我的指甲。你还没有称赞我漂亮的双手，你还没有抚摸过我新做的头发，怎么能就这样离开？这些你都还没有做，为什么要走？

女人为心爱的男人打扮，又羞于让他知道。最好是等男人厚脸皮反问是不是做给自己看时，自己娇吟讨厌，我只是自己喜欢。

你积极地告诉她你喜欢的打扮，你想与她做深入讨论。虽然你内心的想法是，她怎样你都会喜欢。但是还希望有一天她穿着你理想中的样子，站在你面前。谁不希望自己心中的姑娘，更接近自己心目中的完美呢？

可惜她没有给你圆这个梦的机会。她细细地听你说了每一条，没有反驳，没有与你讨论，但是也没有赞同。你说完了，她莞尔一笑。以后的着装，也一直没有变化。

你喜欢什么样的？不关她事。她只想做好自己，一点也不想被你改变。

虽说近朱者赤，近墨者黑。但是她坚决的态度，让你一度怀疑自己与她探讨着装这件事情已触及到了她的原则问题。

也许不能被你改变，要坚持做最真的自己，就是她的个人原则吧。

她对你的不修边幅一点意见也没有

连你的朋友都说你最近太邋遢了，她却还没有反应。她的回答总是，还好，我觉得还好。

你常被周围的朋友当作时尚的反面教材拿出来开玩笑，说你是土的掉渣的代表。你的衣服早就不再更新换代了，穿来穿去还是那些样子。你蹲在街边，简直就像城市里的边缘人员，还在为温饱问题烦恼。

有的时候你也会审视镜子中的自己，胡子要不要刮？头发要不要剪？皮肤是否真的像大家所说的那样，粗糙的像大象？你问她的意见，她永远用那句话回应你——还好，我觉得还好。

你想她认真回答，你要听真实的建议。她看看你，说无论你什么样子都好啊。

你看着洗白了的T恤，穿了三年的鞋。再经典的经典款，也经不住你这样的折磨。自己的审美疲劳使你终于下了决心整理一下自己。你在朋友的带领下，从头到尾，重新整治，人立马看上去年轻了五岁。你好像自己的身体也感觉到了这一点，走路更轻快，笑声也更爽朗。你迫不及待地让她看看你的变化。

她看了看你，说，还好，我觉得还好。

你开始有些恼火，这个女人，是反应太迟钝吗？说话难道不动脑子的？

至少，她对你说话是不动脑子的。

你拿了两条裤子，让她作比较。她匆匆看了看没发表什么意见。一面对你说男人不用太注重这些，一面看到型男啧啧称赞。

你不见她逛男装，你不曾听她称赞或者批评你的衣服。你想带她去看看衣服，让她作参考，但是她的意见含含糊糊。你的举棋不定，弄得自己很不好意思。一个男人，还没女人来得爽快？也许她真的是对男人的衣服没什么研究，没什么可提供的意见。

她也总说，男人不能看外表，内在最重要。她更看重精神层面。你在称赞她有见解性的同时，有点小失落。你还是想要得到她的称赞的，哪怕像是售货员那样敬业的言语——先生，你身材这么好，穿什么都好看的啦。

后来这句话你听到了，是她说的，只不过稍有变化。街上，路过一个型男，她的目光追随过去，无不羡慕的说，你看，人家条件那么好，穿什么都好看的啦。

原来她不发表意见是因为你这个模特不合格，言外之意，你这样的条件，穿什么都不用看的啦。

不是她口口声声说男人不用注重这些的嘛？不是她说男人要看内在的嘛？难道所谓的内在，是衣服的内在，是肉身？你赌气说，是啊，像我这样的，裸奔就好了。

她笑笑，还是那句老话，你不用这么在意这些啦。

看型男，她就能变成小花痴一朵，看你？那就理智多了。

没有接到你的电话也不会回打过来

快快停止欺骗自己。放手吧，她不爱你！

“她究竟有没有看到未接来电，或是有没有读到短信？”“是不想回电，还是工作太忙无暇顾及？”“短信发太多她会不会烦？”“电话打太少她会不会觉得自己不够体贴？”……

手机的出现究竟是个伟大发明，联系爱情；还是贯穿谎言，编造始终。冯小刚的电影《手机》恰到好处，写实主义和黑色幽默毕竟又太过残酷。有血有肉换做了空中飞速传播的数字代码，冷冷冰冰，难分真假：不知道是该庆幸还是该悲哀。

不过困难的不是去发现真相，而是去面对事实。果断与决绝并不是男人的专长，而矫情与脆弱也并不是女人的专属。快快停止欺骗自己。放手吧，她不爱你！

“手机状况”大分类

A. 与“夜场小猫”的相遇

大把青春年华，正是激情燃烧的时刻。城市的灯火一盏一盏熄灭，夜店却正是人声鼎沸的光景。烟雾缭绕，舞曲正劲，杯盏来回，光怪陆离里只有那颗泛红的面颊看的最清。看这口烟跳升，那身躯下沉。电光火闪，爱上她前后只需要半分钟。男人们遇上一个比自己还贪玩的女人，只有先改变自己。本想只是一夜相遇，好聚好散全当娱乐。不想却始终忘不了放不下，原本就是象征暧昧的号码，连姓甚名谁都可统统不谈，可非得死搬硬套塞上缘分二字。滑稽一夜，十三个电话，二十五条短信……一步一步走向深渊，到最后却并无半点回应，输得干干净净。

悲剧指数：★★★☆☆

族群小贴士

1. 她们还年轻，仍然玩不够。
2. 认真你就输了。
3. 感情并不廉价，宁缺毋滥。
4. 聪明人并不是懂得如何洗牌，而是知道几时离桌。

B. 与“职场巾帼”的相爱

“人其实很难真正自由，锁住人的，往往是那人自己。不知不觉，未免不是做了感情的奴隶，就是事业的婢仆。”亦舒如是说。

事业是男人活下去的水源。纵然艰难险阻，身后皮鞭一响，狠着劲一咬牙，也就上了。

可并不要以为这只是男人的专利。新世纪新女性新“白骨精”：女白领、女骨干、女精英。她们一样运筹帷幄雷厉风行，酒量不必男人差，策划个个都是顶级。控制欲、自尊心、安全感……主角统统调换了位置。所谓阴盛阳衰在太多地方成为现实，除了接受，难道非得争个你死我活？感情得有互补才能存活，生活要有谦让才可继续。何必率先抢坐患得患失的宝座，落得个颜面扫地。

“您所拨打的电话暂时无人接听，请您稍后再拨……”遇上这样的女人，丢掉自尊一遍一遍地祈求爱怜。

“工作太忙了。”“晚上得陪王总谈业务。”“明天有个大单子。”……独守空闺的换做了男人。当然，香烟、啤酒、忿忿不平。

悲剧指数：★★★★☆

族群小贴士

1. 她并不是不爱你，只是更爱她的事业。

2. 若是受不了这种强势，趁早善始善终。

3. 超强的控制欲，明确的底线。

4. 情场如战场，头破血流争得第一，又能如何。

C. 与“马尾辫们”的姻缘

青春活力，爱闯爱拼，总是让人不自禁就想到多少年前那个牵牵手就兴奋得一夜无眠的初恋。大学校园的马尾辫，干净的笑容，柔软的黑发。男人们不能抵御的无非就只有两种：性感小野猫，或是清新洛丽塔。而前者往往带来的是激情，后者才会有你所想要的温暖。《杀手莱昂》多好，倔强的娜塔莉·波曼，当初还年少，回眸一望多多少少充斥着初恋的青涩味道。不过那幻想自然是多年前的故事，梦想照进现实，年龄的差距到底能够使感情维系多久。校园里的篮球少年，奶茶店的阳光服务生，偶像剧里的阔少……如若她已然无视你的电话，那么还是趁早罢休。她无法听懂你的职场故事，你也无心共享她的寝室八卦。何不各就各位，回到原来的地方，承认这个错误的交集。

悲剧指数：★★★★☆

族群小贴士

1. 爱幻想、爱做梦，而你满足不了这些。

2. 永远不要相信表面的成熟，你所需要的是一个能够真正沟通的人。

3. 篮球已拼不过全场？K歌也熬不了通宵？承认吧，那属于你的过去。

4. 青春易逝。

D. 与“朝九晚五”的爱情

定时上下班，周末双休，工作稳定，感情细腻，家中喂着两只玩具贵宾……这样的女孩儿虽无太大特点，但总是最让男人放心的一个。体贴细心，多愁善感，懂得何时张口何时噤声，爱情并不轰轰烈烈，但却细水长流。只是当感情生活走到了末路，两人拼杀，奇招全出，伤痕累累。使出浑身解数，却忘了最初还是真正爱过。姐妹淘处眼泪都已流干，无数次的“再一次”，千百遍的“如果”，“朝九晚五”们累了，狠了心一咬牙，短信再如何海誓山盟赔错后悔，也都为时已晚。只因她确实伤住了心。一关机，天昏地暗，却是如此决绝。

悲剧指数：★★★★★

族群小贴士

1. 好女人，好女儿，好妈妈。

2. 不会在乎你的地位、财富、背景。

3. 一手好菜，给你好胃口，便已满足。

4. 若不是内心千疮百孔，也万万走不到这一步。

5. 爱情如氧气，沟通是呼吸。

“我并不懂她”——男人们的误区

◎女人天天等候电话叫醒，抱着手机入眠

女人的确是感情动物，维系生存的给养也千万离不得爱情。到底是有千万个铭记于心的小细节，若干个贴上纪念标签的“第一次”。在其中大多附身于手机，几个小时的电话粥，天气转凉的短信问候……不需要太多，她们确实也就满足。她们离开你的电话一样能够活。只因为通讯录里的号码并不只有一个。

◎女人不爱你了，就会主动提出来

女人往往比男人更加细腻，自造物者开天辟地之初便是如此。她们懂得男人的尊严，懂得男人的自尊心。若要选择劈头盖脸的决绝，倒不如不了了之来得悄无声息，将伤害降至最低。不要以自己的标准来要求任何人，特别是与自己相对的女人，她们有她们的思想，有她们的“认

为”，而你的，只是你的而已。

做一个真正会用“手机”的男人

◎电话短信的嘘寒问暖必不可少

告诉她你正在做什么，告诉她晚上会回家吃饭，告诉她你正想着她，告诉她一些甜腻的话，哪怕你说不出口……感情的维持并不需要男人天天往女人的桌上放一束玫瑰。更多时候，一个十几秒的电话，一个二十多字的短信也就够了。抽空看看女人的手机，那些锁定的保存的不肯删除的，或许往往只是你若干时日之前一个简短的问候。不过不知道是否时隔已久。

◎留意她第一次不接电话也不会回打过来的时刻

疲惫并不只是男人的专属。工业森林、水泥城市，任何一个人都得先为了自己而活，才能给其他人提供氧气和温暖。粗心的男人往往忽略太多，即便你出差在外，是否忘记了今天是情人节，忘记了这是你们相爱的第100天，甚至忘记了她的生日。爱上一个人并不困难，特别是在你这里得不到关怀，难得谁自告奋勇，体贴让她格外感动。一次两次的事后弥补或许也还够，可是日复一日的灰心丧气与安全感的走失，却完全可以毙掉你们的感情。不过是一时脆弱让人放纵。

◎不要埋怨她的患得患失

男人们容易“烦”。父母催着结婚，老板嚷着加班，朋友喜得贵子，邻居添置了好车……一个善解人意的女人的确是一剂良药，下班返家后一桌热腾腾的家常菜，粉色的围裙，浴缸中的香氛，卧室里的宜家蜡烛……一切喧嚣疲惫都丢到了一边。可是女人并非你的婢仆，呼之即来，挥之即去。她们有自己的工作，也有自己的生活。姐妹们的聚会好happy，谈得最多的也是自己的男人。明晃晃的钻戒，出差带回的温馨小礼物，蜜糖似的情话……比的多了，好像也确实幻化成为某种标准。不要埋怨她的患得患失，只是没有了沟通。尽自己所能斩断她的胡思乱想，如若不然，还是继续另寻你那百依百顺的凤毛麟角。

◎最后的最后，不要轻易放弃

人生海海，能遇到已是不易。虽然果断的决定对于太多错爱是最终的归途，但是在这里，不得不说，到了最后，也不要轻言放弃。或许是沟通，或许是方式，或许是技巧，或许是催化……谁说爱情不是一门技术活？百转千回，首先得抓住，而后就是小心翼翼的经营与全心投入的珍惜。离桌并不意味着胜利，挽留也并不等于抛弃自尊，况且，面对一个心爱的人，自尊又算得了什么。千沟万壑，迈过去了就是坦途。扔掉手机吧，即便大雨淋漓，带上你的温暖，扣响她的家门。什么都不要讲，什么都不要说，一个心照不宣的拥抱可以胜过一切。科技发展，社会进步，可手机时代的爱情，往往敌不过原始的碰撞。

不再和你撒娇

连撒娇的兴趣都没有了，爱去了哪里？

爱情究竟在何时发生。细细回想，总归是要套到第一次相遇的时日。茫茫人海，只此一个，身无旁人，心无杂念，似乎已然是下定了决心。不过并不准确，爱情通常伴随着一些小细节姗姗而来，比如第一个躲闪的眼神，比如过斑马线时拽上衣袖的左手，比如第一次口干舌燥胸口嘣嘣直跳，比如第一次脸庞红扑扑的撒娇。

那么爱情又是在什么时候悄悄离开？是寒暄？是客套？是并不耐烦？是刻意躲避？或者哪怕仅仅是不再和你撒娇了。

总之，她就是不爱你了。

“撒娇”终结指数

A. 浪漫型——风花雪月

浪漫的女人总是懂得在何时何地以何种方式软化男人的心。姐妹淘们分享的“通关秘籍”，十八般武器烂熟于心，挨个尝试，定有一样致你于死地：融化在温柔乡里。浪漫的女人熟稔于脂粉香气、中西菜式、家居设计……房门处设好千屏万障，将世俗恶气阻挡在外，就等你进。“好一个姹紫嫣红开遍……”谁能挨得住这娇滴滴的嘘喘？

只是突然一日，浪漫的女人不再浪漫。“撒娇？怕只是千百年前见过的事了。”

小心，这并不是偶然。浪漫是她的生命，离脱了它，这样的女人就早已不是从前的她。少用“过日子”来做借口吧，快快清醒，她大概已并不爱你。或许是你读不懂她，或许是你不够专心，也或者仅仅是你不够浪漫。屠格涅夫曾说：“没有完全的平等，就没有爱情。”浪漫也好，撒娇也罢，如果没有半点平等的回应，一切都会离你而去。

撒娇终结可怕指数：★★★★★

群体性格小贴士：

1. 风花雪月，怎样极致怎样来。

2. 年龄段持续走低。

3. 浪漫往往建立在经济基础之上，且基础雄厚，当然这可能是你的。

4. 最会撒娇的一类，一旦连她都不再和你撒娇，那麻烦大了。

B. 现实型——精打细算

随着一代又一代女权主义者的努力，加之城市人生存的现状，越来越多的女人更加现实，更多看重自身的地位与价值，而对于男人，车房钱——一个都不能少，这往往是评判成功的标准。当然，这也并不是好逸恶劳的代表，她们一样摸爬滚打，并不羡慕任何人的幸福，而是明白那些都是双手赚来的。现实型女人的撒娇比较吝啬，所以你往往记得也最清。这些并无泛滥的小动作小情绪，反而将她衬托得更加可爱但却一点也不矫揉造作。她们懂得盘算青春与价值的比例关系，也明白理性的女人其实能够得到更多的幸福。特别是对于将来，对于家庭孩子，对于衣食住行，对于亲友关系。但不要忘记，她们仍是女人，美丽的动物。撒娇对于现实型女人而言，太过奢侈，不过你应当庆幸能够得到她的依偎。而如果有一天，现实型的女人嘴里也全然是现实的时候，你们的爱或许已经走到了尽头。那些可能并不是对爱索取的要求，更可能是分手的理由。

撒娇终结可怕指数：★★★☆☆

群体性格小贴士：

1. 工于心计，但并不会用在你的身上，当然，是在她还爱你的时候。

2. 有事业心，也有责任感，能够分担压力。

3. 不常撒娇，但一旦出现，往往给人更多的温暖。

4. 不会把时间浪费在分手的纠缠之中。

5. 近年来群体数量激增。

C、中庸型——平平淡淡

浪漫和现实应该是女人的两个极端。物质不代表精神食粮，而精神层面的满足也不能让人吃饱穿暖。活得极端的人之所以被人们当作茶余饭后的谈资，归根结底就是因为这样的人太少太少。更多的女人其实是属于这一中间类型的：蝴蝶结马尾辫的日子悄无声息之中越走越远，她们明白偶像剧的帅哥们活在娜美克星而不是地球，白马王子早已死光光，白雪公主也并不是自己……但她们并不全然是超脱的，好像峰回路转之时，也需要像《心动》中金城武温暖的胸膛，或是《诺丁山》里休·格兰特一般体贴温婉略带幽默的情人，要么哪怕就仅仅是被《偷心》中裘德洛的电眼电这么一遭也就值得了……只是她们明白，轰天动地风风火火的年纪早已远去，如今赌不起也输不起。所以，中庸型的女人撒娇起来其实也是最最真切的，她们并不是为了以此得到什么，而是打从心底认为这是属于感情生活中平平淡淡的一部分。那么，当生活的平淡被打破，安全感丧失殆尽，温暖葬身黑暗的时候，中庸型的女人不如浪漫型能流那么多的眼泪，但也做不到如同现实型女人那样的泰然处之。她们会依旧持续自己朝九晚五的日子，当然，会在地铁里公车上发呆，抑或是不小心听到对你俩有特殊意义的站名而热泪盈眶，但她们能够完成工作，因为生活还得继续。如果中庸型的女人不再撒娇，假若发现及时，你是有挽留的机会的，因为她实在是不愿意这么轻易就打破经营已久的稳定感情；但如果她下定了决心，那么你的主动离开可能是最好的选择：让她尽快重归平淡，你也能够找到更适合自己的。

撒娇终结可怕指数：★★★★☆

群体性格小贴士：

1. 优柔寡断，容易心软。

2. 自古以来，占群体总数的大部分。

3. 因为平凡，所以更需要极大的安全感。

4. 是能够好好经营的一段感情。

你不应该这样看待她的撒娇——男人们的误区

◎“女人们是怀揣着撒娇的技能出生的”

小心你的大男子主义害苦自己。不要一味强求女人在自己的面前撒娇，性格独立的女人往往受不了对方如此强烈的控制欲。也有很多女人，生来便不善于撒娇，或是根本看不起撒娇这种行为，对她们来说，有更多重要的细节可以表达爱意，而非这种偶像剧中小女生才会使用的把戏。如果面对这样的女人，你还坚持己见一味去钻牛角尖，那么只会自掘坟墓，树立一个没有出息的形象。到最后，她非但不会对你撒娇，就算你病急乱投医，为了弥补而主动对她示好也为时已晚了。

◎“这样惯女人还得了?! 应当用严肃来回绝她的撒娇!”

如果你经常这样想，那么恭喜你，你可能在将来会是一个好爸爸，但在现在你可能不是一个好情人。因为她是与你平等的角色，你们都是感情戏中的主角。女人有女人表达爱意的方式，当心一个顽固不化油盐不进的你会让她越来越灰心。与其说女人用撒娇来表达温暖，更不如说在很多时候，这是她们用来测试热度的工具。如若闺蜜的男人是一个懂体贴懂回应的人，那么你会更加危险。检测爱情热度在通过自我衡量的同时，也来自许许多多不同状况的比较。如果你是一个不太懂得“表达”的人，建议你留心一下她最近在看什么小说，喜欢哪个偶像剧角色，经常在夸哪个女友的男朋友……这或许能够给你一些启示。

◎“女人天生就是制造生活情趣的能手”

这句话或许没错。不过不要忘记，生活情趣要同时依靠两个人才能发挥作用。不要等着她去摆放卧室的蜡烛，不要等着她去往浴缸里撒上香氛精油，更不要等着她来撒娇。你能做的事其实也有很多：是时候买束鲜花了，是时候亲自下厨给她更多幸福了，是时候利用年假筹备一个短途旅行重温蜜月了，是时候你也撒撒娇了。还记得李敖曾回忆他追求自己太太的那次经历，急匆匆跑到花店买玫瑰，结果距离理想数字还差一朵。李敖捧到太太面前，太太数了数一赌气，问怎么还差一朵。李敖笑笑说，你就是这一朵。能够在爱情上多花小心思的男人，注定也是一个成功的男人，因为他们懂得生活的意义何在。

做一个能够读懂撒娇的男人

◎女人的撒娇不应当照单全收

是的，那娇滴滴的耳语多么柔软，那红扑扑的脸颊多么可爱……打住！不要不知不觉之间落入无限循环越来越深的旋涡。撒娇是感情生活的一部分，但小心把它当作评判标准的全部，更多时候它仅仅是催化剂。接受与回应之前，首先要理解女人撒娇的含义，是想要吃大餐？还是白天看中一条漂亮裙子？是想要在姐妹前炫耀？又或者只是突然觉得你的眸子很可爱？当心照单全收的后果是你以后不能一如既往的坚持，而不同以往的越来越多的拒绝会因此让她更没有安全感，“刚开始总是分分钟都妙不可言，而现在他可能是倦了”——持续增多的误会最终能够毁掉你们的感情。

◎如果她不再撒娇了，那么我该怎么办

如果在某个电闪雷鸣的夜晚，你恍然大悟，突然发现了这个现实。那么先沉住气，好好回想一下这段时间以来你和对方的关系。存在着许多细节可以帮助你完善这个评判（参照本章其他小节）。如果单就撒娇这件事而言，你不能再如此浑浑噩噩了，你得花时间弄清楚更多的细枝末节：她以前是不是就不爱撒娇？她是不是曾经抱怨过你越来越听不懂她？她是不是更愿意和自己的朋友呆在一起而非与你？她的闺蜜是不是曾暗示过你什么？……当你确定事态已经严重的时候，迅速判断感情是否有回旋的余地。她可能并不是不爱你，而仅仅是出于一种轻微的报复。无论你再如何忙，抽时间和她坐下来，面对面认真沟通。当然，如

果你在她的眼中看到的是一滩死水，是无奈，是厌倦，是绝望，是坚定。那么请你承认，她已不爱你。

不再在你面前流眼泪

眼泪代表的不仅仅只有脆弱！

还记得你和她你侬我侬时期，在一个夕阳下的破旧小公园里，你和她坐在带着铁锈的长椅上，看着一对银发夫妻安静牵着手走过，你和她说，我们老了以后，我不要只是这样牵着你的手在公园里遛弯儿，我还要抱着你坐在躺椅上数星星。她的脸刷一下红了，不大的眼睛闪了闪光，霎时间在你面前掉了眼泪。

你突然间觉得女人们真脆弱啊，仿佛个个都是长不大的孩子需要情感上有个依靠好时刻扶一把以给予安慰；你突然有种胜利者感觉，你以为你得到了她永久的爱，你甚至好像可以看到五十年后的你们依旧在这个破旧的小公园里相依偎着。

然而你并不了解的是，她在你面前掉泪并不仅仅是颗脆弱的心灵不小心被你敲击发出清脆声响，而是因为她看着那个时候的你，她觉得她的爱没有放错地方。是的，她开始爱你了，并将爱小心翼翼放在你手里保管，所以她会很轻易对你敞开内心，在你面前掉泪。

不再流眼泪却代表她不再爱你了！

转眼间两年过去，你发现，这两年间，她似乎少了愁容和泪水，但是喜悦和欢笑也没有多大机会多次出现在你面前，她是由脆弱逐渐变得坚强了么？还是她由总是沉溺在童话故事里公主王子最后幸福生活在一起的美好结局里的那个小女孩，终于成长成了可以在事业上独当一面，性格上率性自我的女人了，所以她不再在你面前掉眼泪？

如果你依旧抱着此类像当时以为你们可以往前继续走五十年的春秋

大梦，你不会发现她在你睡得安安稳稳的时候熬夜赶策划想不出好点子的时候着急而掉眼泪，你也不会发现当你出去应酬各种所谓为工作牺牲而必须的上午社交活动的时候，她一个人在家里抱着纸巾看日剧感动地稀里哗啦流出的眼泪；你不会发现她在公司因别人的错误却变成自己承担责任受到黑心老板责骂，在厕所里偷偷抹眼泪，回了家你问她，今天有什么特别事发生么，她微微笑了下，说还不是那些鸡毛蒜皮小事情没什么大不了的；当然你也不会发现，其实她又回去过那个你们曾经去过的小公园，一个人坐在长椅上看夕阳，她依旧安静地看着那对有福气的老夫妻缓缓走过，然后自己大哭了一场，站起来，擦干眼泪，对夕阳比了个大大的中指后，回了家。

所以你不会知道，她回家后和你说，我们分手吧。你依旧沉迷在五十年后的你玉树临风站在她面前的美梦里一时还没缓过神来，那么，她再次告诉你，她不爱你了，分手吧。

是的，在你一个人做梦的时候，她已经不再在你面前掉眼泪了，她已经不再对你敞开心扉了，她现在想把她那颗完整无缺的心重新收回来。她不再爱你了。

直到现在，你才发现，原来一直像个孩子似的渴望 Happy Ending 那个童话结局的，原来是你，只是你一觉醒来，发现你自己并不是睡美人，也没有王子愿意用甜蜜的亲吻来唤醒你，因为，其实，她已经不再爱你了。

眼泪里往往包含着那些爱的小细节

女人们的眼泪里究竟有些什么？除了那些让人看了就头疼的溶菌酶，免疫球蛋白，乳铁蛋白等等等科学杂志里经常出现的必不可少的科学名词，除了大量的晶莹剔透的水，往往还包含着对你的满满的爱。

眼泪仿若水晶球，时刻折射出你们美好记忆；眼泪也好似玻璃珠，把你们瞬间欢愉都藏入其中。你和她说我喜欢你那一天，早上阳光刚好抚过她脸颊，她泪珠不止掉落在马路上发出丁当作响声音；你和她说我们结婚好不好而正式履行典礼那一天，她穿着洁白无瑕的婚纱，手颤抖着被交付到你的宽厚手掌中时，你发觉到泪滴原来也丝毫减弱不了她美丽的风采，她好像花儿沾满晨露，分外娇娆；她受了委屈蜷缩在沙发那端，你把她抱紧轻轻用手抚慰她暂时暗淡心灵时，她有些例外地爆发出的哭泣里却有些安定的意味，因为你在她身旁；而当你们坐在昏暗的电影院里，看一出经典老电影，结尾处男女主角终于历经磨难坐在逃走的公车上的时候，银幕上新娘眼睛闪亮，抢婚者意气风发，银幕下你发现她静静淌下了泪滴，不言语只是看着你，将你的手握紧。这一切只不过是因为你爱着她，她也爱着你，眼泪里包含着你们甜美回忆。

她流的眼泪＝释放出她的情绪

进化论的始祖达尔文爷爷曾经有过这样奇怪的结论，眼泪其实只是物种们在进化时候附带产生的产品，所以对于总是爱寻求事物存在意义的人类来说，眼泪本身也就并不具备附加值，并没有什么意义。这个推论对于随时情绪化而无法找到适当理由的人们来说，实在是难以接受的现实。

而幸好在后期，有位美国的人类学家阿希莱·蒙塔戈提出了截然不同的观点。在他的观点中，眼泪是益处的代名词，因此才能在即使是“物竞天择”的自然界里被选择保留下来，在下一代透明的眼泪里其实积存着上一辈适者生存的必然结果。人们终于舒坦了，因为终于找到个情绪发泄的可靠途径，而且难能可贵的是，这对身体有益。

据一项匿名网络调查显示，大多数女人们选择释放不安情绪的方式都是流眼泪。而一些心理医生也证实，眼泪的确是最具有心理疗伤效用的“万金油”，所以，这也就可能是为什么大多数女人们的平均寿命要高于男人的平均寿命的一个小小理由。女人们的确时时刻刻容易情绪紧张，但却比男人们少得因神经紧张为诱因的一些疾病，例如中风以及梗死，而这恰恰是因为大多数女人们选择流泪来缓解掉郁结情绪以及紧张状况。而在临床医学上曾有过这样一个可怕的事实：在人们受到痛苦情绪影响或者遭受到委屈难言的事情时，如果适当流泪时却并没有流眼泪，让坏情绪被疏导出来，很容易引起溃疡病、高血压以及神经障碍。

而这些眼泪所带给人体的好处当中，最佳益处无疑是眼泪有助于人们排出毒素。这里所指的毒素并不是那么显而易见的一种排泄方式。而是一种潜在威胁人体健康的情绪所带来的毒素。当人们的强烈情绪来临时，这些看起来并无大碍的情绪却深层刺激到眼泪的分泌，使得眼泪中除了包容平常成分，还多了对人体有害无益的毒素。这种毒素，并不同于其他毒素靠平常方法自我分解，它需要靠眼泪来把它转运出人们体内。假若一旦无法排出这些毒素，将会对人身体产生难以预料的不良后果。

而你的她，选择在你面前掉眼泪，正是因为她信任你，深深信任着这个她爱且爱着她的人，于是彻底在你面前卸掉了伪装，放下了盔甲，把封闭的心敞开，让情绪自然而然流淌出来。面对着你，她的情绪不会带半点虚假色彩，面对着你，她的眼睛里都充满了真诚，她需要让坏情绪全部宣泄出来，滚出她塞满与你美好构思生活的脑袋里，她不是靠小吵小闹，她只需要依偎在你身旁，静静地掉眼泪。

小细节一瞬间全部毁灭只因为她不再爱你

然而究竟是什么，让这对身体有益的泪水却不轻易出现在你的面前了呢？

很简单，她不爱你了。

她不爱你了，她决定收起所有装有回忆的瞬间，忘记有个夜晚你们在星空下甜蜜许愿说我们会在一起一辈子的画面，删去你们在华丽旋转木马上牵手的照片，你以为是月下老人不小心剪断了红线，却万万想不到一切由你忽视掉的眼泪而起。

她不爱你了，于是她不会在你面前掉眼泪，她不会在大半夜和你吵过架后你在他门前守候时悄悄站在门的另一边忍住声音把眼泪一滴一滴全砸碎了吞进肚子里。

她不爱你了，于是她不会在你面前掉眼泪，她不会在你和她讲那些看起来那么不切实际的却甜到人心里去绕梁三日不知余味的话语时候，激动地把眼泪甩到你刚买的新衬衫上，甚至把新唇印印在那张她天天都见都快看厌的脸上。

她不爱你了，于是她不会在你面前掉眼泪，她只会在深夜赶稿赶到崩溃时看着你熟睡的背影默默落泪；她只会在写计划书写得完全丧失了自我的时候冷静去厨房倒一杯冰水，然后对着水槽落泪。

她不爱你了，于是她不会在你面前掉眼泪，她只会在公司的茶水间默默发泄掉郁愤然后抹去眼角最后一滴泪珠；她只会在夕阳下无人经过的时候大哭一场，然后选择一个新的开始，一个新的生活状态，一个完全脱离了你的她的崭新的世界。

请时刻警醒：她什么时候不再在你面前掉眼泪了?

所以，请你时刻警醒，关注她的情绪。不要等到有一天发现她那张曾经欢笑有时忧郁的脸上，对着你时，一点表情也没有时候你才亡羊补牢。她不再对着你笑，也不再在你面前掉眼泪了，那么这个时候，她的心也就不再属于你了，她已经对你封闭起她的心，删除了你在她脑海里的记忆，决定离开你。请在她不再爱你之前，发现她已经不再在你面前掉泪。而其实更好的办法是，别让她时刻在你面前掉泪了，请让她时刻对着你都有最纯粹的笑容。

工作一下子忙碌起来

注意了，女人也会拿工作忙当借口！

场景一

“宝贝，今天正点能下班走人吗?”

“怎么了?”

“我给你一个惊喜!”

“什么?”（没有任何期待之意）

“我买了两张电影票，咱们看电影去吧!”

“今天得加班，你跟你哥们去吧!”

“请个假吧！首映的，我好不容易才买到的票。”

“不好请，你找同事去吧。”

场景二

“亲爱的，干嘛呢?”

“上班。”

“哦，我也是。这会儿正好没事给你打个电话（闲聊省去100字）”

“我最近工作忙，心情不太好，没事儿别老给我打电话!”

“那我下班来接你吧，吃吃饭散散心?”

“说了别来烦我，工作上一堆事情够闹心的了!”

“那去外地旅游散散心吧!”

“不去！没什么事我挂了，这段时间你就别找我了”（电话挂断）

场景三

“你跟我们这群单身一起过情人节也不怕你男朋友吃醋啊?”同事A问。

“就是就是！我们是没有另一半不得已才一起过节呢。”同事B附和道。

“过腻了两个人的情人节也想尝试尝试新鲜过法啊!”（顾左右而言他）。

“情人节不就是两个人的日子嘛?”同事C不解地想。

“那你怎么跟你男朋友说呢？这一年一次也太不好开口了吧!”同事B问道。

“加班呗！有什么难开口的，我不工作还指望他养着啊!”

“这俩人长不了了，这么瞎扯的理由也能编……”同事A和同事B两两相望，会心一笑。

女人比男人更容易遭受来自工作的压力

现代科学研究表示，女性心理特征最突出的表现是富于感情，以致情绪变化大。具体到职业工作方面，或许由于个人能力不适应，与上下级或同事关系不和睦，工作事物，对报酬和环境不满意等各种原因产生了压力。为了释放工作上的压力，女人们选择逛街，泡吧，与人倾诉。无论是用什么方式，这来源于工作上的压力和烦躁总是会透过各种渠道或多或少的释放。问题在于，你是那个参与她生活的人吗？

工作和爱情，天平的两端谁更重要？

在女性的爱情观里，最重要的就是需要有人爱她。在工作上受到的委屈和挫折，大部分有伴的女性都倾向于向自己的另外一半诉说，以寻求安慰。女人是典型的感情动物，即使是一个事业心极强的女人，内心向往一份爱情也比提高工作业绩重要得多。再者，拥有着强烈事业心的女人仅占少数，可以说不到10%。恋爱期间，即使有再多工作要做，女人也会通过各式各样的方法与你保持联系，让你知道她的进度。

弄清楚她对你说“工作忙”的原因

当你突然被她一次次用“工作很忙”推掉约会，你必须了解是爱情的游戏规则变了，还是Game Over了。当她对你说“别烦我”的时候或许刚被上司骂了一顿臭头，可是冷静下来她会给你回电话道歉，也许还会给你一些惊喜。当她因为加班推掉了你们的约会，她会安排下一次约会来弥补。新上映的大片因为工作而错过首映了，她会想尽办法在没下档前和你看。但是，如果你硬生生的被“工作太忙”的借口拒绝了，没有多余的解释也没有之后的倾诉撒娇。她不主动和你聊工作，也不想听你给的任何建议。你问她怎么了，她总是说“工作忙”。没错，她不爱你了。到这个时候，你别耽误我的时光，我不耽误你的青春。握握手说声再见，自个儿寻找自个儿的幸福去吧。

Tips：

1. 大概了解她的工作时间。
2. 当她说“工作太忙”，尝试与她聊聊，了解她的想法。
3. 工作遇到爱情，大多数是鸡蛋碰石头的撞击。

4. 真正为事业奋斗而忽略爱情的女人，几乎没有。

5. 男人要以自己的事业为重。

你不知道她的闺蜜是谁

天哪，你居然不知道她的闺蜜是谁?!

闺蜜对女人们而言其实就是一种生活态度。

不定期的聚会、彼此间的倾诉、出谋划策、相互扶持都成为一种常态，在岁月中甜蜜流淌。闺蜜对于女人而言是生活中不可或缺的一部分。然而，你却不知道她的闺蜜是谁，如果你不在乎她，那就算了。如果你真的很在乎，甚至提出过要求，可是却一直被她借口推托或者拒绝，那么，你一定是那个被她玩玩而已的男人。

你连她的谈资都算不上，毕竟，如果让闺蜜见见你，她们之间至少可以多一个共同认识的人和话题。

她不是不爱你，她是根本就不把你放在眼里!

闺蜜对女人有多重要?

闺蜜是比她的父母还要了解她的人。她们之间几乎无话不谈。曾经诉说过无数次心事、一起血拼、一起旅游。她的闺蜜知道她小学暗恋的那个男生是谁；知道她初恋男友穿蝙蝠侠图案内裤；为她的每一次逃学和爱情出谋划策，为她的感情失败黯然神伤。她们彼此珍藏着各自的美好回忆，偶尔翻阅，就连伤感也变得可爱。

就像范玮琪的歌里唱得那样：你拖我离开一场爱的风雪，我背你逃出一次梦的断裂。遇见一个人然后世界全改变，原来不是恋爱才有的情节。有时候，闺蜜之间的感情就是这样神奇坚决，比爱情更动人，更具有诱惑性。所以，闺蜜们无比重要，重要到女人们离不开。

女人离不开闺蜜的理由千千万，重要的不过那么几个：

理由一：男人的破脑袋永远没有办法想明白女人的心事，只有女人才更了解女人。闺蜜是什么，就是一个眼神就能心领神会，话未出口就可以被获悉的神奇朋友。闺蜜永远都会相互支持彼此不被外人了解的行为。

理由二：没有人比闺蜜更有耐心，更能适时地当一个优秀的听者和一个完美的诉说者。她的喋喋不休会让你不胜其烦，但是却能让闺蜜觉得自己被需要。

理由三：闺蜜永远都能在最需要的时候带来扶持。与其说女人比男人需要安全感，不如说男人总让女人没有安全感。闺蜜就能在女人不安和感觉无助的时刻代替消失不见的男人。

理由四：所谓物以类聚人以群分，既然能做闺蜜就必然有共同的嗜好和心理需求。不论生理特征还是共同话题，甚至只是喜欢逛街和相同的明星，一起做着某些事情的时候，自然轻松惬意。她与你抢电视遥控器的不愉快也就消失了。

理由五：女人最害怕孤独，并且需要安全感，所以她们倾向于群居，群居生活让她们更有自信，做事情时也更有底气。即便是遇到困难，也不必担心没人帮忙，能不能实际地帮到忙是次要的，最重要的是有了后援团就有了安全感。

理由六：男人永远都不可能理解女人之间表达友谊的方式。互相送小礼物不代表着客气或者见外，反而会加深友情。对于女人之间的关系来说，单方面地付出或接受都是不平衡的，这代表着彼此在各自心目中的地位也是不平等的，没有继续交往的必要。

理由七：女人之间闺蜜般的关系不只体现了友情，双方还能够从对方身上找到自己的影子，通过审视对方来比较自己，纠正自己身上的不足，这让双方都有所收益，共同成长。

理由八：女人喜欢将自己的小秘密讲给闺蜜听，两个人一起守护着彼此的小秘密，以此来加深友情，彼此都掌握着对方的弱点，所以自然就不会出卖对方。这其实也是女性在友谊中寻找平衡的体现，也能够让友情更加牢固忠诚。

因此，几乎每一个女人都会渴望拥有一段闺蜜的感情，这样的人生，才会显得丰富多彩。虽然闺蜜之间反目成仇或者横刀夺爱并不少见，被闺蜜出卖和欺骗也不是什么新鲜事，但闺蜜感情的主旋律永远都不会被打破。

人生不能无闺蜜，所以她的人生可以没有你。这简直就是顺水推舟的事情。

给男人们的建议

◎想掌握住你的女人？想减少自己各种行为被“女人奇怪的脑袋”误解的几率？抓住她的闺蜜吧。

也许你对你的校园时代的记忆仅仅停留在你美丽的初恋和让你挥洒汗水的球场，但你也许也会记住美好的校园时光中有一个一直被你当哥们的女生，大家公认的“假小子”。

无论你相信与否，比起美丽的校花，女生们更妒忌的是这个“假小子”。因为她能自在地和男人沟通，而大多数女人做不到这一点。

女人享受被当作男人的朋友。所以请不要吝啬你的赞美，不要怀疑你简单的几句话就能让她的多年好友毫不犹豫地站在你这边。

◎掌握闺蜜们的联系方式。

正如男人们有了问题会想和哥们一起喝酒一样，女人们受了委屈会第一时间跑到闺蜜处哭诉。当你的女人和你吵架，夺门而出的时候，你最好追上去了，但如果你没追，并后悔万分的时候，你有没有想过你该怎么办？

满大街的找？拜托！女人看点言情剧没什么，你也跟着看并且深受其害了？除非你住在一个方方正正的小村庄，否则我不相信你能找到她。

这时候，打一个电话给她的闺蜜，她们不仅仅很有可能告知你最担心的人的下落，还会在日后提及此事时为你大大的加分。

想象一下在女人的谈话中，闺蜜们谈起你的时候“噢，你记得么，上次他找你找得都快疯了”。不要怀疑，你的形象在闺蜜圈中，瞬间高大了不止一万倍。

对于闺蜜们的禁忌

任何事情都要进退有度，特别是在“小三”的事迹满天飞的今天，女人们的疑心上升到了一个前所未有的高度。

不要怀疑女人能为爱情做什么，要怀疑女人为了捍卫爱情没有什么不能做的，即使是面对很可能从她做学生开始就陪伴她度过每一天的闺蜜，女人也很难放弃她们的疑心。

所以，不要做任何能引起她怀疑的事情，对她的闺蜜要保持绝对的适当距离，要做到有礼貌，但不亲近。

如果你不知道她的闺蜜是谁怎么办？亲爱的男人们，那么你最好已经做好了分手的准备. 因为你的女人明显不准备和你分享任何事情，想像一下，你在她的圈子里是多么的不值得一提。

你不联系她，她不会联系你，这是不爱，不是矜持

你爱不爱我？不，她不爱你！

在电话里告别，你说常联系，她说好。你知道你又要开始等待了，等到下一次，自己忍不住，再找到她。你替她编借口，找台阶，虽然心里跟明镜儿似的，却还是想问……

你爱不爱我？

不，她不爱你！

分手不再联系

再了解对方，也不能时刻掌握对方的生活。分手意味着改变，也许你在路上看到满地荒凉，但她的路却处处芬芳。

最不合时宜的事情，就是在分手以后换位思考。

我曾经那么爱你，现在我会回想起以前温馨的种种。我想你也是。

分手几个月后突然打给旧情人一个电话，心里紧张得像第一次告白，以为对方也是如此。殊不知，旧情人身边躺着另一个，不方便说话而已。

你以为她还会害怕打雷，你以为她还喜欢西梅，你以为她还热衷于听 CD，你以为她还烦恼头发长不快……于是你还在记着两个人的故事，你还忘不了两个人的日子。你不知道她变了没有，你希望她没有变，她还是那个你熟悉的她；你又希望她变了，也许，变了就不会离开你了。

事实一定是她会变的。她会熟悉另一个拥抱，她会尝试他喜欢的橄榄，她会喜欢上同他去看演唱会，甚至剪了齐腰的头发。你以为她会同你一样消沉，不曾料想一转角，就看到了她活力四射的身影。

你曾经对这种问题那么不屑一顾，你曾经以为自己足够理智足够洒脱。可当你一个人静下来，回顾那一段破碎的感情，就突然颠覆了自己对自己的定位。你也俗不可耐的有那么多话想说给她听。

分手以后，放不下的一方总是会陷入一个怪圈。这个怪圈由四个阶段组成。

第一个阶段，也就是想起对方对自己的种种照顾，以及信誓旦旦的诺言，鼻子一酸，发自内心的一个问题，你还爱我吗？

第二个阶段，想到以前恋人的情意绵绵，想到现在的冷若冰霜，感叹世间世事难料，一阵纠结，你爱过我吗？

第三个阶段，与旧情人分开了一段日子，各自都开始了一段新的生活，但是自己的心底仍然有那么一丝幻想，你还能再爱我一次吗？

第四个阶段，也就是在某一天，突然与旧情人偶遇，四目相视，犹如被雷劈了，傻愣愣的什么都想不起来，只想问她同第一个阶段的问题，你还爱我吗？

你想联系到旧情人，与她共同商讨这个问题，给自己一个答案，不再转圈。

如果她一直不曾联系你，别想了，第一问就打住，还是给自己留些颜面吧。

她一定不爱了。

她没有在等待

她留给了一句话，就离开了。这句话你反复品读，时时想起。你觉得她就在不远处等着自己，你以为她在与你玩比狠心的游戏。

从生理进化角度上讲，同年龄的女人要比男人先成熟，这个体现在大脑的发育。男人的语言天赋远不及女人，他们更擅长抽象的事物。就像左右脑的锻炼，左脑相对发达的人，对语言的感知能力，理解能力，表达能力都比较擅长。另外一种右脑发达的人，经常被人称作天才的一类，就是对图像，对立体空间，对逻辑思维比较擅长的人。

在大多数概念中，认为女人属于第一种，男人属于第二种。

女人在语言方面比较有天赋，拒绝婉转，宁愿费一番口舌也不会轻易地狠狠伤害一个人。男人的大脑构造比较倾向于有什么，说什么。他不想在你身上浪费时间了，就直接拒绝。

这样，总是有男人听不出女人的拒绝。面前一堵墙，总以为是纱。

你以为你的她是碍于面子，虽然内心跟你一样受尽思念的折磨，却硬要装出无所谓的样子，所以始终不联系你吗？你以为她说的“虽然我还爱你，但我们不适合”这句话是她毅然决然离开你的根本原因吗？或者，你真的认为，你不爱吃辣，太爱赖床，下巴不好看，也是分手的导火索吗？

就算你以后一天只睡两个小时，把辣椒水当饮料喝，做个布拉德皮特的脸，她可能还是会离开你。

她只是想离开你，不是在等你改头换面再来联系她。

你的主动掩盖了她的被动

你期待着那个传说中的有一天，你勤勤恳恳，任劳任怨，就是为了打动她。你下定决心，有愚公移山的精神，她却死了心般，山脉连连。

你想做朋友，你想跟她有联系。于是你们打电话，发短信，但是你还是会时常觉得，“我怎么那么下贱！”

因为她的不主动凸显出你的主动。你懊恼，还看不起自己，这个时候你恨不得从此再也不联系她，自己消失的一干二净，让忽略自己的她发现后失落一下子，你都会很开心。

但是，这是不可能的。

任何人做事情都是有目的性的。你想做朋友，就是不想她消失。你在她身边嘘寒问暖的待着，就是期待她满怀春意的那一天。你就跟母鸡似的，守着蛋壳，生怕小鸡刚浮出来看的不是你，你就失去了当妈的机会。你寸步不离，像守护天使一样，事事为她着想，处处替她打点，就连借口都是你替她找。

她想要什么结局，你都配合她。你想，总会有她感动的一天。

但是她的回应却越来越平淡，平淡到你的“下贱”的举动都不会在她心中引起波澜。

你热情过了头，一团火一样把她紧紧包住。你的火焰模糊了她的表情，你以为她没有离开，就是接受，你又把接受，看做主动。

你等她的短信，等不到就发给她。等她的电话，等不到就打给她。出去玩，一定是你约的，女孩子嘛，总不会太主动。有几个人，学的会一直拒绝别人的好？

她接受了你的好，你跟吃了蜜蜂屎一样动力十足，对她更好。

你以为，她被你感动了。你以为她接受你对她的好就是接受你。

你的心情就像考进了重点高中，以为自己一只脚踏进了大学校门，所有的问题只是时间问题。最后当时间问题不再是问题了，你落榜了，她遗憾地说拜拜，你才猛然觉出自己的下贱。

你痛定思痛删了她的联系方式，等着她像被遗弃的小狗一样再次出现在你面前，祈求你的再次恩宠。

但是她不在联系你了。你才发现她一直没有主动联系过自己。

原来她不曾爱过你。

你为她找那么多借口，你用你的想象力演了一出戏，整出戏都是自己在跑龙套。你以为她只是台上不善言谈不喜走动的花瓶角色，可是落幕后发现她是台下看热闹的一员，挥挥衣袖，带走所有喝彩。

你觉得自己被欺骗了，你开始怀疑女人，怀疑人生。但是她又很无辜。我不想伤害你，所以才不得已没有明说。但是我的不主动，你看不出来吗？

可惜你看出来了，却当没看见。

怪谁呢？怪你的想象力吗？

你的想象力太旺盛

我们总是说花痴女，好像只有女人才擅长浮想联翩。其实男人更夸张，他们更容易自我膨胀，给点阳光就灿烂，有点春风就荡漾。

空间想象力好的人，就像一个兼容量大的电脑，转得快，头脑清晰的人，我们就觉得他聪明，是个可塑之才。空间想象力好，是建立在想象力好之上的。一个头脑清晰的男人，远比所谓爱幻想的女人想得更多，更夸张。

女人幻想，单纯是做梦的一种享受。就跟自己编故事一样，自己心里知道是幻想，但还时不时找点小借口，印证一下自己的幻想，讨自己欢心。男人的幻想，其实大部分跟女人一样，就是找借口的时候，比女人更加坚定，更认死理。

我有一个很爱说话的男性朋友，我说他很爱说话，意思是说他的表达能力绝对不存在问题。有一天打电话跟我说，他身边的一个女性朋友总是勾引他，让他很是苦恼。开始我也觉得这个女人在要花花肠子，吊人胃口。后来听他慢慢讲完整件事情，不免替女生喊冤。

他想得很周到，一切可以利用的细节都加以分析。时间地点人物起因，找不到的就自己猜测。最后自己认为有了十足的把握，张狂得很。

事情是这样的。有一天早上，我的朋友A的女性朋友B给他发了一条短信，问干嘛呢？就这条简单的短信让A琢磨了很久。

他完全不能想象这是一条简单的短信。曾经有一篇风靡网络的文章，情意绵绵的解释了一下一句“干嘛呢?”包含了多少思念，多少情愫。于是看过此文章的A，开始了天马行空的想象。一大早上，为什么问我干什么？一天之计在于晨，应该是忙忙碌碌一天的开始，怎么会抽空发这样的短信给我？难道我在她心里这么重要吗？她是不是想我了？难道她喜欢我？

这只是A在脑中的想象，说出来，就换了一种语调。

一大早给我发短信，原来我在她心里那么重要，她想我了，一直喜欢着我。

A在得出这样的结论后，心中不免一喜，回短信过去，"想我啦?"

B完全没意识到A的想象力如此大师级，还半开玩笑地回过来，"是啊，有空打个电话啊。"

这个回复，犹如使A吃了秤砣一般，认定了B喜欢自己，甚至找出了喜欢自己的理由——他那天新买的衬衣，可能她才发现了自己比较有型。

经过了几天的深思熟虑，A决定按兵不动，按捺住内心的狂喜，开始从各个方面审视B，开始寻找蛛丝马迹来印证她喜欢自己的事实。结果，任何事情，包括一句说再见的语调，都让A认为她喜欢上了自己。

他痴情的种子泡开了，埋进土里，在堂吉诃德式的恋爱冒险中发了芽，现在需要她阳光的普照了，却出现了阴霾。

B没了动静。A开始主动出击了，发短信，打电话，约出来吃饭等等庸俗的套路走了一遍，却不见B再有主动的迹象。

A向我诉苦，"明明对我有意思，干什么还装矜持呢？恋爱本来就是双方的事情，总是我一个人主动，我也会累啊！"

"但是人家没有要跟你恋爱的意思啊。"

"她暗示我了啊。"接着他零七八碎说了一堆，甚至打电话的时候她说天气冷了这句话，也能让他联想到她在暗示拥抱取暖。

如果你听到有人抱怨，为什么老打电话给我，能猜测出来，这个频繁打电话的人与抱怨的人之间的关系吗？我能想到的有两种：一种是亲人，一种是骚扰者。

结果我这个朋友成了骚扰者，损人害己，搞得大家都很头大。

现在A苦恼的是他已经喜欢上了B，或者说，他已经在想象中和B恋爱了一段时间，现在放手，停止骚扰，谈何容易啊。

也许你认为我这个朋友太能想了，简直就是自我感觉良好的白痴。

而你自编自演的一出戏，在旁人看来更像是看不清形式的人在发癔症。

怎样辨别她是否对你有意思？停止一段时间的骚扰，让她来找你吧！

朋友，她不爱你了

你说退居成朋友了，心理却要求繁多。总是找各种机会提醒她你的存在，你隐退出了舞台，却爬上房梁，成了她眼中的跳梁小丑。

很多质问，都是你为什么不打电话给我呢？开始时还是小心地疑问，你想我了吗？得到了对方肯定的答案，无论是不是出于客气，都劈头盖脸的质问，那你干嘛不找我啊？

答案不外乎最近很忙，事情很多。但是质问的人都当真。人家给个台阶，能不下吗？

她离开你了，不再联系你了。没有障碍，没有其他未知因素。别再质疑了，她不关心你，不是因为她没时间，她不记得以前那些琐碎，不是因为她记性变差了。只不过她不爱你了，就像没电了开不了灯一样自然。

她会偶尔记起你这么个人，犹如她脑海中几百张脸中的一张。不联系你，不代表遗忘了你。如果一个人想起谁就要打通电话，那么他的一生也太繁忙了。

如果你说，好吧，我知道了。既然她不爱我，那我想跟她做朋友，总不算过分吧？

当然不过分，只要你不要想着联系过密，期盼过多。

恋人的关系，不过就是联系过密的朋友关系。除去身体上的接触，就是纯洁的男女友谊了。

难道你相信有纯洁的男女友谊存在吗？

后记：女人——无处安放的灵魂

曾经有人对我说，男人的爱情越给越少，女人对待爱情的热情却永远不会消退。

当时我并不赞同。一个人被爱伤的深了次数多了，总会开始倦怠。

直到我发现我仍然像深爱着第一个男人一样恋着我的男友，我才承认：如果女人愿意，她永远可以倾其所有的爱，献给你。

形容女人最多的比喻是猫。

你可以想象她柔软的身体，温暖的倚在你怀里；她静悄悄的占据你的心，即使总是吵吵闹闹；嬉闹得像个孩子，安静下来又是你的依靠；笑起来很透彻，又很容易迷茫；你喜欢她睡觉蜷起来的样子，着迷于她湿漉漉的发梢。

你沉醉于她那像猫一样深邃的双眸。

因为她有像猫一样无处安放的灵魂。

一个只能爱一次的男人，总是不能完全理解一个灵魂自由的女人。无论曾经爱的多么深刻，下一段恋爱总能唤醒她内心柔软的地方。女人不会忘记给过她爱的人，但总是没人能比得过现在给她爱的人。

她就像一朵娇艳欲滴的花。

如果你的灌溉有方，对它照料有加，它就会饱满惊艳的绽放在你眼前。甚至如果你愿意静下来倾听，你也能听到它淡淡的忧伤。

女人，比同龄的男人早熟，最先尝到的是暗恋的味道。那个时候，她们最先知道付出的爱不一定会有回报。在年轻张狂的时候身体成熟到可以孕育下一代，于是她们比男人先懂得真正的责任感是什么。她们渐渐找准了生活的方向，想要踏踏实实走下去的时候，身边却少有想要稳定生活的男人。于是她们比男人更先了解生活中依靠自己的意义。

她们柔弱且独立，孤单但坚强。她们离不开男人，但是一旦恢复单身，不会失去理智没了方向。她们总是先男人一步，于是她们总是忍让一步。

她们给得起爱，也能孕育出爱。

因为责任感出于本能，她们对于爱情的理解更深刻。她们听到的诺言比男人多，谎言更多。于是她们有比男人更好的适应能力。男人称这种能力是善变的行为。

种种因素驱使她们禁锢了身体，自由了灵魂。她们就像空气中一缕迷人的幻香，让男人迷恋，却无法牢牢握在手中。她们像小鸟一样停留在男人的肩膀上，但是不会轻易认定自己的港湾。

形容女人，有比无处安放的灵魂更贴切的比喻吗？